本书为无锡商业职业技术学院卓雅通识教育创新研究中心（编号：KYPT2
江苏省教育科学规划领导小组办公室：学校美育创新实践研究（编号：T/2
江苏省教育系统党的建设研究会：坚持不懈用习近平新时代中国特色社
域性传统文化研究（编号：119）
无锡商业职业技术学院：后疫情时代吴文化中心灵疗愈功能价值研究（编号：KJXJ22516）
无锡市教育局：职业教育攀登计划"线上线下混合式金课"项目（2021SJK02）

美育的地域性文化价值研究： 以吴文化为例

金 银◎著

吉林出版集团股份有限公司

图书在版编目（CIP）数据

美育的地域性文化价值研究：以吴文化为例 / 金银
著 . —长春：吉林出版集团股份有限公司，2024.3
ISBN 978-7-5731-4689-2

Ⅰ .①美… Ⅱ .①金… Ⅲ .①美育－研究 Ⅳ .
① G40-014

中国版本图书馆 CIP 数据核字（2024）第 059766 号

美育的地域性文化价值研究：以吴文化为例

MEIYU DE DIYUXING WENHUA JIAZHI YANJIU：YI WUWENHUA WEIL I

著　　者　金　银
责任编辑　张继玲
封面设计　林　吉
开　　本　787mm×1092mm　1/16
印　　张　14.5
字　　数　233 千
版　　次　2024 年 3 月第 1 版
印　　次　2024 年 3 月第 1 次印刷

出版发行　吉林出版集团股份有限公司
电　　话　总编办：010-63109269
　　　　　　发行部：010-63109269
印　　刷　廊坊市广阳区九洲印刷厂

ISBN 978-7-5731-4689-2　　　　　　　　**定 价：78.00 元**

前　言

　　席勒最早提出美育一词，认为美育是通过人们对美的形象观照对人心灵进行净化，从而达到人全面自由和谐的发展。王国维第一个把美育概念引入中国，他提出"美育（情育）是也"。美育又称审美教育，是一门人类美化自身的学科，是人类认识世界并按照美的规律改造世界、改造自身的重要手段。

　　高校美育是指利用自然美、社会美、艺术美等美的形态对高校学生进行情感净化、性情陶冶，并提高学生感受美、鉴赏美、创造美的能力，培养其正确的审美观念、审美理想、审美情趣的教育。美育的功用在于"以美启真""以美储善""以美怡情"，美育有利于智力结构和意志结构的建立，有利于科学和道德的发展；美育可以通过形象的感染和情感的激发，引导学生自觉地净化自己的心灵，遵守社会道德原则和行为规范，发展审美能力。美育可以融化德育成为心灵之花，融化智育成为灵秀之美，融化体育成为健壮之美。为深入贯彻落实中共中央办公厅、国务院办公厅 2020 年 10 月印发的《关于全面加强和改进新时代学校美育工作的意见》精神，随着高校美育教改的不断推进，学校美育工作面临着全新挑战和更高要求。

　　习近平总书记在党的十九大报告中指出"深入挖掘中华优秀传统文化蕴含的思想观念、人文精神、道德规范，结合时代要求继承创新，让中华文化展现出永久魅力和时代风采"。这就需要我们善于从中华文化宝库中提炼题材、获取灵感、汲取养分，把中华优秀传统文化的丰富思想、艺术价值与时代特点和要求相结合，把中华美学精神和当代审美追求结合起来，激活中华文化生命力。党的二十大报告中指出："中国式现代化是物质文明和精神文明相协调的现代化。""坚持和发展马克思主义，必须同中华优秀传统文化相结合。"因此，新时代背景下，充分挖掘地域传统文化中所蕴含的美育资源，积极开展地域传统文化的美育价值研究，对提升民族道德水平、构建社会主义和谐社会从而实现中华民族的伟大复兴具有重大的意义。

2022年,南开大学举办"中华优秀传统艺术与高校美育"国际学术研讨会。来自海内外各高校、艺术研究机构的专家学者和一线的美育工作者围绕美育进行了主旨发言和经验分享。南开大学副校长王新生教授指出在审美中,人们可以架起一座体会超越性存在的桥梁。艺术体会到平凡生活的诗意,发现生命的价值,实现诗意栖居,也让我们在为提升个人生活而奋斗的同时想到更崇高的东西,超越自我而服务于国家和社会。南开大学国际教育学院、汉语言文化学院院长王立新教授提出让中华优秀传统艺术成为高校美育载体和土壤。探讨如何通过在高校中弘扬中华优秀传统艺术,培育青年学生健全而富有民族情怀的审美意识、广阔包容的审美视野、健康敏锐的审美判断力,是高校美育工作者的使命。

澳门作家,戏剧学博士穆欣欣指出,中华传统文化以儒家学说为基础架构,《荀子·乐论》中指出"乐者,乐也",是使快乐本身成为人生理想和人格的最终实现,既是审美,同时也是人生。今天的美育不仅让人看到美美与共的审美多样性,更要能让人看到美背后的真与善,以达到的美育目的——在审美过程中修身、修心,陶冶、造就有历史文化意识、文化自觉和文化自信的人。

目前对传统文化与美育融合的研究内容广泛、视野开阔、角度多样。理论研究站位高远,颇具理论建树;实践研究具有明显的问题意识与现实观照。但对吴文化核心价值与美育价值内在逻辑关联缺乏深层研究,尤其是应用于高校人文美育教育体系方面还缺乏相关的研究。

吴文化作为中华传统文化的重要地域分支,将美育纳入吴文化研究框架,把吴文化核心价值与美育结合,构建人文美育体系,符合我国高度重视在传统文化中寻求美育价值传统。美育终极目标为理想人格,具体化为阶段性教育目标,就是在美育和理想人格之间寻找一座桥梁——吴文化。通过吴文化,寻找其中审美价值,探寻审美路径,在领略吴文化之美中筑牢文化自信,实现对吴文化的传承。

具体从吴文化中的审美价值出发,基于吴文化的核心价值和美学基础,把吴文化按照美学形式进行梳理,之后通过对吴文化中具有审美价值元素按照自然美、艺术美、社会美分类展开分析并筛选,确定培育以人格培养为旨归的人文美育内容,最后从美育显性与隐性教育路径两方面进行,探求传承途径与未来发展方向,实现美育终极价值目标——理想人格。

本书以吴文化为例，重点研究了美育的地域性传统文化价值，其内容从美、美学与美育意义、任务和特征入手，对高校美育及相关进行了概述，并按照美学中常见的分类方式自然美、艺术美、社会美三种审美形式，对吴文化中物质、非物质文化形态进行梳理。吴文化地域位置地处江南太湖流域，气候条件得天独厚，风光秀美，江南诗性文化的小桥流水大多以自然美形式呈现，通过自然美陶冶性情，获得审美享受。吴文化中具有艺术美形式的工艺美术非常多，如紫砂、苏绣、云锦等等，这些既有物质的审美享受，又拥有制作技艺等非物质文化遗产传承的美感。吴文化中人杰地灵，家族文化传承意义重大，梳理文化中家族文化传承对于审美教育价值。

同时深入探讨了吴文化蕴含的中华美育精神以及吴文化美育目标、吴文化美育的实践路径等内容。吴文化蕴含的中华美育精神分别从吴文化源头、泰伯的至德精神、季子的审美理想、徐光启徐霞客的科学精神、经世致用的东林精神、乐善和美的锡商精神、大美至公的红色情怀、惠山祠堂里的家国情、天人合一吴地园林、天下二泉的美学价值等方面阐述。

人人向往的"诗意地栖居"，实际上就是审美的生存，以审美能力在实践游走。吴文化中无论是自然美还是艺术美、社会美都具有得天独厚的优势。探寻研究吴文化中美育的内容要紧紧围绕审美力培养这一核心目标来设计和建构。从寻常生活中发现诗意、实用艺术两相融合两方面确定吴文化美育目标；从社会功能、个体功能、教育功能、疗愈功能四方面确定吴文化美育功能；从显性教育路径、隐性教育路径两方面确定吴文化美育践行路径。

本书在撰写的过程中，参阅了大量相关的资料或文献，同时为了保证论述的全面性与合理性，本书还引用了许多专家学者的观点。在此，谨向作者表示最诚挚的谢意。由于作者写作水平有限，书中不免存在疏漏之处，还望各位不吝指正。

金 银
2023 年 7 月

目　录

第一章 美、美学与美育意义、任务和特征

第一节 美、美学、美育

一、美、美学、美育的概念

美、美学和美育是三个概念，它们互有联系，但各自又有着不同的内涵。

美是什么，这一直是美学史上的一个千古难题，至今仍无定论。虽然人们都能感受到美，并且能够识别美，但是在回答"究竟什么是美"的问题时，答案却千差万别。总结前人的有代表性观点，主要有下列几种：美是形式的和谐（古典主义），美是上帝的属性（新柏拉图派），美是完善（理性主义），美是愉快（经验主义），美是关系（启蒙主义），美是理念的感性显现（德国古典美学），美是生活（车尔尼雪夫斯基）等等。

美的定义众说纷纭，但概括归纳起来不外五方面：（一）美在客观说。这种理论最初注重美的自然属性的研究，发现了有关和谐、比例、对称、多样统一等美的外观形式法则。后来侧重于社会美的研究，对美与生活的关系等问题有精辟的论述。代表人物有狄德罗和车尔尼雪夫斯基等。（二）美在主观说。认为美是人的意识、情感活动的产物或外射表现，这种理论在审美意识、审美心理、审美感情方面做了较为深入的探讨。代表人物有休谟、康德、柯罗齐等。（三）主客观关系说。认为美既不在客观，也不在主观，而在二者的结合中。但在论说中有倾向于客观的，也有倾向于主观的。（四）超自然说。认为美是上帝、神或某种超越主、客观的"第三力量"创造的。（五）社会实践说。认为美的本质是人的本质的对象化，自然的人化，是合目的性和合规律性的统一，真与善的统一，是自由的形式。

美学，是一门年轻的科学，是近代科学发展的产物。它是哲学体系的一个组

成部分，是研究自然界、社会和艺术领域中美的一般规律与原则的科学。美学研究的内容包括：

美的起源，美的本质，美的形态，美学范畴，人类审美活动的规律，艺术审美特征，审美教育等。

美育，席勒最早提出"美育"一词，认为美育是通过人们对美的形象的观照对人的心灵进行净化，从而达到人的全面自由和谐的发展。王国维第一个把美育概念引入中国，他提出"美育（情育）是也"①。蔡元培先生对美育做了如下定义："美育者，应用美学之理论于教育，以陶养感情为目的者也。"② 陈建翔认为："美育就是那些自觉遵循美的规律，自身具有美的规定，并且必然地能够产生美的产品的教育的一种美称。"③ 滕守尧认为："真正的美育是将美学原则渗透于各科教学后形成的教育。"④ 以他们为代表的学者对美育概念的界定，由狭义走向广义。彭吉象认为："美育是审美教育的简称，它在本质上是一种情感教育。"⑤

综合以上各种美育概念，概括美育内涵：又称审美教育或美感教育，是一门人类美化自身的学科，是人类认识世界并按照美的规律改造世界、改造自身的重要手段，它一般包括美感教育、美学知识教育和学科美育等几方面。美感教育指运用美的规律，通过审美实践训练，以强化人的感知、想象、情感、理解等心理能力，健全人的审美心理结构，培养敏锐的审美能力和创造力。美学知识教育主要是开展美学原理等方面的教育，以提高人们的审美趣味和美学素养，帮助人们树立正确的审美观念和审美理想。美育离不开美学原理，更离不开审美实践。根据马克思主义美学原理，以辩证唯物主义和历史唯物主义为指导，引导学生在生活实践、各类艺术审美实践中树立正确的审美观，培养审美的敏感性，锻炼创造美的能力。使大学生的情感得到陶冶，思想得到净化，品格得到完善，从而使身心得到全面和谐的发展。美育是素质教育的重要组成部分，是在系统的美育理论指导下的一种教育方式，通过审美活动和载体，增强个体学习的自主性自觉性，

① 陈元晖：《中国近代教育史资料汇编》，上海教育出版社 2007 年版。
② 同上。
③ 陈建翔：《有一种美，叫教育：教育美学思想录》，四川教育出版社 2006 年版。
④ 程岭："以美立人"：美育"新境界说"的价值意蕴和实践路径》，《教育理论与实践》，2018 年第 13 期，第 3—6 页。
⑤ 彭吉象：《艺术学概论》，北京大学出版社 2006 年版。

在学习实践的过程中树立审美理想，提升审美境界，提高人文素养和综合素质，是其他任何一种教育手段难以替代的。

二、美的特征

它由美的本质所决定，是体现美的本质的形式和象征。美的本质是内在的、抽象的，美的特征则是显露在外的特有标志。

（一）形象性

美的形象性是指美的事物是以其生动具体的感性形象为主体感官所感知的特性，是以形式因素为主的、形式与内容相统一的特性。美的事物，无论现实美还是艺术美，都是借助具体可感的形象，来展示其美的风采，即通过由特定的声、光、色、线、形、质等物理因素所构成的感性形式来展示自身。黑格尔说过："美只能在形象中见出，因为只有形象才是外在的显现。"[1]也就是说，美作为人的本质力量的对象化，即内容形式的对立统一，都是以一种具体可感的形象呈现出来的，离开一定的具体形态就无所谓美与丑。即美是具体可感的形象，而绝不是抽象的概念，概念只有真伪、正误之分，没有美丑之别。我们可以欣赏瑰丽的玫瑰花，感受它的美，却无法欣赏书上关于玫瑰的抽象的描述，如《现代汉语词典》关于玫瑰的解释："玫瑰，落叶灌木，茎干直立，刺很密，羽状复叶，小叶椭圆形，花多为紫红色，也有白色的，有香气，果实扁圆形……"[2]无论它描述得怎样准确、明白，仍构不成主体的审美对象，引发不出人们的美感。人们都有这样的经验：对一个渴望领略某处风景胜地的人来说，当他阅读导游说明书上的简短说明时，只能对这一名胜有一个朦胧抽象的概念，至多只能产生想去此处旅游的念头，而不可能产生美感；当他进一步翻看导游图上的风光照片时，也许能稍稍领略此处胜景的美之所在，但仍然是比较抽象的，也难以产生真切的感受；只有当他身临其境，置身于峰峦幽谷之间，流连于山泉溪水之旁，面对那如画的湖光山色，才能如醉如痴地沉浸于美的享受之中。所以美总是存在于感性形象之中，离开了特定的感性形式，美将无所依傍。但美的形式并非仅仅由声、光、色、线、形、质所组成的纯形式，而是与内容有机统一的有意味的感性形式。从而使人可以在对美的直接观照中能

---

① 弗里德里希·黑格尔：《美学》，寇鹏程译，重庆出版社 2016 年版。
② 中国社会科学院语言研究所词典编辑室编：《现代汉语词典》（第 7 版），商务印书馆 2017 年版。

够感受到自身本质力量的自由创造。美的形象性既包括形式因素又包括内容因素，形式与内容相统一，但以形式因素为主，因而其主要反映形式是视觉、听觉、触觉等，但理性思维对于美的形象性的把握也是必不可少的。视觉、听觉、触觉主要是感受形式因素的美，理性思维则是把握和理解美的形式与内容相统一的内在美。所以，美的形象性又是指以形式因素为主的形式与内容相统一的特性。

（二）客观社会性

客观社会性是指美既是客观的，又是社会的，它既是不以人的主观意志为转移的客观存在，同时又不是脱离人的社会生活的纯粹的自然存在的东西。

美的客观性在于它的物质性。任何领域的美，都是客观的物质性存在。因为从美的起源上看，它是人类改造世界的实践活动的产物，表现着人的自由的感性现实的物质存在。从美与审美意识的关系上看，没有客观存在的美，就没有客观存在的审美对象，人们的审美意识也就无从产生，也就没有美的概念、美的意识。所以，美是不依赖于人的意识的一种客观存在。

美的社会性是指它同人类的生产、生活发生的直接或间接的联系。美之所以有社会性是因为美总是对人而言的，为人而存在的。从哲学的高度讲，美是事物的一种价值，而任何价值只有对人而言才有意义，在没有人的地方，客观事物无所谓美丑。美，只是对人而言，审美判断也是由人做出的。从美的起源上看，美是人类社会实践的产物，是人类出现以后，由人类的劳动实践创造的，即便是未经人类劳动加工改造过的客观事物，如太阳、原始森林、冰山、遥远的天体，其客观规律性一旦被认识，并用来为人类服务，也就间接地打上了"人化自然"的印记，使其具有了某种程度的社会性。从美的普遍性来看，美不属于个人私有，而是为多数人所共享。每个人的审美情趣各有不同，但审美的标准具有社会性，是一种社会现象。例如，晋代陶渊明爱菊花，唐代武则天爱牡丹，宋代周敦颐爱莲花，好像是个人爱好，而实际上是一种社会现象。因为花的某些特点被人为赋予它某种品质，而这种品质具有社会性，是社会所承认的。菊花之飘逸、牡丹之富丽堂皇、莲花之出淤泥而不染，都是社会所推崇的品质。而某个具体人爱某个具体物，只是这种社会现象的具体体现。

（三）感染性

美的感染性是指美的事物所具有的吸引人、激励人、愉悦人的特性，是指美的事物能够引起审美主体的感情波动或思绪变迁的性特性。美能够以情感人，人们常说：色美以感目，音美以感耳，意美以感心，都是通过主体情感体验为中介，从悦耳悦目逐渐领悟到美的真谛，领悟到更深层次的美的意蕴，升华到悦心悦意的审美境界。美既然是具体的、形象的，它就不是直接诉诸人的理智，而是首先诉诸人的情感，或者说，我们欣赏任何一种美的事物，是在感情上产生某种冲动，获得某种精神上的愉悦和满足。《论语》中记载孔子在齐国欣赏《韶乐》，三月不知肉味，赞叹说："不图为乐之至于斯也！"说是没有想到演奏音乐能使人感动到这种程度。这说的就是音乐形象的美的巨大感染力，它使人陶醉，使人心旷神怡，得到感情上的极大的愉悦和满足。

美还能够愉悦人的身心，人们都有这样的美感经验，无论是登临黄山观赏日出云海，还是聆听《梁祝》小提琴协奏曲，都会有一种难于名状的愉悦感。正如车尔尼雪夫斯基所说："美的事物在人心中所唤起的感觉，是类似我们面对亲爱的人时洋溢于我们心中的那种愉悦。"① 我们无私地爱美，欣赏它，喜欢它，如同喜欢我们亲爱的人一样。他用爱情形象地比喻了美的愉悦性。美的事物之所以能够感染人，不仅仅因为它有美的、悦人的外表。诚然，事物的外表确实是引起人们审美愉悦的一个因素，如汉乐府《陌上桑》描写罗敷女的美丽姿色时说："行者见罗敷，下担捋髭须；少年见罗敷，脱帽着帩头。耕者忘其犁，锄者忘其锄。"这就是说人们为罗敷的容貌所倾倒。但美的东西之所以引起人们的爱慕、喜悦，并不仅仅是因为它的悦人的外部形态，而主要是由于美的内在的品质。比如，故宫、长城的建造，一个对象之所以能以其感性的形象引起人们的喜悦之情，就在于这一对象是人类劳动的产物，它显示了人的本质力量，从这一对象中人们感受到了自己的创造才能、自己的生活、自己的个性。由此，我们可以得出这样的结论，美的愉悦性和感染力的最深刻的根源，就在于美是人的本质力量的感性显现。

美的事物具有美的感染性，其根本原因是美的事物借助生动具体的感性形象来确证人的本质力量。具体说来，美的感染性源自美的形式与内容的有机统一，源自对主体的自由创造的肯定和确证，源自对事物的形式因素的和谐统一的感情。离开美的内容，美的事物就会失去打动人、感染人的力量和突破点；离开美的形式，

① 车尔尼雪夫斯基：《生活与美学》，周扬译，人民文学出版社1959年版。

美的事物就会失去打动人、感染人的有效途径。

（四）功利性

美的功利性，是指美的事物具有某种对人有利、有益、有用的效能，是与美的社会内容相联系的内在属性。从表面上看，美是超功利的，与人的实用需求无关，实际上，美的社会功利性是隐藏于美的形象之后的，难以直接感受到美的内在属性。

美的社会功利性始终蕴含在美的事物和审美活动之中。美最初产生于实用功利，并被人们等同于实用功利。随着社会的发展，美逐步与实用功利分离开来，但美同实用仍然保持着一定联系即美要受到实用的制约。总之，美的社会功利性是在人的经济实用需求得到满足的基础上所引起的精神愉悦的特性。美的社会功利性在自然美、社会美中表现得较为突出，而在艺术美中则相对隐蔽一些，这是因为人与自然、人与社会的关系多以功利形式存在，而艺术美则营造了必要的审美心理距离。

三、美育的特征

（一）启发潜移

黑格尔曾说："审美带有令人解放的性质。"[①]它之所以能"令人解放"，是因为这种教育在形式上是自由的，生动活泼的，寓教于乐，因而最容易启迪人们的心灵，引起精神上的升华。它与其他文明教育不同，就拿与美育最接近的德育来说，尽管也是对人的素质教育，但它是以理服人的，要调整人与人、人与社会之间的关系，它要用社会要求、道德准则来约束人，远没有美育这样自由、生动。所以进行美育，只有根据它的特点进行，才能收到提高人的审美素养的效果。

1. 美育具有生动的形象性

美育的施教过程总是和一定的审美对象相联系，寓教育于美的形象之中。车尔尼雪夫斯基曾说："形象在美的领域中占着统治地位。"无论是自然美、社会美或者艺术美，都离不开具体的形象。泰山的雄伟、黄山的奇特、西湖的妩媚、漓江的秀雅，这些都具有自然美的形象性；助人为乐，见义勇为，文明礼貌，谦虚谨慎，这些社会美也总是以一定的外部形象表现出来的；悠扬的乐曲，精美的雕塑，绚丽的图画，优美的舞姿，这都具有艺术美的形象性。美的对象总是以它

---

① 弗里德里希·黑格尔：《美学》，寇鹏程译，重庆出版社 2016 年版。

具体生动的形象呈献在欣赏者的面前，深深留在他们的脑海里，达到净化灵魂，提高境界，丰富知识，陶冶情操的教育目的。以形象感人，是美育最显著的特征。

当然，美育的过程并不排斥理性的因素，没有一定的理性指导，美育就不能从根本上提高人的素质，从而产生巨大的社会意义。审美教育一方面用大量的形象物质作为施教的材料，同时也要帮助人们学会用美的规律和美的形式观照客观对象，以达到提高审美能力的目的。

2. 美育具有较强的情感性

美育主要是培养人们对美的热爱，对丑的憎恶，使人在感情上受到陶冶。所以在美育过程中始终以美的形象为对象，以情感活动为中介，引起受教育者在情感上的激荡，产生对客观事物喜怒爱憎的审美态度和审美评价，进而认识事物的本质和生活的真理，达到理、智、情的统一。审美活动中的情感是一种纯洁高尚的情感，它不同于带有强烈功利目的、利害关系或占有关系的日常意识。审美感受的开始，往往意味着日常意识的中断，人们通过对美的对象的观照，获得精神的满足或慰藉。在欧·亨利的小说《最后一片叶子》中，一片被老画家画在墙上的黄叶，竟激发了身染重病的女画家生命的热情，使她有了战胜疾病的力量。一片黄叶，如果以日常功利目的去观照，它几乎没有任何意义。如果以审美的目光去观照它，那么就会发现在它身上蕴含的力量，发现它的生命力，从而给人以启迪。所以审美教育是以高尚的情感来不断地熏陶和净化人的心灵的。当然，美的情感需要美的事物自身的魅力去唤起。但审美主体喜欢什么，接受什么，主要是凭个人的心理需要和兴趣爱好。所以美育采取的是一种自由的、情感的方式，往往是在对艺术作品的欣赏中，在对大自然的游历中，在社会生活实践中实施教育，在实践中唤起人们对美好事物的情感。以情动人，理在情中，是美育的又一特征。

3. 美育寓教育于娱乐之中

寓教于乐是美育的又一显著特征。这种教育常常使受教育者身心都处在愉快自由的状态之中，潜移默化地接受教育。美育是靠美的本身所具有的魅力和诱惑力，使人受到感动和教育。人们在美的事物的感染之下，不知不觉地认识到审美对象所表现的事物的本质，从而接受它。人们在欣赏美的时候，直接的效果是美的情感体验，但是在情感的体验中暗含着理性的认识，不论是对美的热爱还是对丑的憎恶，都基于一定的理解。尽管我们在欣赏美时好像是不假思索，但是在这种"直感"的形式中已经包含了平时所积累的对事物的理解。比如，人们进剧场，目的不是为了受教育，而是去娱乐，去找美的享受。因此，美育是以陶冶感情、培养情操为特征，以生动的形象为手段，通过富有个性爱好的自由形式，潜移默化促进人的全面发展的一种教育形式。

四、美育的意义

美育是个体在对自然、社会和艺术的鉴赏过程中，通过情感活动的体验、选择、判断达到对美的肯定、摄取，对丑的否定、摒弃，使感情得到净化，精神得到升华。美育不仅在于提高人的审美能力，更重要的是塑造人完美的人性，造就一代全面发展的新人，特别是在大力提倡素质教育的今天，美育更是有着其他教育不可替代的重要意义。

（一）美育是对人进行情感教育的重要途径

人，作为高级动物，情感在心理结构中占有重要位置。情感与认识不同，认识是人对事物的客观反映，而情感是人对客观事物的主观态度。比如，面对泰山，我们了解了它的高大雄奇，这只是一种认识。而"会当凌绝顶，一览众山小"就是个体由客观事物激发的一种情感了。人在面对危急时引起的恐惧感，看到丑恶事物时引起的憎恶感，欣赏完美的艺术时所产生的愉悦感，对美好事物产生的爱慕感等，都是人对客观事物的态度。而这些情感的丰富正是人类走向文明的重要标志。

情感，人类行为的推动力。人的行为是由意志决定的。人可以由自己的意志在实践中实现自己的目的，利用自然，改造自然。情感是人们意志行为最有力的动机。也就是说情感最有力量推动人们的行动。比如，我们从理论上都知道落后就要挨打，应努力为了祖国的强大而发愤读书。没有感情力量的推动，就不可能很好地实现人的内部意志到外部事实的转化。情感在人的认识和行为之间起着重要的桥梁作用。美育，就承担着情感培养的重任。比如，一片草坪，孩子们毫无顾忌地在上面奔跑嬉戏，他们不知道自己的行为有什么不好。如果用行为规范约束他，他只是被动地知道这里不许践踏。若使人在草坪中立一标牌，上写"不要踩我，我会痛！"孩子们会自觉地离开草地。这就是一种美育，它引发了孩子们对小草的同情。有了感情，孩子们才有了支配自己行动的原则。因为美的东西总是带有感情的，但是这种感情是寓于具体的形象之中的。一块木板，没有美感，将它雕成一个可爱的娃娃脸，就让人爱不释手。一个人的愁绪，别人难以体会，把它喻为"恰似一江春水向东流"，那荡荡春水便会引起我们的想象，使我们真切地体会其愁绪之浓了。面对浩瀚的大海，一个愁肠百结的人心胸也会开阔起来；站在泰山的绝顶，看着喷薄而出的红日，那种壮美，任何一个人都会激动不已。所以美有一种魅力，吸引人们为之动情。而这种情感教育，是其他教育所不能替代的。德育可以使人们懂得做人的行为规范，做一个符合社会道德要求的人；智育传授知识技能，使人获得认识世界、改造世界的能力；体育能锻炼人的体魄，增强人的体质；美育是通过美的事物的熏陶，使高尚健康的情感得以发扬，低级、庸俗的情感得到压抑，使人的心灵变得高尚。它们各自承担着不同的育人职责，共同完成培育新一代完美人格的重任。

（二）美育是激发人的创造热情的强大动力

几千年的文明史证明，美所激发的情感，是人们创造新世界，探索科学奥秘的巨大动力。人在生产实践中，利用客观自然规律，把人的意志和目的变为现实，使自然"人"化。既符合生活的需要，又实现了自己的愿望和理想，这样得到的劳动成果，就是人的才能和智慧的结晶，也是人本质力量的体现，具有审美性质，于是就产生了美。在这种创造性的活动中，目的的完美实现所产生的美，会使人沉浸在无比的喜悦之中。当居里夫妇终于在那些沥青铀矿的残渣里提炼出"镭"的时候，种种艰难困苦在他们心中都淡化了、消失了，剩下的只是胜利的欢乐。那天，他俩默默地坐在那间黑暗的工作室里，目不转睛地看着镭发出的略带蓝色的异常美丽的荧光，这时镭在科学家的心目中，是那样美丽。列宁曾说："没有'人的情感'，就从来不可能有人对真理的追求。"[1] 凡是富于探索精神、具有坚强意志的人，一般都具有高尚的情趣和对美好事业的献身精神。贝多芬耳朵失聪，还创作出了那么多美好的乐曲，是由于他对音乐视如生命般的热爱。正是这种炽热的情感，激发了人的巨大的创造力，推动了人们的创造活动。

（三）美育是陶冶人的情操，使人的道德、人格趋于完美的素质教育

美育，就是要培养完美人格，使青年一代能够正确认识世界，并按照美的规律去改造客观世界和主观世界的一种手段。通过美育，不仅培养人的审美能力，

---

[1]　列宁：《列宁全集》（第 25 卷），人民文学出版社 1988 年版，第 117 页。

其终极目的还在于完美人格的塑造，美化人自身。

人类自身的美化，主要指精神世界的美化，使人的精神世界飞跃到一个更高更美的境界。美育通过生动、具体、可感的美的形象，激发和净化人的感情，以美导真，以美导善，潜移默化地起到提高人的素质的作用。

人的审美能力不是与生俱来的，对每一个人来说，审美能力是在各自审美实践的基础上培养起来的。个人审美能力的差异主要取决于接受审美教育的不同程度，常说的"对于非音乐的耳朵再美的音乐也没有意义"正是这个意思。一曲"英雄交响曲"，有人听得心情激奋，而对某些人的耳朵来说却无动于衷。可见，进行审美教育，提高每一个人的审美能力，是现代素质教育的重要方面。那么我们就必须有一双能够发现美、鉴别丑的眼睛。特别是对我们现代的青年来说，由于知识匮乏，经验不足，往往会出现一些美丑不分，是非不明，善恶难辨的情况。因此实施正确的美感教育，培养新一代人格健全的高素质人才，对于提高全民族的人文素质，参与世界竞争，有着重要的战略意义。

第二节　美的范畴

美的范畴是指美学中用来概括审美对象各种审美属性的基本概念，如优美和崇高、悲剧和喜剧等，它们是既有联系又有显著区别的美学基本范畴。

一、优美和崇高

优美和崇高是标志两种不同审美感受的美学范畴。它们之间的区别有如清风杨柳与惊涛骇浪是两种不同形态的美，给我们的审美感受也是不同的。前者给我们心旷神怡的审美愉悦，后者给我们的却是无限力量，可以扩大我们的精神境界和审美感受。西方美学把这两者区分为优美和崇高，中国传统美学则区分为阴柔之美与阳刚之美。

（一）优美的含义、特点和表现

1. 优美的含义

优美又称"秀美""柔性美"。它是审美范畴之一，是美的一种较为常见的具体表现形态，与崇高和壮美相对。优美是对象与主体在实践中达到的统一、平衡与和谐状态。形式上以柔和、典雅、舒展、妩媚等使人产生爱恋、愉悦、宁静、亲切的美感。如春风细雨、荷塘月色、小桥流水等自然风光，以及一段小夜曲、一幅工笔画等艺术作品给人的审美感受。优美是美的最普遍的现象形态，我们平常所说的美一般指的是优美。

2. 优美的特点和表现

优美指美处于矛盾相对统一和平衡状态。它在形式上表现为柔媚、和谐、安静、秀雅的美，从美感上看，能给人以轻松愉快和心旷神怡的审美感受。这种优美的表现如风和日丽、莺歌燕舞，或是夕阳西下，斜晖映水，皓月当空。这些境界都是优美，给人以平和、安静的审美享受。

优美在不同的领域有其各自的具体特性。艺术中的优美是现实中的优美经过艺术家选择和加工的产物，因而能够更为集中而鲜明地显示出优美的审美特性。杜甫的诗句"细雨鱼儿出，微风燕子斜"，这景色表现出诗人愉悦的情感，充满了优美的诗情画意。再如晏殊的《寓意》诗"梨花院落溶溶月，柳絮池塘淡淡风"，优美的特点是主体与客体的相对统一的宁静、柔和的状态，属于静态的美。在自然界优美侧重于自然事物自身和谐统一的形式美，如烟雨江南、平湖秋月、百鸟鸣啭、春水秋山，大自然的优美景观，不论是幽静美、音响美还是色彩美，都使人沉醉于宁静温馨、怡情悦性的境界之中。

在社会生活领域，优美偏重于内容，突出体现着真、善、美的和谐统一。它集中地表现在社会主体动态的行为、活动、思想以及静态的产品上。人是社会美的核心，人物美、爱情美、风尚美、人际关系美等，都是美在社会领域的体现。

（二）崇高的含义、特点和表现

崇高又称"壮美"，"刚性美"则它是审美范畴之一，是美的一种特殊表现形态，与优美相对。它是实践主体巨大力量的体现，展示对象和主体在现阶段的相互冲突和对立，又从中显示出对象与主体相统一的历史必然性。往往以体积数量上的巨大粗犷、宏阔超群，或精神力量上的雄伟豪放、卓越高尚，令人产生惊心动魄、激昂振奋、崇敬赞叹的审美感受。如狂涛巨浪、崇山峻岭、茫茫沙漠等自然景象，社会生活中艰苦卓绝、波澜壮阔斗争中的英雄形象，贝多芬的《英雄交响曲》、米开朗琪罗的雕塑《大卫》等艺术作品给人的审美感受。凡是以巨大的形体、强大的力量、豪迈的气势、震撼人心的声音或以粗犷、刚健、雄伟、险峻、激昂、悲壮的形式出现的事物或形象给人的感受就是崇高美。

中国美学史上，早在先秦时期，孟子就提出了"充实之谓美，充实而有光辉之谓大"①。他把"大"和一般的"美"区分开来，认为"大"是一种辉煌壮观的美，它比一般的美更为强烈、博大。此后，在中国历代的艺术评论中，"大"成为经常运用的范畴，也就是一种崇高美。

1. 崇高的特点和表现

崇高的特点是美处于主体的矛盾激化中，它有一种压倒一切的强大力量，呈现出一种不可阻遏的气势。崇高是一种庄严、宏伟的美，是一种以力量和气势取胜的美，是一种显示主体实践严酷斗争而产生的动人心魄的美，也是一种具有强烈的伦理道德作用的伟大的美。

在形式上往往表现为一种粗犷、激荡、刚健、雄伟的特征，它给人的感受是惊心动魄、精神振奋、品德高尚、可歌可泣、先惊后喜、斗志昂扬。在自然界，崇高往往表现为数量的巨大、时空的无限，使人产生惊奇、赞叹与敬畏之感。如高深莫测的星空，海天一色的景象，拔地而起的高山，惊涛拍岸的大川，惊心动魄的地震火山，都是自然界的崇高与壮美。

社会生活中，崇高通过激烈的斗争、艰巨的实践活动展示出人征服自然、改造社会的巨大力量，具有明显的伦理道德性质。在这里美学的崇高与伦理的崇高是重合的。在社会领域，艰难困苦、慷慨悲壮、勇敢坚定、英雄豪迈是崇高的同义语。社会生活中的崇高既包括英雄人物在残酷斗争中遭到毁灭的悲壮美，也包括凯旋式的雄壮美。

崇高通过实践作为一种审美现象，在艺术中得到最真实最集中的表现，如北朝的《敕勒歌》具有豪迈而粗犷的气魄和激动人心的艺术魅力。苏轼的《念奴娇·赤壁怀古》描写不仅表现了自然的景色，而且能深刻地感受并理解自然的壮美和伟大。王国维《人间词话》里说，"大江流日月""中天悬明月""长河落日圆"此种境界，可谓千古壮观。苏轼的词《念奴娇·赤壁怀古》可以说其境界正是千古壮观。

二、悲剧与喜剧

作为美学范畴的悲剧，可以存在于戏剧中，也可以存在于小说、电影、绘画、

---

① 出自《孟子·尽心章句》。

雕塑等艺术样式中，而且存在于广泛的现实和历史的社会生活中。它是一种能激荡人心、使人兴奋、净化灵魂、提高精神境界、产生审美愉悦的崇高美。悲剧的崇高特征往往是通过社会上新旧力量的矛盾冲突，显示新生力量与旧势力的抗争。经常表现为在一定的时期内，还具有强大力量的旧势力对新生力量暂时的压倒性，表现为带有一定历史发展必然性的失败或挫折，表现为正义的毁灭、英雄的牺牲等。悲剧中所体现的崇高，经常以其庄严的内容和粗犷的形式震撼人心，引起人们的崇敬和自豪。

（一）悲剧

1. 悲剧的本质

源于悲剧艺术的审美范畴，与"喜剧性"相对。悲剧是指现实生活中或艺术中那些肯定性的社会力量，在具有必然性的社会矛盾激烈冲突中，遭到不应有的、但又不可避免的苦难或毁灭，从而引起悲痛、同情、奋发的一种审美特性。

亚里士多德的《诗学》认为悲剧是人生中严肃的事情，通过悲剧主人公的毁灭引起观众的悲悯和畏惧，并从积极的方面给人以净化和陶冶的作用。最值得注意的是黑格尔的悲剧观，认为悲剧不是个人的偶然的原因造成的，悲剧的根源和基础是两种实体性伦理力量的冲突，冲突双方所代表的伦理力量都是合理的，但同时都带有道德上的片面性，每一方又都坚持自己的片面性而损坏对方的合理性，这样两种善的斗争就必然发生悲剧的冲突。

关于悲剧的本质，恩格斯从辩证唯物主义和历史唯物主义出发，说悲剧是"历史的必然要求与这个要求的实际上不可能实现之间的悲剧性的冲突"，这说明悲剧本质在于客观现实中的矛盾冲突。所谓"历史的必然要求"是指那些体现历史发展的客观规律的人的合理要求、理想以及在实践中所体现的人的优秀品质等。"这个要求实际上不可能实现"是指一定的历史条件下，上述人的合理要求、理想等未能实现。鲁迅从悲剧的结局上对悲剧的本质进行了概括："悲剧将人生的有价值的东西毁灭给人看。"[①] 所谓"人生有价值的东西"就是指符合历史的必然要求和美好的品质，并暗示悲剧的效果必然激起人们对有价值的东西的同情、崇敬。

悲剧作为审美对象，其悲剧人物的正面价值，能够净化人的精神境界，由痛

---

① 鲁迅：《鲁迅全集》（第1卷），人民文学出版社 2005 年版，第 203 页。

感转化为审美的愉悦，产生悲剧的美感。因此，悲剧在本质上必须与崇高相通或类似，通过正义的毁灭、英雄的遭难激发人们伦理精神的高扬，提高精神境界，产生审美愉悦。

2. 悲剧的类型

根据悲剧发展的历史过程把悲剧分为：命运悲剧（指古希腊的悲剧，描写主人公与命运抗争，最终仍摆脱不了命运之神的左右而导致的悲剧。它表现在这个历史阶段，社会力量与自然规律作为一种不可理解和不可抗拒的命运与人相对，结果导致悲剧的结局，如《俄狄浦斯王》）；性格悲剧（以文艺复兴时期作品为代表，如《哈姆雷特》《罗密欧与朱丽叶》表现的是由于人物性格弱点而造成的不幸结局）；社会悲剧（指由旧社会、旧制度造成的普通善良人的不幸和苦难，如《窦娥冤》）。

（二）喜剧

美学范畴的喜剧审美效果是引人发笑，故喜剧又叫笑剧、闹剧。笑是喜剧的一个突出特征。在悲剧中暂时占上风的是假恶丑，形成以邪压正的局面。在喜剧中恰好与之相反，是以正压邪，真善美处于优势地位，它以丑的否定来肯定美，让人们在笑声中惩恶扬善，得到美的享受。

1. 喜剧的本质

喜剧又称"喜""喜剧性"。它是喜剧艺术的审美范畴，与"悲剧性"相对。广义的喜剧概念既包括现实生活的喜剧现象，也包括作为戏剧种类的喜剧。狭义的喜剧仅指后者。

关于喜剧的本质，康德认为喜剧感是"一种从紧张的期待突然转化为虚无的感情"[①]。黑格尔认为喜剧矛盾根源于绝对精神发展中感性形式压倒了理性内容，表现出理性内容的空虚，例如，把一条看似可靠而实则不可靠的原则，或一句貌似精确而实则空洞的格言显现为空洞无聊，那才是喜剧的。

在马克思看来，无论是生活方式还是社会制度，有其产生、发展和灭亡的不同阶段和过程，当其所代表的社会力量尚处于上升阶段或尚具有存在合理性的时候，它们的失败是悲剧性的，其本质是高尚的。代表它并为它在奋斗中做出牺牲

---

① ［德］伊曼努尔·康德：《判断力批判》，中西书局 2022 年版。

和贡献的人们，就是悲剧中的英雄，即马克思所说的"第一次是作为悲剧出现"①。但当它们所代表的社会力量已走完了上升阶段以至于失去存在合理性的时候，这种生活方式或社会制度变得陈旧腐朽的时候，即进入灭亡阶段时，就成了令人可笑的丑角，即马克思所说的"第二次是作为笑剧出现"的丑角。它的失败才是喜剧性的，其本质是滑稽的。鲁迅一针见血地指出："喜剧是将那无价值的撕破给人看。"②喜剧正是通过撕开假象，让无价值的内容赤裸裸地暴露出来。

总之，在现实生活中，喜剧常常是建立在矛盾冲突之上的，这些矛盾的实质是正在失去或已经失去存在根据的丑恶事物，或脱离生活常规的不合正常情理的事情，显出其荒唐和谬误的可笑。喜剧通过对陈旧过时的事物的揭露、嘲笑和批判，用令人发笑的形式，达到惩恶扬善的目的，实现对旧事物的否定。由此可见，喜剧就是通过笑声鞭挞丑恶的事物，歌颂美好的事物，在笑声中得到启迪和审美享受。

2. 喜剧的类型

喜剧包括否定性喜剧与肯定性喜剧。否定性喜剧是通过对旧事物丑的本质的嘲讽、揭露，间接地显示出现实对实践主体的肯定，是指正在失去或已经失去存在价值的事物，以某种伪装的正派或不合适的表现形式出现，同人们依照常理的预想发生矛盾，显出其荒唐、愚蠢和滑稽而引人发笑。《儒林外史》中的严监生等形象，都是通过对丑的否定而产生喜剧性效果。肯定性喜剧是对于自身的或正面的事物的非本质的丑的嘲笑，直接显示出现实对实践的肯定，肯定了生活中美和美的思想。换句话说是指社会中正面事物在冲突中压倒反面事物，而这种冲突的结果又超出了一般人的设想，显出其幽默、风趣、可笑。无论是肯定性还是否定性的喜剧，都是社会生活各方面的矛盾及相互作用的特定表现形式，都是人的本质力量在社会实践中的特殊形态的感性显现。它们都以内容与形式的尖锐矛盾及形式的虚假性而引人发笑，从不同的方面表现着喜剧性审美现象的共同本质，即以对丑的否定来肯定美。

3. 喜剧的特征

寓庄于谐，引人发笑，是一切喜剧的共同特征。在这里"庄"是指喜剧的主

---

① 马克思，恩格斯：《马克思恩格斯选集》（第一卷），人民出版社 2012 年版，第 584 页。
② 鲁迅：《鲁迅全集》（第 1 卷），人民文学出版社 2005 年版，第 203 页。

题思想，它体现着严肃的社会内容；"谐"是指喜剧的艺术表现形式，"笑"是喜剧的审美效果。庄与谐是辩证统一的关系，把严肃的思想内容和诙谐的艺术形式结合在一起，才能产生强烈的引人发笑的喜剧效果。例如，吴敬梓《儒林外史》的"范进中举"，曾经作为维护封建社会统治发展进步形象的科举制度在明清时代已经开始走向没落，成为社会发展的阻碍者。一群读书人被科举制度麻木着而展示出的可笑的形象，这就与人们的理性认识背道而驰，所以范进就成了荒谬、滑稽的丑角，令人嘲笑的对象。可见，喜剧以"丑"为基础，以"笑"为标志，以"喜"为内核。

第三节 美育的学科特性

一、美育的学科特性

（一）作为交叉边缘学科的美育

美育早在18世纪就已形成，但人类对它的认识和研究还不够，在我国也是如此，甚至是一门薄弱学科，涉及教育学、美学、心理学、脑科学、哲学、社会学等诸多方面。因此，美学和其他学科关系特别密切，从这个意义上说，美学研究是综合意义的研究。由于介于美学和教育学之间，成为二者的中介学科，因此，有的学者将其归结为教育学，有的则将其归结为美学。而从科学的意义上说，美育还是应属于教育学，是教育科学中具有独立意义的一个重要分支，美育的根本任务和目的都在于培养社会主义新人。这样，教育科学中教与学及人才培养的基本规律都适用于"美育"，但这些基本规律却只能给美育以指导而不能代替它自身的特殊规律。因为美育是以培养审美力为其根本宗旨的，这就使它不同于一般的教育而具有自己的特殊性，需要人们对其作为一个特殊的领域的性质、规律和特点进行专门的研究。

美育虽是教育学的一个分支，但同美学的关系特别密切，因为审美力的培养正是它的特殊性之所在。这样，就需深入研究审美力的特点及其发展规律。也正因此决定了美育不同于其他教育的特殊性质。对美育的研究必须借助于美学理论，特别是审美的理论；而且，美育的发展也将从实践的角度对美学提出一系列崭新的课题，促使美学不断地随着时代与社会的需要向前发展。美育同心理学和社会学的关系也很密切。心理学是以人的心理现象为其研究对象的，而审美力及其发展过程就是一种特殊的心理现象。只有从心理学的角度深刻地研究审美力的根本特点及其同感知、联想、想象与思维等心理过程的关系，才能真正把握美育的本质，认识其重要性。美育的心理机制以神经活动过程的生理机制为基础，因此，美育也同脑科学紧密相关。任何教育都是社会的，美育当然也不例外，所以美育又同以社会现象为研究对象的社会学紧密相连。社会学要求美育从时代与社会的广阔背景上来探讨审美力的特点及培养问题，而绝不能将其孤立于社会与时代之外。另外，马克思主义的哲学作为一切科学最根本的理论指导对美育也有着指导作用。我们应以马克思主义唯物史观为根本的指导思想来研究美育，运用社会存在决定社会意识、对立统一规律来探讨审美力的培养过程。

美育虽然是介于美学、教育学、心理学等等之间的一门交叉边缘学科，但归根结底它是教育学的一个分支。我们既要认识到美育学科的交叉与边缘特点，更要强调它的相对独立性。为此就要真正下力气从事美育学科的学科建设。在美育学科之内，还应包括美育学、美育心理学、美育社会学、美育实践学、美育史、比较美育学等。所谓美育学，无疑是对美育的基本理论进行研究，阐述美育的基本范畴及其体系。

（二）作为人文学科的美育

美育属于人文学科，明确美育所肩负的人文教育的基本任务。人文学科有其特定的研究对象，那就是以"人文主义""人的价值""人的精神"作为自己的研究对象。美学与美育作为人文学科应有自己不同于自然科学与社会科学的研究方法，这就是人学的研究方法。事实证明，审美绝不是也不可能"价值无涉"或"价值中立"，而是有着明显的价值倾向的。鲜明的价值取向就是美学与美育的最重要特点，是其区别于社会科学、特别是自然科学之处。首先，美学与美育有着明确的审美价值取向。应该坚持对于人类前途命运终极关怀的价值取向，美学与美育的学科建设应该包含着强烈的理想因素和终极关怀精神。

第一个提出"美育"概念的是德国的席勒。他在《美育书简》[①]中提出"美育"的概念。《美育书简》的主旨是完整的人的教育和对于完整的人的人文教育。当

———————————

① 席勒：《美育书简》（中德双语版），社会科学文献出版社 2022 年版。

然，席勒仅仅是现代美育理论的最早提出者，真正将这种人生美学发展到成熟阶段的是以叔本华、尼采为代表的"生命意志论"哲学与美学家。他们张扬一种激昂澎湃的唯意志主义人性精神，力主审美是人之为人的最重要标志，是人的生存的最重要价值所在。海德格尔提出"诗意地栖居"的审美的人生观，明确地为"审美的人生"（广义的美育）奠定了本体的地位。在这里，美育作为"人文教育"已经使人成为具有独立个性的"人"的本体的重要作用。

我国现代美育是在西方的影响下发展起来的，引进并借鉴了大量西方现代美育与艺术教育的理论与经验。可以用王国维1903年发表的第一篇美育论文作为我国艺术教育的起始。20世纪80年代以来，随着我国现代化的逐步深入，经济与社会、科技与人文的矛盾日益尖锐，美育逐步承担起人文补缺的作用。而新世纪开始以来，随着和谐社会与"以人为本"思想的日益深化，美育的本体地位愈加明显。

1903年王国维发表我国第一篇美育论文《论教育之宗旨》，文中力倡"教育之宗旨"，提出著名的培养"完全之人物"的路径，其中就包括美育。王国维在此运用席勒的观点将美育定位于"情感教育"。[1]我国现代另一位倡导美育最有力的教育家是蔡元培。蔡氏的美育理论还包含着强烈的反封建精神。在其著名的"以美育代宗教说"之中，就对包括"孔教"在内的宗教之"强制性、保守性与有界性"等压抑人性的弊端进行了激烈批判，而对人性的自由、进步与普及进行了大力张扬。鲁迅在对美育的倡导中更是大力借助于西方的积极浪漫主义文学与意志论哲学美学进行他的宏大的"国民性"改造工程。

教育部于1995年提出开展包括审美教育等重要内容的文化素质教育，同时建立了全国性的人文素质教育基地。1999年6月又颁布《关于深化教育改革全面推行素质教育的决定》，将美育作为素质教育的有机组成部分。2020年国务院办公厅印发了《关于全面加强和改进新时代学校美育工作的意见》，2022年教育部办公厅印发了《高等学校公共艺术课程指导纲要》。由此可见，我国现当代审美教育始终贯穿着人生教育的理念，是审美与人生的结合、发展到当代则是社会所必需的"德智体美劳"素质全面的一代新人的培养，体现了世界美学发展人生化的趋势，体现了我国民族崛起的现实要求，体现了我国"成于乐"的"乐教"传统。

---

[1] 陈元晖：《中国近代教育史资料汇编》，上海教育出版社2007年版。

　　总之，回顾中西现代普通高校美育发展的历史可以看到一条人文教育与"人"的教育的主线，历经审美启蒙、审美补缺与审美本体之途。正是从这样的角度出发，我们应该将美育放到更加重要的位置。

　　（三）作为美学学科的美育

　　美育是美学学科的分支学科，但长期以来在传统美学的"美、美感与艺术"的三分结构中，"美育"只从属于"艺术"部分的"艺术的作用"中之"审美教育作用"这一小部分，显得非常不重要。但新时期以来，我国美学学科在对外开放的新形势下，逐步跟上国际美学发展的潮流，使得传统的认识论美学逐步转向现代的人生论美学。

　　美学是一门古老的学科，从古希腊柏拉图提出"美是什么"的问题，到德国思想家鲍姆嘉通提出"美学是关于感性认识的科学"，再到康德、黑格尔为代表的德国古典美学，整个古典美学都在纯理论的层面上探讨美是什么的问题。而康德的"美是无目的的合目的性的形式"与黑格尔的"美是理念的感性显现"，既是人类对美的古典认识的最高成就，也是人类在美的纯理论层面集大成的综合性成果。在我国，20世纪五六十年代发生了具有广泛影响的美学大讨论，出现了美在主观，美在客观，以及以实践的理论理解美等等观点。特别是运用马克思主义实践观，从实践中"对象化"的角度理解美，是有其历史价值的，但这些理论观点仍停留在纯理论的认识论层面。

　　总之，无论是西方还是我国，对美的纯理论层面的探索都不免有纯思辨哲学的性质，不同程度地脱离人的现实生活。当代许多理论家不满足于此，赋予美学探讨以强烈的现实性。黑格尔逝世后，从叔本华到尼采、克罗齐开始了对认识论的纯思辨哲学美学的突破，他们从现象学、存在主义与解释学美学的崭新角度探索美与人的生存状态的关系问题，旨在促使美学研究关注当代条件下人日渐困惑的生存问题，表现出了这些理论家对人类命运的终极关怀。德国当代著名哲人、解释学美学家海德格尔提出了人类应该"诗意地栖居于这片大地"的重要命题。所谓"诗意地栖居"可以理解为"审美的生活"，从而将美学与改善人类的生存状态紧密相连，也将美学从纯理论的思辨拉回现实人生。这就使美育从美学的一个并不重要的分支走到美学学科的前沿，超越纯理论的"美""审美""艺术"等，成为最重要的课题。从改善人的生存状态的角度看，在某种意义上，美育也就是美学，这确实是新时代美学学科的一个巨大变化。我们可以这样理解，在当代，美学作为人生美学就是广义的美育。

（四）作为教育学学科的美育

从一般的意义上来讲，教育包括德、智、体、美、劳五方面，因此美育成为教育学的有机组成部分和一个分支学科。

由此，我们认为，美育的当代发展是人类在 20 世纪后期普遍重视素质教育的必然结果。农耕时代的贵族教育与工业时代的劳动后备军教育都必然要求应试教育。而当代，在科技迅猛发展，知识经济扑面而来，国力竞争日趋激烈之时，国民素质已成为科技发展与国力强弱的基础，因而素质教育成为全人类的共同课题。当然素质包括智力因素与非智力因素，智力因素应该说已引起较多的重视，而意志、情感等非智力因素在应试教育体制下却常常被忽视。因此在素质教育的"三全"（全员、全过程、全方位）中，非智力因素，尤其是美育就特别地引起人们的重视，被提到十分突出的位置。1989 年联合国教科文组织提出《学会关心：21 世纪的教育》，在未来的新世纪，人类在教育领域的首要任务就是教育我们的学生"学会关心"。而所谓学会"关心"是一种同只"关心自我"的人生态度相对应的人生态度，即关心他人，关心社会，关心人类，其中包含浓烈而高尚的情感因素，同美育息息相关。对非智力因素的强调集中地表现在当代美国教育学家与心理学家对"情商"（Emotional Quotient，简称 EQ）概念的提出与论述。尽管在教育学与心理学领域对情商（EQ）问题还有争论，但情感因素的重要作用越来越引起教育学与心理学界的重视却是毋庸置疑的。这也说明，就教育学与心理学的角度而言，美育在当代已越来越显现出其重要性，并走到学科的前沿。

二、美育与德智体劳育的关系

美育作为全面发展教育的组成部分，它既有自己的性质、特点和任务，又与其他教育有着密切的关系，它们相互区别、相互对立，又相互渗透、相互促进，共同为提高人的综合素质、培养全面发展的人才而发挥各自的作用。美育与德育、智育、体育、专业知识和技术教育等虽然分属不同的领域，但彼此之间关系十分密切，他们互相配合、互相补充、互相促进，一起构成了素质教育的有机整体。总体上看，德育、智育、体育、专业知识和技术教育中蕴含着美的因素，德育中有高尚之美，智育中有理性之美，体育中有健康之美，专业知识和技术教育中有科学之美。同时，美育的发展对其他方面的教育也起到积极的推进作用。我们要准确、辩证地看待美育和其他教育之间的关系，不能失之偏颇，以其中一种替代另一种。

（一）美育与德育的关系

美育与德育的关系最为密切。不论是时间空间，美育与德育都有着密不可分的亲缘关系。但是，它们又相互区别，不能混淆。苏霍姆林斯基曾说："美是人的道德财富源泉。"这句名言反映了美育与德育具有密不可分的联系。美育和德育都讲求以情动人，都注重潜移默化，两者有共通和交融的地方。感受和欣赏美的过程，实际上也是追求真、善、美，抛弃假、恶、丑的过程，在这一过程中，人的心灵得到净化，道德得到滋养，在不知不觉中就增强了道德修养，在提高道德品质的同时，也逐步提升了审美的境界和层次。传统的德育大多来自课堂教学，教育手段单一、教学内容枯燥、教学效果不明显，而美育正好弥补了这一不足，可以在道德教育实施的过程中以生动具体的形象来促进道德升华和灵魂净化。

1. 美育与德育的联系

①美育与德育相互渗透、相互依存

美育与德育的关系，从理论基础上分析，实际上是美与善的关系。所谓善，不是人的主观愿望、意志，也不是人的道德观念、行为规范，而是人类普遍的实践要求和现实要求，即实践的结果要符合人类的目的，满足主体的实际需要。美学理论认为，美和善是密不可分的，美以善为前提，美中包含了善，美归根到底要服从于善、符合于善。同时，善中也包含了美，善的最高境界必然是最崇高的美。对于美和善、美育和德育的这种相通、相近的关系，在古代中国美学和西方美学中都有许多精彩的论述。

中国古代美学家对美和善统一的观点，也有不少论述。《国语》有云："夫美也者，上下、内外、大小、远近皆无害焉，故曰美。"就是说无害即为美。孔子提出"里仁为美"。就是要求把"礼"所规定的上下等级、尊卑老幼等的秩序和社会道德规范变成人内心的自觉要求，这就是美。美在这里主要表现为对善的赞赏和肯定。美实际上就是善。孟子主张"充实之谓美，充实而有光辉之谓大，大而化之之谓圣，圣而不可知之之谓神"。所谓"充实之谓美"，指的是个体通过自觉的努力，把人固有的仁义等善的本性"扩而充之"，贯注充实于人的形体的各方面，使人的形体"生色""增辉"，使自然的形体具有高尚的道德精神意义，把善发扬光大，就是美。在这里，孔子和孟子都主张美与善的统一，他们都把美看成善的加深和扩展。荀子则提出了"君子知夫不全不粹之不足以为美"的观点，他认为，只有把人的丑恶本性加以改造，使人的善良品德既"完全"，又"纯粹"，才能造就完美的人格。中国儒家学派特别重视"诗教"和"乐教"对人的道德完善的作用。他们一再论述"美善相乐""礼乐相济"的道理。《乐记》中就明确提出"乐者，通伦理者也""乐者，所以象德也""乐者，德之华也""乐行而民乡方，可以观德矣"。这些都说明美和善、美育与德育的相通性和一致性。

美通过感性的自然形象象征理性的道德概念，激发人们内心的道德情感，使人联想到善良意志，如百合花的白色引起纯洁的观念，红色引起崇高的观念，紫色引起柔和的观念等。高尔基预言："美学是未来的伦理学。"[1]中国近现代的一些美学家也多继承了古代美善统一的思想，强调美学与伦理学、美育与德育的相通。如王国维说："美学的最终目的，与伦理学的最终目的相一致。"[2]当代美学大师朱光潜在许多论著中都谈到了美与人生、审美与道德的关系。他一方面强调审美的独立价值，反对把审美、文艺当成狭义的道德教训和修身教科书，另一方面他又一再说明了美与人生、审美与道德不可分割的联系，指出："人生是有机体，科学的、伦理的和美感的种种活动在理论上虽可分辨，在事实上却不可割开来，使彼此互相绝缘。"他通过对"文以载道"的辨析，来说明"文"与"道"的关系。他认为如果把"道"解释为狭义的道德教训，这是小看了文学的价值，误解了文学的功能，而如果把"道"看作人生世相，那么"文学就决不能离开'道'"[3]。

其一，美育对德育的促进作用。

美育为德育奠定了良好的情感基础。要使人们不仅从理性上认识应该做什么，不应该做什么，而且要使他们从内心情感上心甘情愿地这么做，而不那么做。正如孔子所说的："知之者不如好之者，好之者不如乐之者。""知之者""好之者""乐之者"，这是孔子关于教育的三种境界。"知之者"，是从道理上使受教者认识、懂得为何这么做；"好之者"，是让受教者在习惯上成为一种爱好，习惯于这么

---

① 高尔基：《母亲》，旅游教育出版社 2018 年版。
② 陈元晖：《中国近代教育史资料汇编》，上海教育出版社 2007 年版，第 4 页。
③ 朱光潜：《文艺与道德有何关系》，《中山文化教育馆季刊》，1936 年第 2—3 页。

做；"乐之者"，则是使受教者把它当成一种乐趣，心甘情愿、心悦诚服地这么做。三者相比，后一种自然是最高的境界。而美育则是达到这一境界的最佳途径。只有将人们的道德认识赋予深厚的情感，将人们的审美情感和道德情感融合在一起，人们的道德信念才是坚定的、稳固的、不可动摇的。美育可以陶冶人的情感，培养高尚的道德情操，为道德行为提供内在的情感动力。

美育是进行德育的有力手段。由于美育有形象性、愉悦性和自由性的特点，在德育中运用美育，可以使德育的抽象理论，变成生动具体的感性形象，使道德的理性说教，转化成为情感的感染，使强制性的他律成为自由的自律。这种以美感人、以情动人、寓教于乐的美育方法，会达到意想不到的教育效果。文学的美育作用是显而易见的，它对人们的道德品质和思想境界的影响是巨大的，它在辅助道德方面有着更多的优势，它是进行道德教育的有力手段，是实现道德完善的有效途径。正如席勒所说："要使感性的人成为理性的人，除了首先使他成为审美的人，没有其他途径。"[①]

其二，德育对美育的促进作用。

德育对美育同样具有积极的促进作用。人们的世界观、人生观往往决定、影响着人们的审美观。人们的政治理想、道德理想、道德观念，也会对人们的审美理想、审美观念和审美趣味产生一定的影响。苏霍姆林斯基就特别强调对学生（特别是小学生）进行高尚的道德情操的教育，从小培养孩子们的优良品质，使他们心地善良、热情豁达、诚实正直、富有同情心，憎恨一切丑恶，反对粗野和残暴。有了这样的品德基础，就会对大自然的小草、花鸟、树木、山川，产生无限的热爱，对人尊重和富有爱心，对生命和友情倍加珍惜，对人生充满乐观主义精神。这样，人的心灵会纯洁美好，人的精神境界会升华提高，人际关系会协调融合，人与自然也会和谐统一。在这里，心灵的善导向了心灵的美，德育促进了美育的发展。

美与善、美育与德育是互相渗透、互相促进的，以美储善，以善育美，互相积淀，共同完善人们的心理结构，塑造人的美好心灵，使人的心理功能得到平衡、和谐的发展。

2. 美育与德育的区别

---

① ［德］席勒：《美育书简》（中德双语），社会科学文献出版社 2016 年版。

美育是感性教育、情感教育。它主要是陶冶人的情感，净化人的心灵，使人建立一种"新感性"，使人的情感理性化。它比较注重于情感感染，以情动人。而德育则主要是培养人的高尚道德情操，进行"善"的教化。它比较偏重于理性的教育，加强人的理性力量，是以理服人。

美育的主要功能是协调，它消解人性某一方面的片面发展，消解理性的片面性和非人性，使人的感性和理性协调发展。同时，协调人与人之间的关系，协调人与自然之间的关系，使之和谐发展。《荀子·乐论》曰："乐也者，和之不可变者也。礼也者，理之不可易者也。乐合同，礼别异。""乐者为同，礼者为异；同则相亲，异则相敬。""乐者，天地之和也；礼者，天地之序也。和，故百物皆化；序，故群物皆别。"礼是讲"分"，乐是讲"和"。礼是适应人类社会生活的需要，建立一种合理的社会秩序，要求人们遵守这种秩序，使之各安其位；乐也是适应人类社会生活的需要，用来调和礼所建立的这一社会秩序，使个人、社会以及整个宇宙都达到和谐。在这里，古人所说的礼乐的差别，也就是今天我们所说的德育和美育的差别。

美育的范围比较广泛，它既包括社会领域，也包括自然领域，还包括艺术、科技领域。在社会领域中又包括人类生活的各方面，如人们的吃、穿、住、行、用等，无不包含美育的因素。而德育则不同，它主要适用于社会领域，对自然界的对象，是无法用道德的尺度去衡量和评价的。如人们的穿戴、走路的姿态等，德育是管不着的，也不用去管，但这些却属于美育的范围之内。美育是采取自由的方式进行的，它是依靠美本身的魅力吸引人，以无拘无碍、轻松愉快的方式，把美的对象显示给受教者，使受教者在自觉自愿的基础上接受教育。而德育则带有一定的强加性，它不管你是否愿意，也不管你是否喜爱，都要求你"必须如此""只能如此"。

（二）美育与智育的关系

审美活动需要一定的知识文化为基础，知识掌握越多，文化水平越高，对美的理解越深刻，审美的对象和领域越广泛。另外，审美活动可以不断促进人的智力发展，如愉悦的心理状态可以增强人的学习兴趣和提高人的注意力，形象的思维方式可以锻炼人的观察力、想象力、思维力、创造力。因此，智育和美育是互为条件、互相促进的。蔡元培就曾指出："必须在知识之外兼养感情，在治科学之外兼养美术。有了美术的兴趣，不但觉得人生很有意义，很有价值，就是治科学的时候，也一定添了勇敢活泼的精神。"①

智育是指传授知识和技能、开发智力的教育。它的主要任务是提高人们认识事物和把握客观世界的能力，它帮助人们认识自然和社会的客观规律，提高人们的科学技术水平，发展人们的思维能力，培养社会需要的各种专门人才。美育与智育的关系，从理论基础讲，实质上是美与真的关系。

所谓真，是真实存在着的客观世界的本质及其变化发展的规律。美和真也是一种辩证统一的关系。美以真为基础，凡美必真，美必须包含真，符合于真，没有真，就无所谓美。在中国传统美学思想里，虽然更多地侧重于美与善的统一，较少探讨美与真的联系，但是，也有一些哲学家、思想家，特别是艺术家论述了美与真的统一。如庄子倡导自然无为的"道"，认为美的本质在于自然无为，美是自然生命本身合乎规律运动中所表现出来的自由，符合了自然无为的"道""法天贵真"就是美。违背了自然无为的"道"，人为地破坏生命的自然本性，刻意雕琢，就失去了真，也失去了美。庄子的这种美与真统一的思想，对后世产生了深远的影响。如唐代的李白赞赏"清水出芙蓉，天然去雕饰"，主张"贵清真"，就是受了庄子学派的影响。清代的王夫之也主张为文要真。文章应表现出对象的本质，因此，作家需要对所表现的对象深入观察体验，观察事物的本质及其变化规律，体验对象的情趣、意蕴。只有这样，才能"合符于道与物之体"，即反映对象的真实，从而打动读者，引起人们强烈的共鸣。近代思想家梁启超在谈到美术与科学的关系时，曾提出了"求美先求真"的思想。他说："美术所以能产生科学，全从'真美合一'的观念发生出来。他们（指西方人——引者注）觉得真即是美，又觉得真才是美；所以求美从求真入手。"② 他还说："美术家所以成功，全在观察自然之美。怎样才能看得出自然之美，最要紧是观察自然之真。"③ 梁启超在这里明确地提出了"真美合一"的观念，并且认为真是美的基础，求美先求真，离开了真，也就没有美。艺术品只有真实地反映现实生活，才能感染人，真实是艺

① 蔡元培：《蔡元培美育论集》，湖南教育出版社1987年版。
② 梁启超：《美术与科学》，载朗绍君、水天中编：《二十世纪中国美术文选》，上海书画出版社1999年版，第97页。
③ 同上。

术的生命。

美虽然以真为基础，但是，真并不就是美，客观存在着的物质自然界，在未被主体实践征服以前，它还只是作为真而存在，还不是作为美而存在。只有被人类实践征服改造的自然即"人化的自然"，才有美的存在。这时的"人化的自然"，已经打上了人类自由创造活动的印记，成为人的本质力量的感性显现，这时的真才成为美。

3. 美育与智育的联系

美育对智育的促进作用

第一，美育可以激发人们追求真理的热情，提高人们学习科学知识的兴趣。

人们要想获得知识和开发智力，首先必须有追求真理的热情和求知的强烈欲望。历史上许多著名的科学家之所以能够在科学上做出杰出的贡献，有着重大的发明和创造，首先在于他们有着探求真理的激情，有一种不可遏止的创造冲动，他们对探求世界的奥秘有着浓厚的兴趣，对自己所从事的科学充满着热烈的情感。这种情感从何而来？相当一部分是靠美育的熏陶和培养。美育陶养和丰富了人们的情感，使人们对世界、对人生、对科学抱着积极的态度，使生命充满了活力，由此，推动着人们去探索、去追求、去发现，不怕艰难险阻，不怕挫折失败，坚忍不拔，勇往直前。蔡元培曾多次谈到美育对提高人们科学研究的兴趣、增添勇敢活泼的精神的作用。有了美术的兴趣，不但觉得人生很有意义，很有价值，就是治科学的时候，也一定添了勇敢活泼的精神。

人们常说：兴趣是最好的老师。教育应当使所提供的东西让学生作为一种良好的礼物来接受，而不是作为一种艰苦的任务要他去负担。兴趣和喜爱的确是激发学生学习的推动力，学生只要对某门学科产生了浓厚的兴趣，就会产生巨大的动力，不畏劳苦，孜孜以求，兴味盎然，乐在其中，从而取得优异的学习成绩。许多优秀教师善于在教学中贯彻美育的原则，以美的形象引发学生的审美注意，激起学生的学习兴趣，进而引导他们步入科学的殿堂。化学课用金刚石引出碳的同素异形体，不仅学到了化学知识，而且也得到了审美享受，并由此产生了对化学的兴趣。学生的求知欲望和学习兴趣，是从美的欣赏开始的，美激发了学生的学习热情，引导去探究科学的奥秘。

第二，美育可以使人们在追求美的过程中发现真理。

美的事物是合目的性与合规律性的统一，在美的事物中，包含了真的因素，因此，对美的追求，必然带来对真理的发现。科学史证明，许多科学家常常自觉或不自觉地从美的规律中，推导出科学的理论、公式。德国天文学家开普勒从他家乡巴伐利亚的民歌《和谐曲》中得到了启示和灵感，终于发现了行星运动的第三定律。由此，他得出结论：天体运行和音乐一样，也是和谐优美的，自然法则和美的规律是一致的。正如爱因斯坦所说："这个世界可以由音乐的音符组成，也可以由数学的公式组成。音乐和天文学，虽然起源不同，但它们都反映着我们这个世界的和谐与秩序。因此，客观自然界的美以及由审美活动而哺育起来的美感，成了科学家进行科学探索的智慧的源泉之一，它推动着科学家去追求科学的美学价值，从而使自己的科研成果更加完善。"[1]

第三，美育可以促进人的思维能力的发展，有利于智能的开发。

在人类的个体成长过程中，思维发展的总趋势是从具体到抽象，从不完善到完善，从低级到高级。特别是幼儿和中小学生，总是形象思维占有重要的地位。苏联教育学家乌申斯基说："孩子们是凭形状、色彩、声音和一般感觉而思考事物的；假使有人想强迫他们凭其他方法来思考事物，那么他便是无理地、有害地胁迫着孩子的天性。"[2]苏霍姆林斯基也说："世界是通过形象进入人的意识的，儿童年龄小，他的生活经验越有限，那么生活中鲜明的形象对于他们思想的影响就越强烈。"[3]这就告诉我们，青少年认识世界、接受知识，多是首先运用形象思维，在形象思维的基础上，再发展抽象思维，形象思维越丰富，抽象思维也就越发达，抽象思维和形象思维两方面是互相补充、相辅相成的。

不论是李白的诗、齐白石的画、吴承恩的小说、冼星海的音乐，还是牛顿的万有引力定律、爱因斯坦的相对论，无一不是创造性想象的产物。可以这样说：没有创造性想象，就没有艺术创造和科学发现。黑格尔说："真正的创造就是艺术想象的活动。"[4]爱因斯坦更是强调想象力对科学研究的重要性，他说："想象力比知识更重要，因为知识是有限的，而想象力概括着世界上的一切，推动着进步，

---

① 爱因斯坦：《爱因斯坦文集·论科学》，商务印书馆 2010 年版。
② 乌申斯基：《人是教育的对象（上）》，人民教育出版社 2007 年版。
③ 苏霍姆林斯基：《苏霍姆林斯基选集·要相信孩子》，教育科学出版社 2001 年版。
④ 黑格尔：《美学》（第三版），北京大学出版社 2017 年版。

并且是知识进化的源泉。严格地说，想象力是科学研究的实在因素。"①

美育实质上是一种美感教育。它的主要特点是形象性、愉悦性和自由性。美育的形象性，可以培养人的感知能力、直觉能力，使人具有丰富的感兴能力，促进感性和理性的协调发展，有利于右脑的开发，有利于形象思维的培养。美育可以使人在受教育过程中获得极大的审美愉悦，达到"寓教于乐"的效果。它使创造者有着良好的情绪和轻松愉快的心态，从而使创造活动充满活力。美育的自由性，而专注于美的观照之中，精神处于一种"自由的状态"，无拘无碍、悠然自得。这种心态和氛围，无疑对人的创造力的发挥是极为有利的。人处于审美的王国，可以展开想象的翅膀，让思绪任意驰骋，让幻想自由翱翔。伟大的发明创造正是在这种自由的天地里诞生的。

美育的性质和特点决定了它在对人的创造力的培养中起着重要的作用，从一定意义上讲，它是培养创造力的最有效的途径和方法。

第四，美育可以开阔人的眼界，增长人的知识。

人们认识客观世界，获取知识，不仅要借助于各门科学，而且要借助于各种文学艺术和其他的审美活动。人们通过审美教育不仅获得审美享受，而且可以学到各种生动具体的科学知识。《诗经》中多识于鸟兽草木之名，这就是说，学诗可以学到自然科学知识。我国古典小说《红楼梦》被誉为封建社会的"百科全书"，它所描写的封建社会的生活极其广阔、全面，政治、经济、文化、教育、法律、道德、宗教、家庭、婚姻等，几乎无所不及，它所刻画的人物上下贵贱，三教九流，无所不有，它所描写的事件头绪纷繁，关系复杂。因此，它所给予人们的知识，要比历史教科书生动、丰富得多。我们通过旅游和观赏自然美所获得的天文、地理、历史、生物、文学艺术以及风土人情等多方面的知识，更是丰富多彩。

总之，美育以积淀着理性的感性形式对人们进行教育，它在激发人的学习热情、启迪人的智慧、发展人的思维能力、增长人的知识等方面起着重要的作用，并因而促进人的智力的发展。

因此，我们在教育过程中，既要善于利用它们的交融关系，促进它们的共同发展，又要注意它们的差异，不能混同或相互替代。目前，需要防止和克服这样

---

① 爱因斯坦：《爱因斯坦文集·论科学》，商务印书馆 2010 年版。

的倾向，即忽视美育和智育之间的联系，把它们割裂和对立起来，认为实施美育会妨碍文化课学习，或者认为搞美育仅是音乐、美术课的事，是课外活动和社团的事，与各科文化课无关。这种看法是十分片面和不正确的，应当加以纠正。

（三）美育与体育的关系

体育活动中美无处不在，无论是动作的协调、体魄的强壮、节奏的和谐，都在一定程度上符合美的标准，让人得到美的享受。同时，美的原则可以指导体育活动的优化，体育技艺的改善和体育事业的发展。譬如，要造就健康的体魄，不仅要加强体育锻炼，更要在锻炼的过程中培养顽强的意志和坚定的信念，这就需要美育与体育相结合。蔡元培就强调："有健全之身体，始有健全之精神。若身体柔弱，则思想精神何由发达？"

体育是通过人的身体运动和锻炼，提高人的身体素质、增进人的健康水平的教育。自古以来，健与美向来是紧密联系在一起的。体育中包含了许多美育的因素，美育又可以促进体育的发展。体育和美育的结合，是全面发展教育的重要内容，也是人自我完善、达到身心健康的重要途径。

美育对体育的促进作用：其一，美育可以塑造健美的形体。人类发展史证明，人是劳动的产物，人的身体是在人类劳动过程中形成和发展起来的。人类通过生产劳动，不仅改造了客观世界，同时，也改造了人类本身，逐渐使自己的形体更完美。健、力、美的融合，是人体美的体现。而要达到这些标准，就需要按照美的规律（特别是形式美的法则）去进行训练和塑造。目前，学校的体育课开展"健美操""形体训练""舞蹈练习"等，就是美育和体育的有机结合，它使体育充满美的情趣，大大激发了学生的学习热情，深受学生们的欢迎。

其二，美育可以促进体育技艺的提高。体育美是与精湛的体育技艺分不开的。要提高体育技艺，需要有美学的指导。因为一个体育项目要达到高水平，并不是各个单个动作简单机械的安排与组合，而是多种因素协调配合的结果。这就要按照美的规律来组合、塑造，从而达到动态美、节奏美、结构美、造型美、整体和谐美等。只有这样，才能塑造完美的形象，给人以美感。在许多体育项目中，有不少是与艺术"联姻"的，对美的因素和审美价值的要求更为突出。如自由体操、艺术体操、花样滑冰、冰上舞蹈、水上芭蕾等。它们与美育的关系更加密切，运动员与教练员审美修养水平的高低，直接影响着这些体育项目的水平。因此，加强运动员和教练员的美学修养，有助于体育技艺水平的提高。

其三，美育可以使人的体力和精神达到协调，增进身心健康。在现代社会中，生活节奏日益加快，人们的学习、工作都十分繁忙、紧张，体力和精神都感到疲惫劳累，身体疾病和心理障碍亦有所增加，人们渴望着休闲和轻松。实施美育，可以让人们转换一下大脑的兴奋中心，放松一下紧张的神经和躯体，纵情娱乐，尽情享受，既活动了筋骨，又获得了审美愉悦，大大有益于身心健康。实践证明，喜爱参加审美活动和富有审美情趣的人，多是长寿者。以书画家为例，唐代欧阳询（557—641）、柳公权（778—865）分别活到85岁、88岁，明代文徵明（1470—1559）活到90岁，清高宗乾隆（1711—1799）活到89岁，现代画家齐白石（1864—1957）活到94岁，当代美学大师朱光潜（1897—1986）、宗白华（1897—1986）都活到89岁。科学还证明，悦耳的音乐，可以使血液中分泌出一种有益于人身体健康的化学物质，这些物质可以起到调节血液流量与神经细胞的作用，还可以使肠胃蠕动变得有规律，促进唾液的分泌。世界上流行一种"音乐疗法"，就是通过欣赏音乐来治疗疾病，已取得了较好的医疗效果。

体育对美育的促进作用，其一，体育中包含着丰富的美育因素。在体育运动中，运动员纯熟的技艺，健美的体形，坚强的意志，团结协作的精神，都闪烁着美的光辉，使人受到美的感染和教育。特别是在一些重大的体育竞赛和盛大的体育庆典活动中，更显示出"美和尊严"。如在现代的奥运会上，盛大的入场仪式、接力传递火炬、点燃圣火、放飞和平鸽、裁判员和运动员庄严宣誓、精彩的文艺表演、严肃而热烈的授奖仪式、神圣而优美的主题歌、活泼可爱的吉祥物等，都震撼着人的心灵，陶冶着人的情操，给人以深刻的审美教育。

其二，体育为美育提供了健全的身体条件。从事美育活动需要有健全的体魄，绘画需要有敏锐的视力，雕塑和版画需要有强壮的臂力，音乐需要有灵敏的听力，舞蹈需要有矫健的躯体和四肢，制作影视作品更需要有良好的身体素质，否则，就难以应付夜以继日的紧张工作。同时，美育所要建立的审美心理结构，需要有健康的体质作为生理基础。只有有了健全的体质，才能有旺盛的生命力，才能使大脑皮质结构和功能得以完善和发展，从而为审美心理结构的塑造奠定良好的物质基础。

可见，美育与体育在任务目的、实施媒介、途径方法、活动心态等各方面，都有很大的差别，不能加以混淆，也不能相互取代。

综上所述，美育与德育、智育、体育既互相联系，又互相区别，它们各安其位，各司其职，互相作用，融为一体，共同对人的全面发展产生综合的影响，缺少哪个方面，都不是完整的教育，缺少哪方面的修养，都不能成为全面发展的人。

三、美育的功能

（一）以美启真，养成健全人格

人格是一个复杂的概念，是人类独有的，是由先天遗传因素及后天习得养成等原因相互影响、相互作用而形成的，代表着一个人的个性、气质、道德品质等。健全的人格是理性与感性的有机结合，是真、善、美的合理统一。然而，健全的人格并不是与生俱来的，是教育活动与社会实践的产物。美育在学生养成健全人格的过程中占据着不可替代的重要地位，与德育、智育、体育等教育形式相互影响，共同作用于学生人格的养成，因而受到国内外教育家、思想家、美学家的高度重视。孔子曾明确指出"乐教""诗教"在人格养成中的重要作用。席勒认为，通过美育塑造"完美的人格"，可以恢复人天性的自由和完整。

按照马克思人学理论，人格养成意味着各类教育方式引导受教育者发挥主观能动性，按照美的规律进行自我建构，塑造真、善、美和谐统一的理想人格，最终达到"美的状态"，即人的全面自由发展。学生美育应该立足于人格塑造和人性完善，通过"以美启真"，激发学生的情感，净化学生的心灵，陶冶学生的情操，培养德、智、体、美、劳全面发展的学生。其中，美育的"以美启真"功能通过美育培养学生的抽象思维，提升学生的想象力和创造力，促进学生树立正确的审美理想和审美价值观。引导学生养成健全人格是学生美育和思想政治教育的题中之意。美育促进学生养成健全人格的教育功能主要表现在三个方面。

1. 提高学生人格的情感性

衡量学生是否具有健全人格的一个重要指标就是其是否富有鲜活的生命力和饱满的情感。美育在教育活动中注重培养学生的感性思维和情感体验，使学生在美育教育活动中体会多种情绪，感悟人间百味。中国的应试教育的功利性使得美育在基础教育中缺失，致使学生缺乏基本的人文素养。美育在教育活动开展中有助于激发学生内心的关键就是要在这一时期为广大学生创造一个美好的世界。在美育中，以美的感悟，热爱自然、热爱人生，帮助学生树立正确的世界观；以美的魅力，追求卓越、追求创造，帮助学生树立正确的人生观；以美的和谐，服务社会、享受快乐，帮助学生树立正确的价值观。美育所追求的理想境界是与社会政治理想密切联系在一起的。由此可见，以文艺作品等为教育方式的美育有助于学生树立正确的价值取向，有助于引导学生养成在学校、家庭、社会生活中注重追求真善美的思想境界，形成积极向上的生活态度，在努力拼搏、积极奉献中实现自身的价值。

2. 培育学生高尚的道德情操

美育的形象教育特质决定了其能潜移默化地培养学生形成高尚的道德情操。人们的任何道德行为均需发源于内心的指令，一切法律规范，只有当其成为人们内心的信仰和要求之后，才能在实践中付诸行动。美育正是依靠日常生活中美的事物来打动学生，引起学生的共鸣，激发学生向往美的动力，从而使学生在学习榜样的过程中实现全面成长的目的，通过情感的变化来分辨美丑，实现道德的升华。著名教育家苏霍姆林斯基曾指出：“美能磨砺人生，一个人如果从童年时期就受到美的教育，特别是读过一些好书，如果他善于感受并高度赞赏一切美好的事物，那么，很难设想，他会变成一个冷酷无情、卑鄙庸俗、贪淫好色之徒。”①

积极发挥美育的育人功能，引导学生在当今普遍浮躁的社会大背景下，能够怀着感恩、博爱、宽容、诚信的心态，成为情操高尚、思想境界得以不断提升的人，从而实现全面发展的教育目标。

（二）以美养智，培养创新能力

美育形式种类繁多，各式的美育实践有助于开阔学生的理论视野，丰富学生的知识背景，提升学生的思维高度。美育在培养学生创新思维，提高学生创新能力方面的育人功能主要体现在以下三方面。

1. 促进学生的智力发展

现代生理学和脑科学研究表明，人的左脑和右脑分工明确各司其职。人的左脑负责语言和处理信息，将通过五感获取的信息转化为语言，从而表达出来。右脑主要负责音乐、图片等感性思维。人的左右两脑只有均衡、和谐发展，才能充分发挥大脑的功能，进行思考、辨析、创作等活动。德育、智育等教育形式在促

---

① 苏霍姆林斯基：《苏霍姆林斯基选集·要相信孩子》，教育科学出版社 2001 年版。

进学生智力发展方面，多作用于学生的左脑，有助于培养理性思维，提升学生处理信息的能力。而美育在开发学生的右脑，培养学生的感性思维等方面有着不可估量的重要意义。达尔文晚年回首自己的一生时曾感慨，由于 30 岁以后忽视了对绘画、音乐、诗歌等内容的关注，使得自己的思想变得禁锢，思维能力也有明显的减弱。达尔文在科学领域的贡献不容否认，但他也用切身经历告诫后人，单一的、僵化的工作与生活会在一定程度上限制人的潜能的挖掘，制约人的大脑的均衡发展。如果学生只专注于专业知识学习，而忽视了美育等相关内容的习得，可能导致他们的审美素养、审美能力、审美情趣等方面的水平较低，甚至可能制约智力的发展，无益于学生的专业成长，更无益于他们的全面发展。

2. 培养学生的创新能力

创新是人类社会发展的不竭动力，也是一个人不断进步的根本原因。创新型人才在当今社会成为人才培养的主要目标之一。美育在培养学生创新能力、提升学生思维的创新性等方面有着重要的作用。美育活动为学生提供了发挥主观能动性、敞开想象的翅膀、激发潜在的创新能力的机会。无数科学家和发明家用亲身实例向我们证明，丰富的想象力、大胆的联想力是推动科技进步的主要原因。爱因斯坦十分推崇美育，他曾指出相对论的诞生要感谢音乐为他提供了想象的空间和创造的激情。综上所述，一个人的创新能力是在理性思维和感性思维相互作用中产生的，是在逻辑思维和抽象思维的相互影响中提升的。

3. 开阔学生的知识领域

美育的教育形式、教育内容、教育手段是丰富多样的。鬼斧神工的自然景观、历史厚重的人文景观、琳琅满目的手工作品等，都有助于学生开阔视野，丰富知识储备。美无处不在，美育应充分利用多种多样的教育内容，提升学生的审美体验，在审美的过程中引导学生掌握科学文化知识、习得社会生活经验、了解中华传统文化等。美育活动能在潜移默化中激发学生主动学习的积极性，培养学生的审美素养，提升学生的审美能力，树立学生的审美理想，引导学生"按照美的规律"去建构自身，促进自身的全面发展。

总而言之，美育对学生智力的开发、创新能力的培养等方面有着不可替代的重要意义。人类社会的每一次进步、科技的每一次创新都离不开人类对美的执着追求。美育活动在学生追求科学真理、探索科学奥秘的过程中起着重要的推动作用。

（三）以美怡情，提升审美素养

法国雕塑大师罗丹说过："美是到处都有的，生活不是缺少美，而是缺少发现美的眼睛。"美育旨在通过感受美、鉴赏美、传递美、创造美等方面的审美体验，引导学生提升审美能力，培养审美素养，成长为"审美的人"。美育"以美怡情"的育人功能，就是通过美育熏陶的教育方式，使受教育者养成善良、同情、感恩等积极的情感，逐步成长为一个对社会有正向推动作用的自由而全面发展的人。美育"以美怡情"的育人功能的核心不仅仅是培养学生的审美素养，更重要的是要使学生在审美愉悦中，懂得相互协助，懂得彼此欣赏，懂得分享喜悦。美育在提升学生审美素养方面的育人功能主要表现在三方面：

1. 提升学生的审美感受力

只有先懂得感受事物的美，才能逐步懂得鉴赏事物的美，进而创造美的事物，因此，审美感受力在审美能力中处于基础地位。一个人如果缺乏基本的欣赏能力，再动听的音乐、再美妙的舞蹈、再浓郁的芬芳、再宜人的景色，对他来说都没有任何意义。因此，提升学生审美素养的根本在于提升学生的审美感受力。学生审美感受力的提升主要通过两方面的教育方式。一方面，要通过美育实践活动，提高学生捕捉美的能力，即审美观察力。只有善于捕捉不同事物的独一无二的美，才能逐步懂得欣赏事物的美。另一方面，在美育活动中要注重引导学生树立正确的审美态度。作为审美的主体，学生在进行审美活动时，不仅要充分调动自己的主观能动性去感受审美对象的美，还应随时将审美的情感从审美对象中抽离，用客观冷静的态度分析看待审美对象。正如马克思所说："贩卖矿物的商人只看到矿物的商业价值，而看不到矿物的美和特性。"[1]

2. 提升学生的审美鉴赏力

懂得了感受事物的美是远远不够的，还应懂得欣赏和解读审美对象的美，即审美鉴赏力。审美鉴赏力是审美能力最重要的组成部分，判断一个人审美能力的高低、审美素养的强弱往往从审美鉴赏力入手。审美鉴赏力的水平代表着学生在审美能力、审美素养、审美情趣等方面的水平，也昭示着一个人在思维高度、文化底蕴、知识背景等方面的综合能力。审美鉴赏力的提升离不开美育实践活动。

---

[1] ［德］卡尔·马克思：《1844年经济学哲学》，人民出版社2014年版。

指导学生在美育学习中鉴赏名著、名画、名曲及名山大川，这样学生的审美鉴赏力和审美境界及思想境界会有很大的提高。在美育活动中，建立全方位、立体化的评价体系，通过严格的标准来判断和衡量学生审美能力，对于提高学生的审美感受力、审美鉴赏力有着重要的意义。

3. 提升学生的审美创造力

审美创造力是人类独具的能力。审美主体在具备了一定的美育知识，掌握了一定的审美经验后，尝试遵循美的规律创造新的审美对象的能力。正是对美的憧憬使得人类不断地推动着科技的进步、探索着未知的世界、坚持着对真理的追求，不断地促进人类社会的大发展和大繁荣。实现大学生美育的育人目标，要坚持审美感受力—审美鉴赏力—审美创造力三位一体的培育思路，提升大学生的审美能力，培养大学生的审美素养，在实现培养德、智、体、美、劳全面发展的大学生的同时，为建设社会主义现代化国家贡献力量。

四、美育的任务

美育的基本任务，是以马克思主义美学思想为指导，通过审美、创造美等实践活动帮助人们树立正确的审美观，培养对社会美、自然美和艺术美的感受、理解、想象和创造能力，完善审美心理结构，促进身心健康发展，从而造就一代人格完美的社会主义新人。它的具体任务包括三方面：

（一）培养正确的审美观

符合审美观是世界观、人生观的重要组成部分。它是人们在社会实践中，特别是审美实践活动中所形成的对美、美感、美的创造等问题的基本观点。它直接指导和制约着人们的审美实践和创造美的活动。因此，培养正确的审美观，是美育的首要任务。

爱美是人的天性，但一个人的审美观和审美能力却不是生来就有的。审美观念，是一种社会意识形态。不同的经济基础，不同的社会存在，会有不同的审美观念。车尔尼雪夫斯基曾说过："西方上流社会，把女人的'弱不禁风''纤纤素手''苍白、病态、瘦弱'看作美人的条件。"[①] 因为在他们看来，上流社会的高贵就在于过"没有肉体劳动的生活"，这种"病态"正是生活高雅的一种标志。而这种林

---

① 车尔尼雪夫斯基：《艺术与现实的审美关系》，人民文学出版社 2022 年版。

黛玉"弱不禁风"在乡下人看来是断然不美的。因为在他们看来,"瘦弱"不是疾病就是苦命的结果,而少女强壮的体格、鲜嫩红润的面色才是美人的必要条件。不同的社会存在,审美观是如此不同。审美观的不同,人生的意义是如此的不同。因此只有树立了正确的审美观,才能使有限的人生更加丰富多彩。

但是,正确的审美观从哪里来?

马克思美学理论认为,正是由于社会实践,才在客观方面产生了客观世界的美,也在主观方面产生了人对客观世界的审美意识。所谓人的爱美天性,只是指人对美的一种意向,而一个人要真正懂得美和美的创造,最终决定于社会实践。没有实践,这种"天性"永远是一个未知数。这种实践,一方面是对正确的美的知识的摄取,另一方面是对美的创造。

马克思主义审美观以辩证唯物主义和历史唯物主义为基础,是最先进的审美观。它的基本观点是"劳动创造了美",肯定了美的根源在于实践,美是人在实践中创造、力量和智慧的显现。美的事物由于体现了对生活的本质、人的本质的肯定而使人愉悦。教导人们只有"按照美的规律来塑造物体",才能够正确地认识美和创造美。这种实践观点还指导我们正确理解真、善、美的内在联系,真、善、美是统一体的不同方面。美以真、善作为前提和基础。美离不开善,因为人的任何实践创造活动,都是为实现一定的社会功利要求的,或者满足人的物质生活要求,或者满足人的精神生活要求。美也离不开真,因为人的实践活动都是以对客观规律的认识和掌握为前提的。美和真、善的这种内在联系,决定了美的事物一定要符合社会发展的进步要求。因此在美的形象中,真和善作为一种潜在因素而存在。

（二）提高审美能力

审美能力是一种善于在生活、自然、艺术中发现美的能力,这种能力的获得与审美经验、文化知识和艺术修养等因素有着密切的联系。

首先是审美经验的积累。刘勰《文心雕龙》有云:"操千曲而后晓声,观千剑而后识器。"意思就是要多看、多听、多研究。看得多,听得多才能有比较,有比较才能会鉴别。狄德罗曾说:"鉴赏力就是由于反复的经验而获得的敏感性,它表示在能使它美化的情况下,抓住真实和良好的东西,并且迅速而强烈地为它所感动。"①审美经验的积累第一是多看。没有看过大海，不知道什么叫作"浩瀚"，没有登过泰山，不懂什么是"雄伟"。看过西方绘画，再看中国山水，才能懂得什么是"写意"。听过《高山流水》，才能懂得什么是高远。美育正是通过对大量美的事物的分析鉴别，丰富人们的知识，提高人们的鉴赏力。第二是多问，古人早就有"赏美先问"的说法。比如游山水，就要先了解此处山水古迹景观的总体特征，历代名人对它的评价，以及欣赏的最佳方位。比如游西湖，如果了解了西湖风、晴、雨、雪四种景色的不同特点，那么无论你遇到什么天气都会感谢自然的恩赐。春日"山色如娥，花光如颊"，冬日"雪山献古梅"，雨天"山色空蒙雨亦奇"。古人留下的这些诗文不仅概括了风景美的特点，也抒发了古代艺术家的胸臆情怀，使我们的审美感受得到升华。

　　其次是感受能力的培养。审美感受力，是人们审美、创美活动的基础。在客观事物面前，只有你感觉到它蕴含的美，才能欣赏它，才能按照它的形象去改造世界。每个人都有自身的感受力，但感受有敏锐与迟钝之分，有细腻与粗略之差别。审美感知从根本上说，是人对客观事物的情感知觉，是情感的体验性。它有很大的自由性。同一个月亮，在李白的眼中是一个洒脱的诗人，所以他能"举杯邀明月，对影成三人"，在雪莱的眼里它却是一个"宇宙的漂泊者""脸色那样苍白""在太空中漂泊"，而不同的情感知觉，产生了不同的美感。敏锐的感知能力与后天的学习、锻炼、培养有关。渊博的知识，丰富的情感趣味都会增强人的感受能力。面对长城，无知的人只能看到它表面的砖瓦。但当一个人了解了它的修建历史，了解了几千年的中华民族的斗争史，那他会透过长城的本体看到站立在世界东方的一个不屈的民族之魂，他所感受到的那种壮美远远超出了眼前的这实体，从而达到了灵魂的升华。

　　第三是审美想象力的培养。审美想象是指人们在以往表象积累的基础上，在头脑中对表象进行加工改造而创造新形象的过程。审美想象以记忆表象为基础，记忆表象是我们在观察和欣赏现实美和艺术美的过程中形成和保存下来的。我们头脑中是否储备了丰富精确的记忆表象，直接关系到审美想象是否活跃。审美教育就是要引导人们观察和体验现实生活和大自然中的美，储备丰富生动的记忆表

---

① 狄德罗：《绘画论》，陈占元译，广西师范大学出版社 2002 年版。

象,为活跃想象力打好基础。审美主体在欣赏美的物体时,不仅要感知物体所提供的客观形象,而且要感知物体蕴藏的美感本质。这一过程如果没有想象,就不能做到真正的欣赏。重峦叠嶂的深山峡谷,寂静漆黑的无垠夜空,气吞山河的急湍飞瀑,声震天地的电闪雷鸣,这些显示着无比威力的形象,一开始使我们震惊,但是如果将这些自然现象与人生意义相联系,却能激发我们的奋发向上之情。深山峡谷、无垠夜空会诱使我们去探索许许多多的未知世界,急湍飞瀑、电闪雷鸣会激励我们创造壮丽人生。这些自然现象,经过我们的头脑,已重新塑造成为一个个富有生命力的形象,这时我们认识到的就不再是山川河流,而是美的显现。这种美注入我们的生命意识中,便会陶冶我们的情操。

（三）培养创造美的能力

人的一切行为的最终目的是创造一个美好的世界,追求理想的生活。美育要培养人的审美能力,最终目的就是为了更好地去创造美。所谓创造美的能力,指的是人们按照美的理想创造美的事物和美化自身的能力。

1. 创造美首先就要培养审美理想

美的创造都是在一定的审美理想指导下进行的,审美理想是人们在生活中追求、向往的一种完美的生活境界,它是人们在审美社会实践经验基础上所形成的一种充满激情的意象。审美理想不仅可以提高审美敏感度,明确美的创造的目标,而且可以成为激发美的创造的动力,把人生提到一个更高的境界。文艺复兴时期,广大人文主义者高举思想解放的大旗,冲破中世纪的神学统治,追求人世间的幸福与欢乐。《蒙娜丽莎》就是达·芬奇在这种理想追求的指导下创造的美的形象。蒙娜丽莎的微笑,表现了人们心灵的复活,透露出从中世纪禁欲主义、蒙昧主义桎梏下挣脱出来的喜悦。崇高的审美理想,创造出了有着永久魅力的美。

2. 创造美还要提高创造主体的心理素质

美的创造与创造主体的心理素质有着密切的联系。在美的创造中,感知、情感、想象等心理因素互相渗透,综合发挥作用。其中情感因素是核心。创造主体的情感因素决定着美的事物的感染力。在美的创造中,情感的因素特别明显。当我们看《清明上河图》时,宁静的田野村庄,市场繁荣的景象,街上人们的呼叫,河中船只的来往,尽管是客观反映,但我们依然能感觉到作者对升平时期汴京生活的赞美与怀念。正是作者这种怀念之情,在他的笔下才有了这种人民安居乐业,市场繁荣的景象。在美的创造中，各种心理因素的联结靠想象。

　　在创造性的想象中，各种心理因素像交响乐一样组织在一起。感知的激发、情感的鼓动、理性的启迪，都溶化在想象中。想象具有一种创造性的品格，它使记忆中的表象重新组合，创造出新的意象。这种意象体现了情感与理性，感性与理性的统一。想象力的培养和锻炼，是提高创造美的能力的重要方面。

　　因是创造美就必须熟悉和掌握美的形式和美的规律。罗丹曾说："艺术就是感情，如果没有体积、比例、色彩的学问，没有灵巧的手，再强烈的感情也是瘫痪的。"[①] 善于驾驭形式，使内容与形式完美结合，是创造性劳动的标志。美的事物唤起人的美感都是直接由完美的形式引起的，而完美的形式离不开创造者的技巧。技巧是创造者的实际本领。只有具备了这种本领，创造者的审美理想、心理素质才能物化为美的形态，成为观照的对象。所谓美的形式和美的规律，由于美的形态不同，它们的内容也不一样。但无论是创造哪一种美的形态，都需要熟悉这一领域美的规律，掌握美的形式。培养这种驾驭形式的能力，需要顽强的毅力和艰苦的劳动。

---

① 奥古斯特·罗丹：《罗丹艺术论》，中央编译出版社 2023 年版。

第二章　高校美育及相关概述

第一节　高校美育的特点及内容

改革开放以来我国高等教育发生了很大的变化，特别是进入新时代以来，随着社会经济建设的高速发展，高等教育也有了突飞猛进的发展。美育既是我国教育体系中的重要组成部分，又是人类实现自我发展需要的重要途径。高校美育是指利用自然美、社会美、艺术美等美的形态对高校学生进行情感净化、性情陶冶，并提高学生感受美、鉴赏美、创造美的能力，培养其正确的审美观念、审美理想、审美情趣的教育。

一、高校美育的特点

（一）高校审美教育是高校人文素质教育的基本方面

人文素质教育的基础是哲学素质，包括世界观、人生观、价值观和方法论的取向，而审美素质是情感或感性层面的显现。审美素质是一种全方位的综合素质，它有自己不可替代的特殊内涵和要求。高校美育对人才的全面培养具有独特的作用。美育的功用在于"以美启真""以美储善""以美怡情"，也就是说，美育有利于智力结构和意志结构的建立，有利于科学和道德的发展，因而美育是人的全面发展的必由之路。美育能促使学生去发现真理、创造科学美；美育可以通过形象的感染和情感的激发，引导学生自觉地净化自己的心灵，遵守社会道德原则和行为规范；美育能使学生通过心神的情感体验，在沁人心脾的美的熏染中陶冶性情，发展审美能力。

（二）高校美育是教育境界化发展的需要

现代美育，已不单单是以往所说的"艺术教育"和"情感教育"了，而是具有多元综合结构的性质。它涵盖对自然美、人的自身内容的教育，德育、智育、体育中美及美感方面的教育。高校学生美育主要是通过美的形象耳濡目染、潜移默化地感染、陶冶受教育者的感情，这种影响和作用，是说理教育和行为训练所不能达到的，因此，美育可以融化德育成为心灵之花，融化智育成为灵秀之美，融化体育成为健壮之美。

（三）高校美育是塑造完美人格的需要

首先，大学时期是学生世界观、人生观形成的关键时期，也是个体审美意识形成和发展的重要时期。其次，适时地对高校学生进行审美教育，对他们的影响是关键的、具有终生意义的。高校美育能使学生从内心中自愿接受美的熏陶，获得科学知识，接受美德教育，抵制不良思想和精神污染，以保持自身的尊严，完善人格的塑造。这种高尚人格在关键时刻能表现为跨越生死，不计个人得失，甚至舍生取义的高尚行为。

二、高校美育内容

随着我国高等教育的深化改革，学校为受教育者提供了更自由的学术空间和更开放的学习氛围，学生选择学习内容的时间和空间的自主性和自由度明显加强，加上数字化的迅速发展，在新媒体文化的冲击下，学生会自觉地从各种渠道摄取有关美育的信息，而作为以美成人的审美教育的发展，亟须在审美教育目标的指引下，不断丰富发展教育内容，从而满足大学生日益发展的审美需求。

（一）美育内容的基本类型

在近年加强高校素质教育的整体形势下，美育对于培养大学生综合素质的重要作用逐渐得到人们的关注，美育的教育内容也得到了丰富和发展。越来越多的审美教育者开始探索符合理想人格要求、适应时代需要的新的美育内容，并且注重美育在高等教育中的理论研究和实践创新，这些对促进美育的不断发展起到了重要作用。当前美育主要分为以下几方面：

1. 按照教育范围分类

按照教育范围分类包括家庭美育、社会美育和学校美育等三方面。其中家庭是人生的起点，也是美育的起点。家庭审美教育给予人的影响是基础性的和不可替代的。之所以如此，是因为家庭美育是建立在以血缘和亲情关系为纽带的家庭日常生活基础之上的，而家庭日常生活的内容极为丰富、广泛、具体，并处处注入感情的因素，对家庭成员尤其是孩子施加着全面入微的深刻影响。家庭美育的主要对象是孩子，父母是家庭美育的天然教师。我们应该把家庭日常生活看作一种教育，从这里找到家庭美育实施的途径。社会是一个广阔的空间，为审美教育提供了丰富的素材。社会美育的领域极为广泛，影剧院的演出，电视、广播中的节目，音乐厅、展览馆、博物馆、文化宫、俱乐部、体育场、游泳池、图书馆，以及生活环境的美化，风景游览区的开发，名胜古迹的整修，还有商店橱窗的布置，路边广告的设计，这些都可以作为社会美育的工具和场所，成为社会美育的组成部分。人的内在世界的美、精神世界的美，即人的心灵美是最具重要意义的美，最富于光彩的美，是社会美的核心，是人类美的精髓。学校美育是对大学生进行人格养成教育的有效途径。基于学校本身"教书育人"的基本功能，在大学校园中通过实施美育来促进大学生理想人格养成和思想素质提升均有着相对便利的环境条件。

2. 按照性质分类

按照美育内容性质不同可以划分为自然美育、艺术美育、社会美育三个大类。自然美是最原始也是最贴近人类生活的美，它就蕴藏在大自然之中。自然不仅为人类的生存发展提供基本的物质基础和环境，也是丰富人的精神生活使人获得美感的基本源泉。自从人类开始用审美的眼光来看待世界，大自然就成了人类的审美对象。只要我们身处于大自然当中，就能够陶冶于大自然的美，就可以受大自然的教育。而想要进一步欣赏自然美，真正实现自然美育，就必须了解自然美，提高对自然美的欣赏能力，培养学生热爱自然之情。

艺术美育是艺术家借助一定的手段和方式对现实生活的典型性概括与反映，是艺术家创造性的劳动成果。艺术美来源于现实美，又高于现实美。艺术美育是现实美的凝练和集中，它包括音乐艺术美、美术艺术美、影视艺术美、文学艺术美和环境艺术美等。

社会美育也是审美教育的重要组成部分，人有心灵美、形体美，有属于人与人之间的语言美、服饰美，有属于群体活动的环境美、人情美。人生美是指社会事物、社会现象、社会生活的美，它是美的最直接的存在形式，是现实生活美的最主要、最集中、最核心的一部分。社会美育主要是由人的思想、意识、情感，以及由它们在人和自然的相互关系中体现而组成的。

（二）构建高校美育内容的基本思路

尽管多年来人们对美育的教育内容构建工作付出了很多努力，取得了相当的成绩，也总结了不少的经验，但是，当前的美育内容在高校教育体系中仍处在一个有待发展的时期，不仅在实践中存在一些亟待解决的问题，在理论上也需要随着时代和高等教育的发展不断完善与创新。因此，新时期构建以美成人的美育教育内容不可能一蹴而就，需要根据教育目标的指引，选择、确立、设计教育内容并将其有机结合起来，形成具有科学性、系统性的教育内容体系。探讨美育内容整体构建的依据和规律，可以为内容的构建提供科学的指导。因此，构建以美成人的美育内容要遵循以下几方面基本规律。

1. 尊重学生成长的规律

青年学生群体处在已经成年但又未在真正意义上走上社会的人生关键阶段，其身心发展特征、规律与中小学生和社会成年人截然不同，因此，在设计审美教育的内容时应该尊重学生这一成长规律。一方面，要在对青年大学生人格形成和发展规律研究的基础上，从人的认知、情感、意志和行为四个层面入手，有针对性地选择和设计教育内容，以达到科学地、循序渐进地培育审美价值观的教育目的。另一方面，在设计教育内容时，要注重教育内容既要符合当代青年大学生自主性较强、个性张扬、思想求异等身心特点，又要符合大学生在思想、心理、行为等方面的成长规律。

2. 尊重审美教育的规律

在审美教育过程中，教育目标的实现可以凭借自然美、社会美和艺术美等多种途径，而最基本的审美教育活动，一般主要通过审美接受与审美创造来实现其审美教育目标。因此，在设计教育内容时，要尊重审美教育的规律，教育内容要与审美接受的内在规定性相吻合，也就是要贴近大学生的审美需要，从而使受教育者（大学生）产生对于教育内容的认可，激发其内在的审美需求，形成对于审美的正确理解和强烈的审美意愿。审美创造是受教育者根据一定的审美理想，按照美的规律，运用不同的物质手段，自觉进行的审美实践活动。审美理想与社会现实的差异是审美创造的动力。审美教育要使受教育者认识审美理想的丰满，反思社会现实的不足，唤醒受教育者的创造欲望，帮助受教育者实现审美过程的形象性和情感性的内在统一，并赋予其情感以内在理性，从而使受教育者的审美创造实现从无意识到有意识、由自发到自觉的演变过程，收到水到渠成的教育功效。

3. 尊重时代发展的规律

与过去相比，大学生的思想、心理和行为以及他们所处的学校、家庭与社会环境都已经发生了变化，并且正在发生着巨变。作为新时代的大学生，百年未有之大变局背景下，思想和生活方式打上了强烈的新时代的"烙印"。审美教育的内容能否做到尊重时代发展的规律不断改革创新、与时俱进，这直接决定着教育的效果。构建新时期以美成人的美育内容要尊重时代发展的规律，这包括两层含义，一是要结合时代发展的需要创新教育内容，如加入传统文化审美教育、审美实践教育等。二是要赋予审美认知教育等传统内容以发展中的新的时代内涵。尊重时代发展的规律，就是要顺应时代发展，美育要随着时代的变迁与时俱进，在内容上要不断丰富和创新，使之成为当代大学生喜闻乐见的内容。让美育内容的创新成为美育发展过程中的关键一环，这既符合美育内容发展的内在规律，也符合美育内容发展的时代要求。

（三）高校美育的教育内容

这里所构建的审美教育内容是以大学生人格养成为根本出发点和落脚点，从人的审美心理结构的基本规律出发，着重加强审美认知教育、审美理想教育和审美实践教育等方面的内容设计和实施。

1. 审美认知教育

审美认知教育实际上是对于审美活动中的认知过程和接受过程的教育实施，是对美的信息进行输入、编码、转化、储存、提取、运用的加工活动。从审美心理学的角度来看，审美认知教育促使受教育者形成审美心理认知结构。这一结构是审美个体在审美活动中形成的，并对未来的审美活动起着支配作用。在审美教育活动中，主要包括对于审美理论知识的把握了解，对于审美信息的加工和处理，以及审美活动心理机制的控制与把握。审美认知教育是个体进行审美活动中的重要环节，是获得和运用加工审美信息的内部心理活动，对于形成正确的审美感受和审美意识具有重要作用。因此在具体的教育过程中，在原有的审美教育活动的前提下，应注重以下几方面内容的设计实施。

要注重系列性、层次性的审美基础知识教育。一般情况下，高校以审美为主要内容的课程主要分为以艺术专业为基准的必修课程以及以非艺术专业为基准的选修课程。而实际上，审美教育内容应与艺术教育、美学教育有所区别。审美教育不仅侧重美学基本理论的灌输与讲解，而且要将美学原理与日常的审美鉴赏有机结合起来，构成多种类型、多种层次的系列内容，进而普及审美教育的基本理论，促进学生审美素养的提升。通过知识的讲授，使学生先理解何谓美、何谓审美，以及为什么要审美、怎样审美等一系列基本问题，为日常的审美鉴赏提供指导；再次，进行审美的生活性感知，通过进行具体的艺术欣赏、各种艺术门类的接触了解，以及在日常生活中的审美批判，综合性了解绘画、雕塑、影视、戏剧、建筑、音乐、舞蹈、戏剧等不同艺术的审美特质。

加强对于民族传统文化的审美引导。按照荣格的集体无意识理论，不同民族、不同国家有着不同的文化心理，亦即不同的人格特质。中华民族有着 5000 年的历史，其优秀的传统文化，博大精深、源远流长，极具社会美和人情美的代表性元素，有着深厚的底蕴和强大的生命力。中国优秀的传统文化是中华民族屹立于世界民族之林的基石，是中华民族劳动人民道德智慧的结晶，是中华民族的巨大财富和不竭精神动力，是无数中华儿女坚强的信念支柱。

人格养成的先在性与历史继承性要求审美教育应该具有优秀民族文化元素。可以说，只有具备了鲜明的民族意识的审美教育才是真正意义的审美教育，继承了优秀传统文化因素的审美教育才更具有审美价值。近年来，国家对民族传统文化重要意义的认识逐步加深，开始深入挖掘民族传统文化的巨大价值。一些怀有深刻爱国情怀的学者也自觉把弘扬传统民族文化作为己任，近年流行的"国学热"说明人们在向着传统文化的追寻与回归。中华优秀传统文化是值得珍视的思想精神财富，肯定中国传统文化的教育价值，弘扬优秀文化传统，是大学生理想人格教育的重要内容。

2. 审美情感教育

审美情感从概念上讲是指审美主体对于美的各种意识形式的情感表现和内在心理表现，审美情感教育包括审美关爱教育、审美理想教育和审美修养教育等。在审美活动中，审美情感产生于主体的审美实践中，而又引导、规范着主体的审美实践活动。在以美成人的审美教育活动中，应注重以下几方面的教育内容。

第一，审美关爱教育。一般来说，人的基本需要大致分为物质需要和精神需要。审美情感是在审美活动中自觉获得的内在心理感受，审美关爱教育与一般的审美认知教育不同，它并不与实用功利的目的直接联系在一起，注重的是人格本身与审美情感的内在契合。在审美关爱教育当中，最为重要的是教会学生学会关爱、学会真诚，建构人格中中国传统文化所特有的"仁"的特质。

当代大学生人格发展过程中，实用性和功利性的追求得到了部分学生的价值认可。而在我们现行的教育内容当中，关爱、真诚的教育往往受到了忽略。当前，不少青年学生由于各种原因在人际交往方面产生了不少困惑与问题，缺少审美情感的教育是一个重要的方面。从一些高校的审美教育来看，培养青年大学生的审美情感并不难，关键在于高校美育的发展和建设。志愿服务活动，如定期开展敬老助残活动、社区服务活动、爱心募捐活动等，这既是一种有效的德育手段，也是培养当代大学生审美情感的重要方式。当然，除此之外，学校还可以通过美育课堂的教育、校园文化环境的熏陶、校园文化活动的引导，帮助大学生形成健康的人格。因此，在大学生的人格养成教育中，以审美情感的熏陶和培养为目的，通过开展丰富多彩的关爱教育活动，使他们学会对他人的体恤和关爱，在家庭关爱自己的亲人，在学校与人真诚相处，尊重老师、帮助同学、关心集体，形成高尚的道德品质、良好的行为习惯和主动的团队合作意识。长此以往，学生能够自觉形成积极的情感体验，具备关爱的意识，懂得关爱身边的人和事，这对于完善大学生自我人格品质具有重要意义。

第二，审美理想教育。审美理想是审美意识中居于最高层次的审美范畴。在艺术活动中，审美理想得到了充分、集中的体现，它是在审美经验的基础上产生的，并且是这种经验的高度概括。审美理想产生于社会实践中，人的全部社会活动，从一定意义上说，就是不断地认识现实、产生理想，并实现理想的过程，人的审美理想就产生于这个过程中。作为审美经验的凝结与升华，审美理想与一般的社会理想、观念又有所不同，而且是有经验性的形象特征，非逻辑概念所能涵盖或替代。但是，要充分表现审美理想，使审美理想"物质化"，来反映现实的艺术才能做到。

审美理想在人的认知活动中发挥着极为重要的引导与推动作用，对美的坚信与追寻是许多重大科学发明的基本动力。比如，哥白尼提出的令世人震惊的"日心说"，在一定程度上就是源于对科学美的追求，尤其是受毕达哥拉斯派提出的圆（球体）是最美的图形、宇宙是球体等美学思想的影响。审美理想并不是表现出来的逻辑形态，而是深藏于审美主体内心的审美经验和艺术直觉。康德认为，审美理想是审美主体的先验条件，为审美活动提供标准和条件，是审美活动发生的重要前提条件，是审美活动的基础和前提。[①]审美理想也会对认识活动产生重要的影响，因为审美认知是以审美理想为恒定的认知标准和尺度。因此，树立正确积极向上的审美理想，对于当代大学生人格养成有着极其重要的作用，它使认知活动指向理想人格，以理想人格提供的标准和条件为前提来建构大学生的人格。

第三，审美修养教育。修养一般指个体的自我锻炼、自我培养，以及在此基础上形成的各种能力和品质。审美修养教育是在审美教育中有意识地促进受教育者审美心理结构的自我完善和发展，也就是实现审美他育到审美自育的转变。从这个意义上讲，审美修养教育是审美教育的一个极为重要的目标。在我国，审美修养教育有着深厚的文化基础和现实意义，我国古代很多美学思想家从不同方面阐述了以审美教育的理念做导引来构建个人多方面修养的重要作用。比如，孔子曾提出"修己以教人""修己以安人""修己以安百姓""文质彬彬"。[②]又如，蔡元培先生的"以美育代宗教"思想，都是对审美修养教育的强调。

在审美情感教育过程中，要引导学生注重自己的自我形象修养、内在气质修养，帮助学生慢慢认同正确的审美修养标准，并自觉地以这一标准来要求自己，逐渐具有人格的审美影响力。作为审美修养来说，这一教育与德育的区别是学生的个性特征，注重强调氛围的熏陶和影响，引导学生对于自我修养的主动在于，它不是依靠强制的手段和反复的灌输来为学生树立某种标准，而是以美的标准来促使学生从内心深处主动提升个人的修养，并使自身的改变不断地通过气质魅力散发出来，从而得到大家的充分尊重。

终极意义的审美情感教育应该是帮助人们达到一种和谐的状态，是促使人不断积极追求，最后体现人找回人的本性的过程。

3. 审美实践教育

审美实践教育可以有效地促进感性发展，实现审美情感教育，从而促进完整人格的形成。感性既指向艺术，又指向现实，美育以感性为起点，实现价值生成。在当代社会，人愈来愈生活在数字与图像的包围中，审美感官的迟钝及感知对象

---

① ［德］伊曼努尔·康德：《判断力批判》，中西书局 2022 年版。
② 出自《论语》。

的非真实性，成为影响人全面发展的重大问题。作为感性教育的审美教育，其首要任务就是培养人对外部世界的感知能力，即整个身体与对象世界的相融。这种教育目标虽然看似低级，但对人的全面发展是奠基性的。感性发展包含两个层次，既包括感性要求的满足与解放，又包括感性的提升与塑造。审美实践教育也包括审美体验和审美创造等环节，一般由主体的审美体验和审美创造等环节组成。审美实践是通过人的自主性实践，逐渐体会人的自由自觉对美的创造，并将美的内涵集中、直接地体现出来。审美实践教育是功利与超功利的统一与结合，它既内合于美的无功利性，又指向人格养成这一功利性目标。

社会美是审美实践的重要环节。一般来说，人的生命首先是一种自然生命力，生命的存在与运动使人具有自然的需要和欲望。

然而，在人类漫长的进化过程中，人的感性生命在社会实践中不断受到理性的规范，并逐步积淀社会文化的内容，这使人的感性生命有了新的内涵。可以说，真正的人的感性能力应该是作为社会人的感性能力，即渗透着认知力、理解力、判断力等理性要素的感性能力。

美育是以审美形式解放人的感性因素，并使之得到适当释放和文化提升的过程，从而达到激发深层心理活动中的非理性因素的目的，使之保持旺盛的活力。在美育实践中要注意到感性发展的这两个层次，既要满足学生基本的感性需要，又要在此基础上使学生的感性能力得到提升。感性需要的满足是提升学生感性能力的基础，感性能力的提升又会进一步使学生获得更高层次的感性满足，这两方面是互相渗透、互相促进的。目前的美育实践偏重于知识技能教学，忽视学生的审美需要、兴趣和个性，学生的感性需要无法得到满足，也就很难提高学生的感性能力。既然学生的需要无法在学校美育中得到满足，学生自然会把注意力投向校外，更多地受到大众美育的影响。因为学生缺乏感性能力，难以抵抗大众美育的一些消极因素的影响，会逐渐沉溺于感性世界，过度强调个人主观情感的宣泄，追求单纯的感官刺激，从而失去了原本对自然、艺术和人生的理性思考与把握。

美育实践以发展学生的感性能力为首任，因此，在教育过程中既要尊重和发展学生的个性，又要以直观的审美形式为依托。这是因为感性寓于个性之中，没有个性也就没有了感性，而富于意蕴的直观形式能够给人的感性因素提供自由表现的机会，事实上也就赋予感性以充分发展的权利和条件。所以美育实践中促进感性发展要做到以下三方面。

首先，尊重和培养个性。不脱离感性，也就是不脱离现实生活和历史具体的个体，这一点在美育中非常重要。因为感性见于个性之中，尊重感性就意味着尊重学生的个性，发展学生的个性，这是美育作为感性教育的最基本、最关键的宗旨。一般而言，严格意义上尊重个性、建构个性并强化个性的本体意义的教育，当首推审美教育。在智育中，个体对这个世界的各种好奇探究的眼光从根本上受到某种尊重和保护，但是不管他们以何种个性化的方式来把握这个世界，最终这些体验都必须靠拢、贴近、化归于某一真理性知识。审美作为感性的活动不仅在审美对象方面要求是个别的、具体而生动的存在，在审美主体方面也是极力推崇个性的眼光、个性的感受、个性的体验与个性的直觉与洞察。审美不仅期待着个性，而且造就个性、生成个性，没有个性也就没有审美，也就没有审美教育。

其次，尊重学生感性需要，完善学生感性机能。人的感性机能主要包括感觉、知觉、情感、想象等，它们在审美、艺术活动中发挥着重要作用。人的感性机能既包括感官层面的机能，也包括情感体验层面的机能，这种感性机能以情感为核心，但又不止于情感。这是因为感性是一个贯通了肉体和精神的个体性概念，它包含生理和心理两个层面。感性教育固然以心理机能的完善为核心，但是生理机能的完善也不容忽视。人的一切活动都要以一定的生理机能为基础，在审美、艺术活动中也是如此。因此，在人的审美和艺术活动中，要重视学生的感性需要，关注作为感性活动基础的生理机能，对个体的人格、人性进行整体性观照。

最后，运用直观的审美创造影响学生的观念意识，形成良好的审美趣味和审美观念。感性教育以把握对象内蕴为归宿，而不是以逻辑结论为主旨，这是一种生机勃勃的面对对象的领悟理解。然而，在智育统领一切的教育传统下，人们往往习惯了以概念、推理等形式来认识世界，容易忽略通过实践、体验等直观形式来把握世界。其实，直观形式得到的观念意识往往比概念形式中的观念意识更丰富，而且能对人的心灵产生更加深入细致的影响。尤其是在人们几乎单一地以理性来认识世界的情况下，我们更需要发展人类的感性，更需要发挥直观的作用。正是从这个意义上而言，我们说美育是一种感性教育。

第二节 现代高校美育目标

一、美育目标的一般构成

教育目标是指对学生学习结果的预期与设想。教育目标既是教育出发点，也是教育的最终归宿。根据美国心理学家、教育学家布卢姆的教育目标分类理论，每一种教育思想都会产生一种潜在的教育目标，教育目标能够反映出教育过程中学生在认知、情感、思想、行为等方面的变化。在具体的教育实践中，通过对学生或受教育者的观察和测量，并将其所反映的特征加以分类总结，可以作为教学实施与教学评价的有效依据。通过教育目标的实施可以准确地实现其教育思想。以美成人的美育，同样具有鲜明的目的性，需要有明确的目标定位来确保美育对于学生的教育质量和培养产生完美人格的根本指向。

美育作为教育的有机组成部分，从发展的历程上看，在我国有着悠久的历史，最早可以追溯到先秦时期。在美育发展过程中，美育目标在相当程度上体现着国家和教育者的需要，在很大范围内受到了社会政治、经济、文化等多种因素的影响。民国时期，蔡元培等人倡导美育的发展，强调美育既要继承我国礼乐教化的传统，又要着重汲取西方近代教育的哲学思想，加以融会贯通。从 20 世纪 80 年代初开始，随着教育改革的不断深入，全面发展教育方针逐步确立，美育在人才培养中的重要作用受到广泛重视，美育进入了一个新的发展阶段，如何科学地构建美育目标也开始成为学界研究的重要课题。对于美育目标的构成及内涵，至今在学界并未形成统一的标准，我国美育理论研究者从不同层面进行了论述。曾繁仁从理论层面对美育的根本目标进行了论述，他认为美育是培养"生活的艺术家"，使广大人民特别是青少年一代以审美的态度对待自然、社会、他人和自身，做到"诗意地栖居"。[①] 杜卫认为审美主要涉及人的生存的情感维度，因而美育的功能可以直接指向人的生存质量和人格素质的提高。[②] 此外，在美育实践研究方面，赵伶俐从学校教育的本体出发，深入探讨了整个学校的美育和各教育阶段的美育目标体系、

---

① 海德格尔：《人，诗意地栖居：超译海德格尔》，北京时代华文书局 2017 年版。
② 曾繁仁：《现代美育理论》，河南人民出版社 2006 年版。

内容体系、教材体系，提出了高校美育的目标分类，从审美欣赏能力、审美表现能力、审美创造能力三个维度提出了 12 项具体的分类标准。[①] 普通高校的美育的目标理应定位于着力提升大学生的思想道德素质、文化素质和心理素质，引导大学生形成积极的人生观、科学的世界观和文明的道德观，成为一个有理想、有抱负、有事业心、有责任感、有创造性思维、热爱生活、全面发展的人，一个有高尚情操、有健全人格的人，一个自尊并且尊重他人的人，一个富有爱心的人。培养和塑造人文精神是大学美育的唯一目标。

　　总的来看，当前学界对于美育目标的论述尚未形成一个统一的标准。但是，尽管学者们对于美育的目标存在着不同的理解，美育目标都与教育目标一样，是一个连续的整体，美育目标当中的教学目标、教育目标和远景目标等三个层次在美育目标中也有着具体的体现，只不过美育目标有着其自身的独特性。美育目标实质上是根据社会对教育的根本需要，对受教育者个体在审美教育领域进行教育的预期效果和整体设想。

　　（一）美育目标可以抽象为价值目标和终极目标两个层次

　　1. 价值目标

　　在美育目标体系当中，价值目标可以定义为人们进行某项活动的总目的。相比美育终极目标，价值目标显示出现实性特点，具有一定的可操作性，可以指导阶段性教育和具体的教育评价。这类目标主要在整个目标体系中起到承上启下的作用，它是终极目标的具体化（承上），也指导具体美育目标的制定（启下）。从某种程度上看，美育的价值目标更多体现为现实性的功利目标，是基于人的基本需求而进行的。如当前美育的一个基本的目标就是通过审美教育使得个人素质、技能得到提高，在生活和工作中占有更大的优势，因而这样的目标是以明显的成效来衡量的。如通过美学专业课的学习，实现对美学知识体系进行系统掌握的价值目标；通过参加音乐、美术、舞蹈等艺术课程的学习，实现掌握一门艺术技能，或提高艺术鉴赏力的价值目标；通过到大自然或人文景观的游览，领略自然的雄伟壮丽和人类的巧夺天工，从而发出对自然的讴歌和对生命的礼赞。美育的价值目标从某种程度上可以说是美育的现实性目标，是当下经过规划和实施可以实现

---

① 赵伶俐：《审美化教育原理与实践》，吉林人民出版社 2000 年版。

的美育境界。

2. 终极目标

相比价值目标而言，终极目标实际上是最高目标，审美教育的终极目标就是要建构精神人格完整的人。正如马克思所说："创造着具有人的本质的这种全部丰富性的人，创造着具有丰富的、全面而深刻的感觉的人。"[①] 可以说，美育的终极目标始终是对人的生存意义的关注，是以人的自由和全面发展为终极目的。改革开放以来，我国人民的物质生活和经济条件产生了翻天覆地的变化，这是科学技术和工具理性给我们带来的有利之处，但同时我们也看到，在各种社会思潮的冲击下，当代大学生在某些方面表现出的人文精神缺失，人的情感、感性能力诸多方面都遭遇了限制甚至是退化。他们以虚无和悲观的态度来看待生活的意义，遇到一点挫折就轻易地放弃原则甚至生命。近年来，由于各方面原因，很多高校在人才培养上更重视知识和技能的传授，而忽视了人格的培养。审美具有批判现代性和对抗工具理性的特征，以美成人的美育使人具有超越性，达到审美境界。人的根本属性是社会性，个体自身不断地完善人格，在某种程度上也会推动国家制度的完善和社会的进步，因此，人自身的和谐对一系列社会问题具有积极的意义。对美育来说，需要我们不断地深入分析其终极目标，从人格的发展和完善来把握美育的发展，用审美和艺术的方式，把个体引入到和谐、从容、超越一切物质束缚的境界中，在感性与理性之中找到平衡，使个体内心达到一种安详、融洽的状态，这也是美育目标的根本指向。

二、现代高校美育目标的构成

（一）高校美育目标

实施以美成人的高校美育，指出了当前高校美育目标的基本定位，即始终针对纯粹的唯理性主义和物质主义的突破，始终坚持促进人的全面发展和美好生存。与此同时，完善人格的培养从另一方面提出了高校美育的总体目标，即始终围绕大学生人格养成、大学生人格完善而进行美育目标的选择设计，这是新时期确定美育目标的主要依据。针对新时代大学生时代人格所体现的具有人文关怀、积极乐观、独立和谐、开朗热情、创新洒脱等特质，高校美育目标应由以下三个维度

[①] ［德］卡尔·马克思：《1844 年经济学哲学》，人民出版社 2014 年版。

的子目标建构而成。

目标一是提升学生的审美需要层次，旨在强调审美教育要关注学生的生活和审美认知的内在动机。学生的审美心理是自主建构的，而不是通过"灌输"形成的，如果在审美教育中忽视学生的自主性，没有充分重视学生的审美意识的自由发展，提升学生的内在审美需要，学生的内在审美人格不可能建立起来。

目标二是培养学生全面的审美情感和审美判断，协调学生人格中感性、理性等要素共同发展，并形成有机的项目联系，旨在强调审美教育在协调学生人格发展中的现实作用。发展学生的审美情感和审美选择是一项基本的目标设定。

目标三是引导学生形成稳定化、普遍化的理想人格结构，逐步促使适应当前社会发展的时代人格品质的形成与确立，这既是审美需要层次提升的结果，也是审美判断和审美情感处于高级阶段的确证。

（二）高校美育目标的具体实施

美育目标在具体实施过程中，仍需要遵循学生审美的一般认识规律和接受规律，从学生的审美心理出发，循序渐进地进行审美教育。具体来说，在审美教育过程中要从以下几方面着手。

1. 培养大学生的审美感受力、判断力和创造力

逻辑思维、形象思维和直觉思维是人类最基本的三种思维方式，形象思维与逻辑思维直接关系着人们在实践中的创造性发挥。由于美育带有鲜明的形象性、愉悦性、情感性等特点，它能够充分促进大学生个体的直觉及形象思维能力的发展，进而提升个人的综合素质。尽管美育目标最低的层次是满足人的功利需求，但在实践中也需要通过对审美对象的外在感性形式进行直觉感悟和审美评价，逐渐激发个体的直觉和感性思维，不断培育个体的想象力和创造力。在长期实践中，要不断引导大学生感知美、欣赏美，在体验美的过程中形成发散思维和对美的判断力，促使自身的创造力得到潜移默化的提升。一本好书塑造的感人形象可以唤起大学生内心的激情；一部好电影的境界可以引起大学生对美好生活的无限向往与渴望；一个精彩的画展可以激发大学生无限的想象力和创造力。美育在各种美育形式的实施中"春风化雨"般影响和改变着大学生的审美能力。

2. 培养大学生的审美意识和审美价值追求

使其超越"功利"在培养审美能力及关注审美素养提升的同时，审美教育活

动的目标还应实现对功利生活的精神超越，促使审美教育脱离一般的功利价值目标体系，能够暂时放弃实用性的考虑，形成一种超越功利的审美意识和价值追求。这种观念有利于打破肤浅的人生价值和幸福观念，避免由于"急功近利"而"目光短浅"，把人生的目标仅锁定于对物质的极度追求而完全抛弃了精神家园。自人类有史以来，亘古称颂的是给人类留下宝贵精神财富的思想家、哲学家、科学家。实施审美教育，就是要使大学生在"撕碎的美"或"含泪的笑"中得到情感的升华和心灵的净化，进而引发他们对于生命意义和价值的深层次思考，让他们在不同于物质功利标准的新的价值标准中去生存，去体验更加永恒的生命价值。

3. 培养大学生追求理想人格的自觉，使其实现审美人格的精神建构

人的心灵世界本身就是一个感性的、意义丰富的世界，审美人格的精神建构需要在个体主动参与和创造过程中得以实现，是人的内在精神的一种积极探寻和建构的过程。自我"全面而自由"的发展，是人类遥远的梦想和渴望，是理想人格境界。审美教育目标在这一方面要不断提供契机、情境和氛围，以美的旋律和震撼力，拨动学生的"心弦"，激发他们内心深处对美的渴求，对美的想象力和创造力，促使学生在个体的成长和建构中，把对理想人格的追求当作自觉的愿望和行动，积累和养成个体的人文关怀精神，以及独立和谐、开朗乐观、创新洒脱的内在品质，并不断使其得以发展和提高，推动自我的人格建构不断走向丰满和成熟。

第三节 高校美育原则

教育原则发源于教学实践，教学实践是教育原则赖以产生的根基和土壤，也是教育原则不断更新、发展、丰富的唯一源泉。自有教学活动以来，人们在教学实践中，经过不断摸索探讨，逐步发现了一些使教学取得成功，带有规律性的因素，认识到一些导致教学失败的教训，于是一些先进的思想家、教育家将它们加以总结、提炼、概括成为理论原则，作为指导教学实践的基本法则。

人是一个感性、理性及非理性的统一体，完整的教育应该使人的这三方面都能得到发展和完善。目前，一些学生在阅读和欣赏文学艺术作品时，不能从中领悟作者的精神情感，也不能获得心灵的悸动和审美的愉悦，缺乏审美能力的现象

在一定范围内比较普遍地存在着，谈不上去表现美和创造美。而以美成人的美育一个非常重要的培养目标就是培养学生良好的审美能力、审美情趣和审美修养，从而培养人格上和谐发展的大学生。以美成人的美育不是一般的知识教育、艺术教育或技术教育，而是一种全面的审美素质教育，就是要以培养大学生完善的人格为目标的教育。通过美育，不仅要培养大学生欣赏美和创造美的能力，而且要促进大学生树立美的理想，发展美的品格，培养美的情操，形成完美人格。

根据以美成人的美育基本定位，结合当前大学美育原则缺失的现实问题，在高校开展以美成人的美育要遵循四个基本原则。

一、乐中施教的原则

美育是使人"乐"的教育。孔子说："知之者不如好之者，好之者不如乐之者。"①当人们"乐在其中"的时候，陶陶然，融融然，在不知不觉中欣然受教。古罗马诗人、文艺理论家贺拉斯在《诗艺》中也提出"寓教于乐"的美育原则。指出诗带给人乐趣和益处，也给人以劝谕和启迪。的确，美给人以感官愉悦的满足，能激荡人的情感，人们倾心赏美，因而乐意受教。人的审美愉悦性的来源不仅简单地决定于审美对象，还有人对自己智慧与力量的肯定。因此，在美育活动中，受教育者常常处在一种喜悦的心理状态与精神状态，产生强烈的情感体验，获得极大的审美享受，这种愉悦性是感染人、启发人、吸引人去参与审美、参与美育的重要因素。

美育的乐中施教原则是指在对大学生进行美育过程中根据教育的目的、结合大学生的审美特征，有的放矢地对学生进行审美教育，把大学生单纯的生理愉悦转变成渗透着理性的高尚情操的原则。这种寓教于乐、以乐促教的教育方式是审美教育得天独厚的优势。在美育过程中，教师要坚持以美成人的美育乐中施教的原则，要将愉悦教育和形象教育贯穿教育的全过程。

但是，在现实中，一些高校美育工作与现实不同步，忽视了学生的情感世界、年龄特征和个性差异，学生处于一种被动的参与状态，其结果容易造成学生冷漠和抵触。而将愉悦性贯穿到大学生人格养成之中，可以弥补美育工作中硬性说教的枯燥和抽象乏味的弊端。因此，在大学生人格养成教育的过程中要注意激发学生的兴趣和能动性，变消极被动为积极主动。借助美育的手段，让学生在生动形象、

———————

① 出自《论语》。

意义深刻的活动过程中受到教育，往往能取得事半功倍的效果。要实现将愉悦性融入大学生人格养成教育中。

总之，在教学活动中，由美育效应带来的愉悦性使学生成为教学世界中的发现者、创造者，使学习过程转化为一种丰富的精神享受，引导学生形成一种高尚的健康人格。

形象教育是美育要遵循的另一个特质。美育家蒋孔阳教授说："美是形象，面对形象，不能单靠理性来认识，而要通过感性的形式，通过情感和想象，来体味感知。"[①] 米开朗琪罗的大卫像充分体现出一种顽强、坚定和正义的精神气质，以至于后人把它作为保家卫国的精神象征。洛斯的维纳斯雕像更是以卓越的雕刻技巧，完美的艺术形象，高度的诗意和巨大的魅力，使雕像具有一种崇高的内在精神美感。千百年来，美育正是以其形象性带给人们精神上的愉悦，教会人们怎样去感受山川大地的美，怎样从丰富的美的形态中去把握、表现、创造出新的美，进而陶冶人的情操。美育的以情动人，是通过审美形象为手段来实现的。形象性不仅意味着感性形象，而且意味着对形象的情感意蕴的体验与感悟，情感的唤起、持续、深化与表现都离不开感性形象的产生与运动，将形象性贯穿在美育的过程中，可以以美引善，使人在潜移默化中实现人格的完善。

可见，在大学生的人格养成方面，美育作为形象直观的教育，表现为赋予了学生创造性思维的空间，它通过诗情画意引起的想象，内情和外景交融的意境，让学生思接千载、视通万里，引发出浓厚的学习兴趣，由此触发学生的创造灵感，使之把握创造的契机，丰富和活跃自己的想象力，最终实现开发智力、发展人格的目的。因此，在审美教育的过程中，我们可以组织学生欣赏大自然，通过远足、旅行、露营等活动，使学生在对自然景物和名胜古迹的观赏中认识和理解自然景物，提高审美兴趣；还可以引导学生欣赏古往今来著名艺术大师的经典作品，使他们领会和体味美的深厚和美的意蕴。大自然中的每一幅景象，中外文学艺术经典名作中的每一首诗歌、每一曲音乐、每一幅绘画、每一部影视佳作，都凝聚着艺术家们苦苦创新、孜孜求异的心血，更凝聚着艺术家们对人性中真、善、美的领悟和思考，是人类宝贵的精神财富。把这些经典的美与美育内容紧紧契合，对于促

---

① 蒋孔阳：《美学新论》，人民文学出版社 1993 年版。

进大学生人格和谐发展有着不可替代的作用。

艺术与科学的共同基础是人类的想象力和创造力，而美育是想象力与现实之间的桥梁。也正是从这个意义上，我们说以美成人的美育是让学生在接受教育过程中乐之如怡地享受美的教育，涤荡心灵的尘埃，启发创新思维，实现人性中的美好和谐。

二、潜移默化的原则

人格的养成不是一蹴而就的，它是伴随人一生的个体养成教育；美育的效果也不是立竿见影的，它需要经历一个长期的培育过程。美育应是高校育人中重要的内容，是学校全方位、全过程的教育。因此，开展美育，不能急于求成、揠苗助长，必须坚持潜移默化的原则。美育贯彻的潜移默化原则是指美育在高校应无时不在、无处不在，要使学生的思想、品性或习惯在教育教学及日常生活中不知不觉地受到影响、感染，于无形中发生变化的原则。美育实施中坚持潜移默化的原则包括两方面的含义，一是要实现美育在教育全过程的渗透和贯穿，二是要实现美育在校园文化中的渗透与贯穿。

首先，坚持潜移默化的原则就是要实现美育在教育全过程的渗透和贯穿。在教育的全过程中，从学校布局到教育环境布置，从教育到教学，从管理到后勤，从课堂内外的教育活动到教育活动中的一举一动，无不存在着审美。蕴含审美设计的教育是为了实现教育目的、目标，以及教育活动，促进学生包括人格发展在内的全面发展，开发每一个学生多方面潜能的教育。它不仅追求学生在教育活动中知识技能的获得、体力智力的发展、审美情趣的提高，还要求形成受教育者健康的人格修养的过程。在教育过程中美的享受，使学生精神振奋，充满自由创造的喜悦，只有这样的活动才能使学生喜闻乐见、积极参与。美育通过以情感人，使学生在轻松愉快的氛围中悄然无声地受到美的熏陶，在接受知识滋润的同时提升人格，使大学生在潜移默化中塑造了人格，获得全面、和谐的发展。

学校美育不仅是艺术、知识和技能的教育，更是教育全过程的一种教育理念，体现并渗透于一切教育全过程的教育艺术和教育方法。它融入了施教者的人生体验、情感创造，是对教育技巧的超越和升华。学校教育中的具体教学内容，每项活动的过程本身都应是精彩的、美的，要使学生在学习各种知识的时候，以欣赏的态度投身其中，使教学活动成为一种特殊的审美活动，使所有从事此项活动的人从中得到美的享受，在潜移默化中丰富其人格的发展。

同时，美育应该渗透在德、智、体、美、劳等各方面教育中。在德育过程中，要强化文体活动、艺术鉴赏、时事教育、实习实践、文明规范等形式、内容和过程，使德育充满愉快的情趣并具有吸引力。在智育方面，美育与之是相辅相成的，丰富的科学文化知识和良好的智力有助于提高学生感受美、理解鉴赏美和表达创造美，进而提高他们的艺术修养。丰富的想象和形象思维能力可以使学生形成健康的审美情趣和美感，使学习生活充满愉快，体验到劳动与创造的幸福。从体育方面来看，学校应倡导健康与健美的结合、科学与艺术的结合、运动与形体训练的结合，将体育作为提升审美水平的过程。体育活动注重过程的精彩，要求有互助合作的品德，有健美的姿态和富有节奏感的协调、优雅的动作，有克服困难、刻苦耐劳、灵活机智、不甘落后的精神，这是对个人意志、精神、情操、人格、心理品质的磨砺。在劳动技能中也要渗透美育，通过劳动技能的培养，使学生学以致用，掌握劳动技能知识，并在此基础上培养学生的劳动观念和劳动习惯。创造是美的享受，使学生在创造中领略到劳动创造过程中的审美愉悦，创造出美的作品和美的生活，激发追求美的欲望、美的理想和陶冶出美的心灵。

总之，美育在大学教育和人才培养过程中既要相对独立，发展学科特色，也要注重在教育全方面、全过程的潜移默化，使之成为大学教育中的重要内容，成为渗透学校教育、管理、服务等各方面的综合教育。

其次，坚持潜移默化的原则就是要实现美育在校园文化中的渗透与贯穿。校园文化是一种特殊的社会文化，是由校园文化教育、校园文化生活、校园文化环境、校园文化队伍、校园文化制度、校园文化政策及校园文化组织和设施等构成的复合体，即通过学生的直接参与，在建立健全完善的文化组织的基础上，运用现有的文化设施和文化政策，开展丰富多彩的校园文化活动，从而营造一定的文化环境，倡导一定的文化观念，确立科学的思维方法，形成特有的校园精神和校园风气。校园文化是实施美育的一条重要途径，其丰富的内涵和色彩鲜明的特点在高等教育中发挥着多种功能，对帮助大学生塑造完美人格有着不可替代的作用。第一，要通过建设优美的校园环境丰富学生的审美体验，使学生时刻受到美的熏陶。校园环境是校园文化的载体，优美的校园环境对学生的学习和活动都有着积极的意义。而在一个良好的校园环境中生活，学生每时每刻会受到美的感染，得到美的享受，陶冶美的情操。第二，要用校园文化的审美性促使大学生追求高尚的人格。校园文化的审美性对促使大学生追求高尚人格起着"春风化雨，润物无声"的熏陶作用。要积极营造与倡导崇尚科学、求实创新、团结友爱、健康向上的校园文化，使学生在这样的氛围中进行直觉体验和领悟，融美于心灵。积极弘扬先进模范人物和集体的事迹，充分发挥其激励人、教育人的作用，通过良好的校园风范和校园环境，满足教学科研生活的需要，陶冶大学生的思想情操，净化大学生的心灵。

三、因材施教的原则

美说到底是人的一种主观感受，审美是主体性的审美，不同的审美个体在不同的生理和心理机构的基础上，形成了不同的审美需要、审美能力和审美价值取向。因此，在开展美育的过程中，我们要坚持因材施教的原则。美育中的因材施教原则是指在美育的过程中，根据大学生能力、性格、志趣等具体情况施行不同的美育，从而使大学生的人格能够自由、和谐地发展的原则。

尊重大学生审美个性倾向对于促进个体完整人格的构建具有重要意义。从教育学的角度看，因材施教的原则表现出对大学生主体地位的充分尊重及个体身心智能差异的科学态度，以及对学生的后续发展预留了一定的空间。从教育教学的角度来看，从学生实际出发，针对学生不同特点，区别对待，有的放矢地进行教育，使学生按照不同途径、不同条件和方式，取得最佳的教育教学效果。

在以美成人的美育中，我们可以从以下几方面来贯彻因材施教的原则。首先，准确定位，从实际出发进行美育。在对学生进行美育前，先要了解学生，了解他们在哪些方面比较擅长，哪些方面还存在差距，对学生的审美认知水平进行准确的定位，帮助他们了解自己的审美情况，认识自身的优势，从而调动大学生学习的积极性，帮助他们树立取得成功的信心。

其次，针对学生的个性特点，设计最佳方案，使其个性得到充分发展。在美育过程中，要求教育者对学生的一般知识水平、接受能力，以及每个学生的爱好、兴趣、身体状况等方面都充分了解，以便从实际出发，分别设计不同个性特点的学生成长的最佳方案，有针对性地进行美育。

最后，正确对待个别差异，激发学生的学习兴趣。在以美成人的美育中，要充分尊重大学生的需要、兴趣和各方面的才能，使学生在美育过程中找到自己最喜爱、最擅长的领域，并在这一领域中深入下去。在这一过程中，要求教育者必须对所教学生有详尽的了解，最大限度地掌握学生的兴趣所在，不失时机地引导鼓励学生，以增强他们的自信心，激发学生提高自我美育的主动性。

在美育中，只有认真贯彻因材施教的原则，才能有效地培养学生审美的兴趣，提高学生的审美能力，促进学生个性的协调发展，从而帮助他们建构和谐人格。

四、循序渐进的原则

美育中的循序渐进原则是指在大学生人格养成的美育过程中，要根据大学生认识发展的顺序，由浅入深、由易到难、由低到高逐步进行的原则。

按照认识的规律，人们对事物的认识总是由感性到理性、由表及里、由此及彼的，学生学习的过程也是如此。以美成人的美育的循序渐进原则就是要求教师按照由近及远、由简到繁的认识规律来组织教学。学生在完成了中学阶段的学习后，升入大学进行学习，是从人生的一个阶段进入了另一个阶段。这一阶段的学生一般缺乏实践经验，他们的心理、思想与行为处在从发展中逐渐走向成熟的阶段，他们的审美观有正确的也有错误的，有高尚的也有低级的，有健康的也有畸形的，不良的审美观往往使他们无视美、歪曲美，甚至以丑为美，严重影响他们身心正常发展。因此，在审美教育中，首先要进行大学生自然美、艺术美、社会美等欣赏能力的培养，当大学生形成一定的高尚健康的审美情趣时，再发展其审美想象和艺术创造能力，最终使其构建起高尚完整的人格，这是一个循序渐进的培养过程。

首先，要帮助大学生养成正确的审美态度。简单地说，审美态度就是人们在审美活动中所持的审美观。正确的审美态度是以美的眼光来认识世界，以美的视角来分析世界，在美的欣赏中实现对名利与物欲的超越，在愉悦的心态下达到精神世界的自由与陶醉。正确的审美态度可以让大学生养成乐观向上的世界观、人生观和价值观，善于发现生活中的美，以美的经验来化解问题与矛盾，不瞻前顾后、患得患失。正确看待前行中遇到的困难和磨难，不轻易被摧垮和打倒，善于化解各种竞争的压力为无尽的动力，轻松地工作、幸福地生活。

其次，要帮助大学生提高审美欣赏和判断能力。审美欣赏和判断能力是人们在审美活动中发现、感受、判断和欣赏美的能力，它帮助大学生正确区分美与丑、善与恶，是他们摒弃邪丑恶、高扬真善美，按照美的理想去创造世界的先决条件。审美能力的培养要从两方面入手：一要紧紧抓住知识传授的环节，占领课堂教学的阵地，通过美学基本知识的传授，使大学生掌握基本的美学常识和美学理论，了解美的本质和特征、内容和形式，使大学生具有初步的美学修养，并在此基础上，形成正确的审美标准判断，在审美活动中起到理论上的引导作用。二要大力开展审美实践活动，使学生在课外、校外丰富多彩的艺术实践中，在具体可感的审美体验中，在美丽的大自然和社会的广阔天地中真正学习美、了解美、感受美、欣赏美，在美的感染中使情感得到升华，审美能力得到提高，人格结构趋于完善。

再次，要培养学生的审美创造能力。完美人格构建的重要目标之一就是要发挥创造性。审美创造能力是指人们在审美实践过程中，按照美的规律，遵循美的原则，自主创造美的事物的能力。大学生具有热情好动、求变求新的特点，高校美育要鼓励大学生的创造热情，同时引导他们自觉地用美的尺度来评价、指导自己的生活，按照美的规律来美化主观世界和客观世界。学校美育要引导和鼓励学生对美的创造热情，为他们搭建创造美的平台，使他们有充分的机会来展示自己，有足够的勇气和能力去描画自己和世界的未来。美育是激发主体的创造欲望，培养大学生的创造能力，实现其完善人格的有效途径。

最后，要帮助大学生自觉地以美修身。大学生年轻、好学、有知识、有才干，但有知识不等于有了高尚的人格，有才干也不等于能干出一番大事业。高尚的品格来自美的塑造。高校美育要帮助大学生自觉地按照美的标准和规律修身养性，塑造美好的自我形象。大学生审美素质的养成，不仅要靠自身努力，还在于他们所赖以成长的特定环境，以及他们成长过程的走向。因而，加强美育，提高大学生素质，是一个持久的全方位的系统工程，应该包括规范设置艺术鉴赏课；广泛开展课外活动，开拓美育第二课堂；加强校园文化建设；美化校园环境。学校还要通过健康向上的艺术实践，激活大学生自身潜能，完善其人格，抖擞其精神，使大学生在审美修养的不断提高中实现生理、心理健康和谐的发展。

此外，循序渐进原则还体现在不断反复的美育过程中。细雨润物，贵在不断熏陶，好的艺术品百看不厌，优美的歌声反复传唱，优秀的文学作品流传百世，而每次欣赏都会有新的感受。因此在以美成人的美育过程中，学生认识在不断地深化，想象在不断地发展，体会在不断地加深，所以，美育的过程需要不断反复、加深，在循环往复中最终实现人格的完善。

第四节 高校美育载体

"载体"一词最早出现于化学领域，随着科学综合化趋势的发展，"载体"的含义得到引申，扩大到社会科学领域，为众多学科所使用。"载体"通常被理解为承载知识和信息的物质形体。以美成人的美育的载体就是能够承载和传递以美成人的美育的内容和信息的形式。一般美育载体可以从基本载体、一般载体、特殊载体和复合式载体四个维度进行论证。

一、基本载体：美育课程的课堂教学

基本载体就是以美成人的美育的最根本和最基础的载体。学校的主要教育活动是教学活动，课堂教学是主要的教学活动，因此，课堂教学是学校对学生进行教育的主要形式，也是美育的根本途径和主要渠道。高校美育课程的课堂教学是在科学的教学理念、特定的教育目标、合理的课堂组织安排下开设的，高校美育课程是以美成人的美育的基本载体。

高校美育课程的课堂教学主要包括文化的课堂教学和艺术的课堂教学。文化课堂教学主要是中华传统文化，使学生通过对中华优秀传统文化的把握，接受中华优秀传统文化的审美意识，进行审美的心理建构。中华传统文化的审美特征主要在于文化的情感性、形象的间接性、表现内容的丰富性等。用美的语言去激发学生，在善与美、情与理、言与行的体验中形成美的评价能力和创造能力，引导学生感受美、观察美、追求美，进而创造美。

艺术在本质上关注的是人的心灵。高校的艺术教育主要是使受教育者具备基本艺术审美修养的教育。一般来说，艺术修养是在艺术审美实践中逐渐生成的，艺术修养的高低不仅影响到个体人格的发展与完善，而且它本身就是一种社会性的人格素质。音乐教育是艺术教育的一项核心内容，听音乐不仅能解除学生因课程过重造成的疲劳，而且有助于学生理解和消化其他课程。开设音乐课可以指导学生在生活中扬美驱丑，美化心灵，使他们成为具有审美观念和高尚的艺术修养的人。另外，美术是一条导向美的殿堂的通道，是学校进行美育的重要学科之一，各种有价值的美术作品，无论是形象地表现自然美景，还是典型地描绘社会生活、鲜明地刻画人物性格，都可以使人们从它的形象和色调上感受美，体验到愉快或

其他健康的情感，加深对生活的认识，激发对生活的热爱。

近年来，高校美育工作取得了一定的进展，但是，由于美育课程起步较晚、重视程度不足等客观现实的存在，使得美育的实施与课堂教学仍然存在着重理论轻实践、重知识传递轻感情体验等问题。一方面，目前一些学校沿用旧的美学课程体系，把美育当作一门知识来学习，这就不可避免地会造成美育教学与审美实践的脱节，理论与实践难以形成一个统一体。另一方面，忽视了课堂教学过程中作为审美主体的学生对美的情感体验。美育不能离开感性形象，不能没有审美主体的情感体验，从理论到理论、从教科书到教科书的知性思维教育方式抹杀了美育对审美主体在情感、想象、创造等方面所起的独特作用，从而弱化了美育的人文学科地位和价值，使得美育的实效性大为逊色。综上所述，美育课程教学观念的不完善带来了教育目标、教育内容和形式等方面的问题，使美育很难彰显在学生人格养成中的地位和作用。以美成人的美育，在课程设计和课堂教学中应从教育目标、教育内容和教育形式三方面进行科学、合理的设置和构建。

（一）注重教育目标的全面性和层次性

确立以美成人的美育目标体系从理论上来考察，美育的目标可分解为相互联系、相互渗透的两个层次，表层是传递审美知识，提高人的审美感受能力和审美创造能力，培养与此相关的感知力、想象力、理解力等能力素质；深层是对人的精神世界的陶冶、对心理结构的重建，乃至塑造健全的人格，促进人的全面发展。美育目标任务的实现是一个由浅入深、由部分到整体的过程，培养学生的健全人格是美育的终极目标，也是美育课程的教育实质。美育不是造就熟练运用技能的艺术家，现代美育不能仅仅停留在表层的审美知识和审美能力的层面上，而应该让学生通过这些内容的学习拓展知识背景和思维空间，获得基础性的文化知识、价值观、认识论和方法论，使学生的知识范围和思维空间不局限于专业知识和方法论的层面，应使学生的人格获得宽厚的文化底蕴。美育是对整个人的教育，美育已发展成一种以各种美和各种艺术（内容）通过各种审美活动（中介）和美感体验（接受）的综合育人活动，是对人的整体性教育，关注人的整体素质的提高，既提高审美能力、陶冶道德情操，也开启心智之门。因此，美育课程是在追求真善美和谐统一上的人格教育，是在关注人的整体素质和个性自由全面发展上的素质教育。在教学中，要建立逐层深入的教学目标。从层次性上讲，既要有浅层目标，更要有深层目标；既要有一般目标，又要有特殊目标；既要有远期课程目标，又要有近期课程目标。从全面性上讲，不仅要包括知识性目标，还要包括行为的、情感的、认知的、结果的、体验的、表现的等目标。科学、合理的教学目标的确立有利于教育的有计划、有目的开展和实施。教师不仅要传授审美领域的相关知识，更要注重引导学生进入艺术所营造的审美境界之中，体味灌注其中的浓郁的审美情感，接受美的感染和陶冶，更要着力培养学生的人文精神，促使他们完善自身的个性结构，实现全面发展。

（二）注重教育内容的系统性和科学性

促进学生普适美与个性美的和谐统一美既有相对共通的标准，也因个体的个性特点不同而呈现出不同的特点，因此对于个体的美的教育，要在普及共性美的标准的基础上，针对不同个体的审美接受机制和个性特点开展，教育帮助学生树立正确的个性发展观，促进学生普适美和个性美的和谐统一。

将系统性和科学性的原则落实在以美成人的人格养成为旨归的美育内容设置上，就要建立系统的课程体系、教学计划，还要强调教育中人格养成的向性。首先，在课程内容的选择方面，教育的目标并非在于让学生获得专业性教育要达到的某个科目或领域类别的知识体系及结构化了的知识要求，而是在于让学生通过这些内容的学习拓展知识背景和思维空间，获得基础性的文化知识、价值观、认识论和方法论，使学生的智性思考获得独立性，唤醒学生的审美意识，提高学生的审美能力，使其人格获得宽厚的文化底蕴。其次，在教学内容的选择上，重在突出艺术门类课程。具体来讲，艺术课堂教学主要包括音乐、美术等学科，理论知识主要包括美学的基础理论、艺术理论。使学生通过基础理论知识学习，能够了解艺术中的美的原则和各类审美范畴，让学生懂得美的存在形态及人类审美活动的过程。审美活动使学生进入一个属于个人的审美世界，并能够从中获得巨大的审美愉悦和享受，不进行具体的审美活动，是无法获得美的。而课堂活动就是审美活动的一个途径，学生在课堂的实践活动中，思维最为活跃，不再面对教学活动中由于知识程度上的差异而产生的师生交流障碍。课堂活动能够有效打破单一的、平面的、封闭的教学体制，它所涉及的是学生更为广泛的学习兴趣、情感体验、观察能力、想象能力、创造能力和实践能力，这为审美教育开辟了广阔的前景。教育者应在教育的过程中，结合教育内容，培养学生的普适美的理念，使学生树立科学的审美观，结合个人的性格特征，建立符合个人风格的个性美，在此基础上帮助学生增强自信，促进学生普适美与个性美的和谐统一，完善学生审美人格。

（三）注重教育形式的互动性和多样性，激发学生的人格自我建构意识

人是能动的、自主的，具有选择和自我教育的能力。人的自我意识在自身人格发展中发挥着组织者、推动者的作用，影响并塑造着人格品质结构的其他成分和这些成分的相互关系，制约着个人行为。任何外界的教育影响都必须通过受教育者内在积极性的发挥才能起作用。充分调动受教育者的自主意识，激发其在课程教学过程中的自我建构、自主建设的积极性，既是美育功能发挥的保障，更是受教育者主体人格发展的核心要素。传统的美育课程以知识传授为主要形式，然而，枯燥、晦涩、抽象的讲解分析，不应属于美学课程，美育不仅需要美学理论的指导，还要与教育学、艺术理论及实践紧密联系，它是一门将理论与实践融合在一起，以感性形象的方式作用于人的情感世界的课程。美学课程不同于一般的单纯欣赏，它要揭示美的规律，介绍美学知识，并且要达到一定的深度，具有一定的理论性和系统性。美学课程也不同于一般的专业课程，它要借助艺术作品的独特性来启迪学生、感染学生，使课堂不仅成为传播知识的场所，而且成为陶冶心灵的圣地。

因此，高校的美育课程从形式上来讲要具备互动性和多样性，要吸引学生的注意力、激发学生的学习兴趣。一方面，要注重教育过程的互动性。教育的过程本身就是一个师生双方思想和情感的交流过程，美育教师应该创造一种人格平等、关系融洽、情理交融、生动活泼的教育氛围，进而充分调动学生的积极性、主动性和创造性，致力于启发学生展开丰富的想象，激发其审美创造力，提高学生对教学内容的理解能力。教师在教学过程中应帮助学生把握审美对象，从感染、欣赏、探索诸方面引导学生认识具体作品的艺术魅力，并在教学过程中给予学生恰当的激励、赏识、理解和帮助，努力创设一种和谐、愉快、民主的情景氛围，多给学生提问、回答的机会，注重讨论式和启发式的灵活化课堂教学，注重师生间的交流互动。另一方面，在授课的手段上，结合艺术课堂的授课内容，充分发挥多媒体、网络的灵活性、丰富性、实时性等特点，运用多媒体技术，将音频、视频、图片等综合到课堂中来，使教学中涉及的艺术作品直观、形象地呈现在学生面前，色美以感目，意美以感心，使学生仿佛置身于艺术殿堂，以此来激发学生的学习兴趣。发挥学生的联想力与想象力，并与审美的感性特征结合起来，突破现有审美教育

偏向理论和知识的局限，把审美的理论教育与学生的审美体验、审美素质的培养有机地结合起来，充分调动学生的积极性，提高学生的审美兴趣，促进学生的人格养成。

二、一般载体：美的校园文化

一般载体是最普遍和最通常的载体。校园文化作为学校教育的重要组成部分，是以美成人对学生进行人格养成过程中的环境、氛围因素，是最普遍的教育载体。校园文化是指学校师生在教育、教学活动中所创造和形成的精神财富、文化氛围及承载这些精神财富、文化氛围的活动形式和物质形态。

文化熏陶是形成人们的性格和人格的最重要因素，文化是人的心理活动的客观基础，它与高级神经活动结合起来，形成人的心理的两根柱石。校园文化作为一种特殊的意识形态和群体意识，是一种客观存在，它客观地存在、变化与发展，通过特定的人文自然环境的熏陶、渗透和升华，将其长期培育和积淀的传统作风和学术气息等转化为环境中人们共同的观念追求、价值标准、行为规范，从而不断作用于校园文化主体，影响着校园中每一个人的价值观、情感、信仰及人格的形成和发展。与此同时，校园文化作为一个大系统，本身是一个多层次、多侧面的复合型结构。从构成要素来看，既有偏重于理性的，也有偏重于感性的；既有实用的，也有艺术的；既有动态的，也有静态的；既有观念性的，也有实践性的。这种构成要素的丰富性、多样性能够对大学生产生美育的协同性作用，多渠道、多侧面地影响他们的审美心理，全面地提高其审美感受力、审美鉴赏力、审美创造力等，进而促使其知、情、意等多种心理功能协调发展，最终塑造出健全完美的人格。

（一）建设情意化的校园物质文化载体

校园物质文化是校园文化建设的"硬件"，优美的校园环境可以直接使学生受到美的感染。苏霍姆林斯基曾指出："学校的物质基础（环境等）是培养学生的观点、信念和良好习惯的有效手段。"[①] 整洁、优雅、文明的校园物质文化在以美成人的学生人格养成过程中起到了氛围引导的作用，它会大大激发学生的求知欲和向上的生活态度，促进学生、教师的积极进取，提高学生、教师的审美能力，

---

① ［苏］苏霍姆林斯基：《教育的艺术》，湖南教育出版社1983年版。

对学生的行为具有一定的约束力和导向性。

校园物质文化包括校园建筑、教学设施、学生活动场所、校园绿化、馆藏图书等。首先，美观实用的校内建筑与景观建设。黑格尔曾说："在建筑艺术中就发生了重要的变化，精神的东西作为内存的意义而分割出来，并且获得了独立的表现，至于肉体的外壳则作为单纯的建筑环绕物而放在精神的东西周围。"① 建筑本身就是一门艺术，其特点在于能够在满足使用要求的基础之上，通过其巨大的空间形象，表现出特定时代和民族精神的风貌、思想情感和审美趣味。其次，教学手段和科研条件建设。随着科技的飞速发展，教学手段和科研条件也在不断地产生变革，传统的教学方式和科研方法已对先进生产力迅猛发展时代的教学科研形成了制约和局限，教学手段和科研条件建设在学生的教育培养中尤显其关键作用和主导地位。学校通过校园网、电子图书馆、多媒体教室等数字化教学环境的建设，可以为广大教师和学生使用信息技术创造条件。此外，语言传播媒介在校园文化传播中大量运用，网站、公众号等校园文化传播媒介，也利于校园精神文化的传播、师生的交流及学生之间的互通。

校园物质文化要想在学生人格养成的过程中发挥更加有效的作用，就要充分体现其情意化的特征。情感是主体对客体现实的一种特殊反映形式，是人对于客观事物是否符合人的需要而产生的态度和体验，因此客观现实是情感产生的源泉。校园物质文化是校园里的人的情感和精神生活的创造性表现，任何人文景观都包含着特定的情感和思想信息。优雅的校园建筑与设施应该是寓情于物、寓情于景，才能使人触景生情，随时随地受到美的感染。在大学校园物质文化设计中，引导学生通过感受人文景观的经典艺术作品，体验作品所蕴含的丰富情感和思想，对于丰富学生的精神世界、净化心灵、陶冶情操、培养积极乐观的生活态度等具有突出的作用。

（二）建设体验式的校园精神文化载体

高校教育除了知识的传播之外，极具特色的就是精神文化建设。校园精神文化是"隐性课程"，从育人方式上讲，它不像课堂教学那样有完整的教学计划和授课计划，也没有精确的分数可以评定优劣，它是一种精神，一种弥漫于校园内

---

① ［德］黑格尔：《美学》（第一卷），朱光潜译，商务印书馆 1979 年版。

部各个角落的颇具个性与特色的氛围。美的校园精神文化能够使学生主动接受熏陶，并在不知不觉中受到同化、影响和塑造，进而帮助大学生建立正确的世界观、人生观和价值观，使他们能够以正确的方法去认识世界、观察社会、思考人生和探索未来。校园精神文化与美育的这种互动关系对提高大学生的思想道德、文化科学、职业素质和身心健康、人格素养等具有十分重要的作用。

校园文化活动是校园精神文化建设的有效载体，将强烈的文化色彩、生硬的道德要求、精神品质，融于各种活动之中，是校园精神文化的主要表现形式。活动具有很大的自发性和群众性，使学生在积极参与的过程中获得知识和情感体验，如果学生不通过课内课外的精神文化活动来自觉消化、印证、体悟、表达、实践课堂教育的取向，这种内化的结局可能是不完全的。因此，校园精神文化活动要想充分发挥其在学生人格养成过程中的催化作用，就要注重其体验性，让学生在体验中促进健康人格养成的自我修炼与自我实践。体验是一种发现、一种投入，在心理学的视野中，体验是指被自然和艺术所感动，乃至入迷，把全身心都沉浸进去的心理过程，是注入全人格的深刻的经验。体验是主体亲历、体认、品位与验证的过程，它消融了学生知、情、意、行的良性互动过程，对学生人格品德形成有着不可替代的作用。

在具体实施层面，一方面，要丰富校园文化活动，校园文化活动的建设是审美文化的重要组成部分，更是课堂教学之余的重要补充及实施美育的最重要手段和方法，学校应多组织开展文学艺术讲座和报告、文化艺术节等艺术活动，丰富学生的艺术文化生活，使学生有机会参与到更多的艺术鉴赏活动中去另一方面，要丰富审美实践活动，审美实践活动使学生进入一个属于个人的审美世界，并能够从中获得巨大的审美愉悦和享受，不进行具体的审美实践活动，美是无法获得的。高校丰富的校园文化生活及相关的社会资源是学生进行审美实践的重要载体。高校的许多校园文化活动都具备形式新颖、内容丰富、格调高雅等特点，蕴含着丰富的美的因素，是很好的美育载体。社会上的博物馆、艺术中心、旅游景点同样是美育的重要资源。学校要多渠道、多途径地了解校园文化活动及社会的美育资源，并时刻关注其最新动态，在此基础上，有意识、有目的地鼓励和指导学生利用课余时间，参加校园内形式多样的创造展、文艺演出等校园活动，鼓励他们对社会美、自然美和艺术美进行多方面、多层次的欣赏和实践，不断丰富经验，提高审美能力。

（三）建设人性化的校园制度文化载体

校园制度文化主要包括学校的管理制度、措施及行为规范等，具有精确性、权威性、稳定性和导向性的特点。校园制度文化对塑造学生健康人格的导向作用主要表现在以下几方面：第一，制度文化规范学生健康人格的发展方向。众所周知，青少年正处于人格的形成与发展阶段，而此时青少年的人格具有极大的可塑性，很容易受一些不良的文化及行为方式的影响和误导。而校园制度文化具有一定的权威性，即校园制度一经执行就必须做到坚决彻底，校园中任何人都不得违背。这种权威性在很大程度上为校园活动提供了基本的框架，遏制了一些不良的思想、行为倾向的产生，保障了学生的思想行为按照朝学校、社会、家庭所期望的方向发展，进而引导和规范了学生的人格发展方向。第二，制度文化建设对学生正确的价值观的培养及判断是非标准的提高起到重要的推动作用。正确的价值观和独立准确地判断是非的能力是学生健康人格的应有之义。学校的制度文化是整个社会的政治、经济、法律、道德等一系列制度文化的微缩，它是学生进行价值判断的重要尺度，而这种完善的合理的制度体系为学生所内化，即可形成社会所公认的价值体系。校园制度文化是学校文化传统的历史积淀，一旦形成，就具有相对的稳定性，它作为在校师生所应遵循的共同行为准则，有着具体的规范性和约束力。彻底转变旧的教育观念和办学理念，树立起"以人为本"的基本教育思想，使人的本质特性得到完善和张扬，人的身心、智力、敏感性、审美意识、个人责任感、精神价值等方面都得到升华，进而获得全面发展。

综上所述，高校校园文化体系的建构要遵循美的规律，充分体现审美理想。校园建筑的布局、造型、风格，以及校园环境的美化、绿化在不忽视其实用功能的同时，以可感的宜人形式给学生以直观的美感，发挥其愉悦身心、陶冶情操、净化心灵、激励向上的作用；高校的管理者和教师通过示范、引导、启发等方法，对学生动之以情、展之以美，为学生营造出宽松自由的教育氛围；用科学的管理手段和巨大的情感力量，去影响和教育学生，促进其人格的健全和个性的充分发展。

三、特殊载体：教师的言传身教

特殊载体是指在美育的过程中对学生的人格形成、完善起到相对特殊影响作用的教育载体。教师的言传身教是指拥有健康人格的教师，以其真才实学、真情实感和真知灼见等为学生所认可和赞同的思想、道德、意志等内在品质，对学生产生的一种具有同化和影响作用的巨大吸引力，是教师的才、情、智、气质、能力、品质、语言等各方面感染力的综合，是教师的内在品质的外在表现。教师的言传身教对学生的人格培养起着至关重要的作用，是以美成人的学生人格养成的特殊载体。

教育是人与人心灵上最微妙的相互接触。青年学生正处于世界观、人生观、价值观形成的关键时期，他们的身心发育具有复杂化、多向化的特点。教师作为他们学习与模仿的对象，其一言一行都对学生都有着不可忽视的影响，甚至成为他们模仿的样本。教师的世界观、品行、生活状况及对每一事物的态度，都会影响学生。可以说，教师的人格是一种影响学生的后天环境因素，对他们人格的发展起到长期的、潜移默化的作用。创造性思维要通过与教师高素质的交流获得。因此，承担着"传道、授业、解惑"使命的教师，绝不仅仅是知识的传授者，更应该责无旁贷地以自己的言传身教影响、指导学生，成为学生的人生导师。对教师来说，观念更新、知识丰富、方法熟练，都无法取代他们具有审美价值取向的人格力量。

教育力源于受教育者的认同，因此，教师要不断加强自身修养，以精湛的专业素养，广博的学科背景，洋溢着审美价值取向的人格魅力，对学生的心灵产生震撼的力量，激发学生对理想的追求，对真、善、美的向往。正如孔子所说："其身正，不令而行，其身不正，虽令不从。"[1] 从古至今，一个好的教育者总是以他的博学强识获得学生的尊重，以他的人格魅力赢得学生的追随。现代教育家夏丏尊先生在谈到著名的教育家、艺术家李叔同时说："李先生教图画和音乐，学生把图画和音乐看得比国文、数学更重要，这是以人格做背景的缘故。因为他教图画、音乐，而他所懂得的不仅仅是图画、音乐，他的诗文比国文先生的好，他的书法比习字先生的好，他的英文比英文先生的好……令人敬仰。"[2] 可见，教师的人格魅力是一种特殊的教育力量，在培养学生的思想品德、行为习惯、美学修养、人格素质等方面，教师的言传身教起着至关重要的作用。历史上许多杰出人物在功成名就后都念念不忘他们求学时代的老师，甚至是孩童时代的启蒙老师在他们

---

[1]　出自《论语·子路》。
[2]　夏丏尊：《夏丏尊谈教育》，辽宁人民出版社2021年版。

成长过程中给予的指点和帮助，特别是对教师们高尚的人格所散发出来的无穷魅力无比崇敬。因此，在教学实践中，要重视教师的重要作用，重视教师的人格力量的教育作用。

此外，良好的创新意识、实践能力及不断学习的能力，也是教师以人格魅力为基础的言传身教功能发挥的保障。作为培养社会主义建设者和接班人的教师，应当具有创新意识，要在教学实践中不断改革教学方法，主动研究学生特点，启发学生思维，创造性地完成教学任务。同时，作为人才培养者的教师，要勇于接受新观念、新知识，主动向他人甚至是学生学习，不断充实提高自己，使自己具有渊博的知识，用自身的学识来吸引学生。

教师的言传身教在教育教学过程和实践当中，对学生起到了一种特殊的潜在的影响，是学生既"无形"又"有形"的榜样。因此，教师的言传身教是大学生美育与人格素质教育的特殊的载体。

四、复合式载体：网络平台和其他学科的美学渗透

复合式载体是指在将两个或是多个不同类型的美育载体有机联系起来并综合运用，达到和谐配合、优势互补，从而发挥最大的教育作用的一种载体。网络是复合载体的一种重要形式，其他学科的美学渗透也综合了课堂教学和教师言传身教等不同类型的美育载体，属于复合载体。

1. 科学搭建网络平台，推动以美成人的大学生格的审美化

信息网络日益渗透到人类社会生活的各方面，深刻地影响着社会经济、文化、教育、科学和人们的工作、生活和思维方式，它既传播信息，又传播思想，而且影响着人们的世界观、价值观和精神状态。

第一，网络艺术教育课程。网络课程是网络时代出现的一种新的教学资源，它是通过数字资源建设成在线开放程在公共平台上使用，支持学生自主式学习，协作式学习等线上学习。另一方面，可以使各种不同的艺术作品得到形象直观的展现，各种古代珍品、音乐、戏剧等不同风格的艺术都能以虚拟仿真的方式得到充分展现，因而数学资源建设的在线开放课程的审美化设计对学生的美育起到事半功倍的效果。

第二，网络艺术互动平台。网络支持的多种交流模式，有着传统媒介所不可比拟的优点，为师生提供了更广阔的交流学习的互动空间和机会，学生既可能是

信息的接收者，也可能是信息的发布者，其核心在于参与，它实现了不同主体之间的交流。网络的交互性使教育者与学习者的角色在交流中不断转化，大大促进了人与人关系的和谐。在教学过程中，学生通过网络接收教师传来的教学信息，并将反馈信息即时传回给教师，教师根据学生的反馈信息，对他们的学习做进一步的指导，有意识地引导学生欣赏美、认知美、感受美，通过美的熏陶，调节自身的情绪，增强自尊自信，完善人格。

网络以其便捷性、丰富性、交互性等特点，在学校美育和以美成人的学生人格养成的过程中发挥了不可替代的作用，包容了课程教育、文化熏染、师生互动等多个教育载体，是学生美育的一个重要的复合载体。

2. 其他学科的美学渗透

美育是一种渗透在所有教育之中的教育，所有课程都应把发现和传播本学科的审美价值纳入到教学任务之中，充实新的内容，把美育与哲学、伦理学、美学、社会学、文化学、心理学、历史学、建筑学、工业设计、计算机技术等学科联系起来，结合各专业的特点，完善知识网络结构的系统性，把眼光移向更广阔的知识空间。在大学生中开展审美教育，是学校各个学科专业、各个教育环节共同的责任，也是在学科专业教育中创造美的教育境界的共同追求。高校美育要主动向学校教育各领域渗透，尤其要渗入学校教育的各类课程的教学之中。

教师要善于发掘提炼教育教学中的审美因素，并艺术地向学生加以传递。比如，理工科教师要演示黄金分割、比例、对称、轨迹曲线等科学美，使学生既感受到自然美，又能实现创造美的体验；体育课通过健美操等增强学生形体美的意识；劳动技术学科也应渗透艺术美的内容。其他学科同样蕴含着丰富的美的因素，只要我们善于发掘，积极运用，都能潜移默化地给学生以美的熏陶，提高学生的审美素质。不论是哪个学科的教师，在教学过程中，都能把学科的美学观点，即该学科的社会生产、生活中的价值阐述得清楚、生动，使之能激发学生美的情趣。如文学教学中情感丰富的艺术形象，政治历史教学中杰出人物的英雄业绩，都包含着大量的审美因素，应该充分发挥它们的美育影响，并将美育渗透其中。此外，教师在讲课中能够运用幽默风趣的语言，辅以生动形象的肢体语言，优美整洁的板书，都能极大地唤起学生的审美情趣，激发学生的学习兴趣，拓展他们的思路，使学生在学习过程中领略到美的愉悦，并且在美的领悟中不知不觉进入科学文化的殿堂。

第五节　高校美育课程应遵循的原则及框架设计

一、高校美育课程内容应遵循的原则

高校美育课程作为美育教学中的一门课程，应当遵从美育课程内容选择和组织的原则。第一，要有助于高校美育课程目标的达成，根据目标在现有的人类经验进行选择。第二，高校美育课程内容要以美学理论为基础，美学是高校美育内容的基础。第三，理论知识与审美实践相结合的课程内容组织形式。第四，艺术作为审美的主要对象，是高校美育课程内容的主体。第五，发挥地域文化和优势学科的优势。第六，注重美育课程内容的综合性。第七，从学生和教师的角度出发，课程内容要符合学生兴趣和认知水平，要根据教师自身条件进行选择。

（一）目标性原则

课程内容是为实现课程目标而存在的，课程内容的选择要依据课程目标来进行。因此，有必要先对高校美育课程的目标进行分析和梳理，以便选择适宜作为高校美育课程的内容。高校美育课程目标是根据高校美育目的制定，是高校美育目的的具体化。将学校美育作为立德树人的重要载体，坚持弘扬社会主义核心价值观，强化中华优秀传统文化、革命文化、社会主义先进文化教育，引领学生树立正确的历史观、民族观、国家观、文化观，陶冶高尚情操，塑造美好心灵，增强文化自信。

2020 年中共中央办公厅、国务院办公厅颁布了《关于全面加强和改进新时代学校美育工作的意见》，2022 年教育部颁布的《高等学校公共艺术课程指导纲要》中指出，"以习近平新时代中国特色社会主义思想为指导，坚持社会主义办学方向，坚持马克思主义指导地位，坚持用明德引领风尚，弘扬中华优秀传统文化、革命文化、社会主义先进文化，把美育纳入高等学校人才培养全过程，提升高等学校公共艺术课程的育人成效，促进大学生自觉增强文化主体意识，强化文化担当。健全面向人人的学校美育育人机制，缩小城乡差距和校际差距，让所有在校学生都享有接受美育的机会，整体推进各级各类学校美育发展，加强分类指导，鼓励特色发展，形成'一校一品''一校多品'的学校美育发展新局面。全面深化学

校美育综合改革，坚持德智体美劳五育并举，加强各学科有机融合，整合美育资源，补齐发展短板，强化实践体验，完善评价机制，全员全过程全方位育人，形成充满活力、多方协作、开放高效的学校美育新格局。"

这些指导性意见为高校美育课程设置提供了指导思想和方案，高校可以按照这些指导原则进行美育课程方案实施。

（二）美学为基础的原则

各种教育都有其所要实现的教育目标，各方面教育目标的达成，才能真正促进学生的全面发展。因此美育目标的实现，也是全面发展的重要组成部分。美育的目标是提高学生发现美、感受美、鉴赏美、创造美的能力，使学生的感性世界得以发展。美学理论知识的学习对学生树立正确的审美观、审美能力的提高和感性世界的发展起到了重要作用。美学知识的学习有助于人发现美、鉴赏美和创造美能力的发展。

（三）理论与实践相结合原则

美育目的是培养人的审美能力，促进情感世界的发展。审美本身是一种实践活动，美育作为一种审美教育，审美实践必然是美育课程中最重要的一部分。感受美、发现美、鉴赏美和创造美的能力的培养，都需要通过对大量的美的事物的欣赏才能实现。审美实践活动主要包括了对事物的鉴赏和审美创造，审美鉴赏需要欣赏者对审美对象进行欣赏要，同时做出评判，审美创造则需要人们发挥创造力，在已有经验的基础上产生新的想法或事物。对事物的鉴赏和创造都需要建立在一定的理论基础之上。理论是对事物产生和发展规律的总结，只有掌握了事物为美的标准，才能对其进行审美判断。同时审美实践也是对理论知识进一步的验证，通过实践能够加深学生对于理论知识的理解。在进行美育内容的组织时要考虑到理论与实践相融合，以往的美育教材中往往将美育的理论和实践部分分别设置不同的章节进行教授。学生先进行理论的学习，再进行实践的训练，这种内容组织的形式会降低学习效率。根据艾宾浩斯遗忘曲线，我们了解到，记忆的最初阶段遗忘的速度很快。学生在进行实践时，已经遗忘了很多前面学习的理论知识，根本无法将理论与实践相联系。因此，在美育内容组织时应注意将理论知识与审美实践活动相结合，使二者相辅相成来加强教学效果。

（四）结合地域文化特色和优势学科的原则

　　高等教育与其他教育阶段相比，具有更强的自主性，学校可以根据自身专业特点和地域特点，进行课程的建设。如北京的京剧、四川的川剧、陕西的剪纸等，都是具有地方特色的文化形式，这些文化历史悠久，资源丰富，艺人众多，为教学提供了便利。美育课程本身就是综合性较强的课程，高校可以将自己的优势学科与美育相融合，设置跨学科的美育课程，使其既有学校特色，又与学生专业课程相联系，使学生发现本专业领域的美，同时增加学生对所学专业的兴趣。

　　美育作为教育的一部分，应承担文化传承和传播的使命。地方高校应充分利用所处地区的特色文化资源，推动传统文化的传承和传播。除了以上提到的广为人知的地方传统文化，还有很多濒临消失的优秀传统文化，这些文化亟待挽救。高校具备传承和传播文化的功能，应充分利用这一优势，推动地方传统文化的发展。美育与其他教育形式相比，在传统文化传承上更具有优势。传统文化多是艺术形式的文化成果，艺术是美育课程的主要内容，在美育中占据着主要地位。因此，高校美育具备传承和传播传统文化的优势，并应将传统文化作为其内容的一部分。

　　（五）主体性和主导性原则

　　教育教学的目标是促进学生的发展，在选择课程内容时要考虑到学生的特点，才能有针对性地进行教学。首先，要了解学生现有的知识水平，对高校学生的审美状态有初步的了解，以便选择适合学生的审美教学内容，有针对性地实施教学。其次，选择符合学生兴趣特点的内容。兴趣是最好的老师，选择符合学生兴趣的教学内容，可以激发学生的参与性，发挥他们的主动性，从而提高教学效果。教师在课堂教学中起主导作用，在课程内容选择时应考虑教师自身的特点，根据教师的专业特点，选择教师所擅长的领域作为课程内容，而且根据教师的专业特点选择课程内容，也使教师更容易把握课堂教学，更加自如地开展教学活动。

　　二、高校美育课程内容框架设计

　　（一）理论与实践两部分内容

　　高校美育课程是针对所有大学生开设的公共基础性课程，应包括基础理论和审美实践两部分内容。学生只有学习了理论知识才能指导审美实践，因此，理论知识的学习是进行审美的前提条件。同样，学生只有通过审美实践才能更好地理解理论知识。高校美有课程要树立学生正确的审美观，培养学生的审美能力，丰富学生的感性世界，从而实现人格的完善。这些目标的达成都需要通过审美实践活动来实现，学生只有在审美活动中才能得到发展。通过欣赏多种美的事物，提高审美判断力和鉴赏美的能力，进而使学生能够辨别美丑，树立正确的审美观。因此，在课程内容的选择与组织上，要遵循理论与实践相结合的原则。

（二）美学理论知识的内容

高校美育课程是面向全体高校学生的课程，因此应选择最基本的美学知识。美学知识的学习是为审美鉴赏与树立正确的审美观奠定基础，美学知识应选择有指导意义的入门知识。学生通过对美的基本知识的学习，认识什么是美、美的特征、形态和范畴，才能做出审美判断，才能树立正确的审美观。因此，在美学基础知识的学习中，应有美的本质、美的形态、美的特征和美的范畴等内容。美学其他部分知识的学习，如审美经验、审美情感、审美趣味、审美创造等方面的知识，大多是从审美心理的角度来分析人的审美活动，探析人的审美活动的产生与发展。这些知识相对专业化，可根据实际情况确定是否作为美育内容出现。

（三）美育理论知识的内容

美育基础知识的学习在高校美育课程内容中虽不是主要地位，但也是有必要的。可选择美育基础性知识进行学习，加强学生对于美育的认识和了解。美育基础知识的学习是有必要的，是因为现今人们对于美育还存在很多误解，有的人将美育视为德育的手段，或者简单地认为美育就是学校开设的艺术课程，无法正确且全面地认识和了解美育。因此，美育基础知识的学习是必要的，同时在美育基础知识的选择上应遵循基础性的原则，目的是使学生认识和了解何谓美育。因此，美育基础知识应包含美育的含义、美育的途径和美育的功能等知识。

（四）各种类型美的理论与审美实践的内容

高校美育课程主要是通过审美活动来实现，因此各种美的鉴赏与创造是其课程内容的主要部分。要想对各种形态的美进行鉴赏，前提条件是要认识和了解各种美的基本知识。通过对各种美的含义、特征、形态、要素等知识的学习、积累一定的理论知识，为审美实践奠定基础。美的形态可以分为自然美、科技美、社会美和艺术美，高校美育课程内容的审美实践部分也将从这四个部分选择。由于自然美和科技美的审美创造很难在课堂教学中实现，因此在审美实践部分主要是对自然美和科技美的鉴赏。社会美可以通过对自身形象的塑造来实现审美创造，艺术美可以通过艺术创作来实现审美创造。由此可以得出高校美育课程内容的基本框架，高校美育课程内容的基本理论和审美实践内容是相互融合的关系，在课程内容的组织时要避免出现两部分相互割裂的状态。此外，此框架只是展现了高校美育课程应当具备的内容，在具体课程实施中可以有所侧重，也可以有所添加。如在审美实践部分对自然美、科技美、艺术美和社会美的鉴赏与创造，以全都涉及，也可以有所侧重地选择一种美的形式作为课程的主导，其他部分为辅。在基本理论部分对于理论的学习也可以根据课程时间、学生审美素质和课程内容安排等情况适当增加或减少。

第三章　文美融合——吴文化里的美

第一节　吴文化里的自然美

一、自然美

大自然是人类的摇篮，热爱自然是人类的天性。江南地处亚热带，气候温暖湿润，景色宜人，一年四季春有"杏花春雨""柳浪闻莺"，夏有"曲院风荷""映日莲红"，秋有"三秋桂子""石湖串月"，冬有"微雨寒村""断桥残雪"；一日之中朝有"鹿顶迎晖""宝石流霞"，暮有"南屏晚钟""雷峰夕照"。谢灵运为了登山赏景，发明了"谢公屐"；隋炀帝为了欣赏江南琼花，开通3000里运河。"飞流直下三千尺，疑是银河落九天"的庐山瀑布，以奇松、怪石、云海、温泉"四绝"闻名中外的黄山。即使是一些常见的自然景象，也每每使人驻足，不知不觉性情融于其中，或"吹面不寒杨柳风"，或"沾衣欲湿杏花雨"。有时清风明月、别枝惊鹊，夜半鸣蝉，稻香蛙鸣，茅店社林，路转溪桥。一段夜行竟是那般富有诗情画意，引发人的审美遐思。大自然为我们提供了春夏秋冬、晨响昏夜、晴雾风雪、花鸟虫鱼等关于季节、时段、气象、动植物的景观特色，欣赏自然美可以深度体验人的本性，启迪人对自然环境的爱意，达到天、地、人、物、我高度和谐的人生境界。而像"西湖十景"这些"四字景目"系列题名景观，是中国传统文化艺术中诗、画景在审美和哲学层面上的有机结合、达到完美统一的重大特质。

（一）自然美的产生和发展

自然是客观存在的，本无美丑，是人类社会实践以后，根据对自然的认识，使其成为审美对象的。人们对自然美的鉴赏也有一个演变和发展的过程，这个过程大致可分为致用、比德、畅神三个阶段。

第一阶段，自然作为人类异己的符号，是人类顶礼膜拜的对象。马克思、恩格斯说："自然界起初是作为一种完全异己的、有无限威力的和不可制服的力量与人们对立的，人们同它的关系完全像动物同它的关系一样，人们就像牲畜一样服从它的权力。"[①]原始人由于生产力的原因，对这种和人类对立的异己力量是敬畏，不会感到亲切，更谈不到美。人们对动物、植物的认识大多从实际需要来考虑，有用的就好就美，无用的就不好就不美，还不能把劳动对象单独分离出来作为审美对象。例如，人类狩猎时期，最好的审美对象是动物，哪怕面对鲜花盛开，也毫无感觉，因为植物和他们的生活没有直接的联系，所以他们用兽皮、兽骨、兽牙、兽毛、羽毛等作为装饰物装饰自己，而不是鲜花，以显示自己的智慧和力量。在那时的壁画中，画的也都是动物和狩猎图案而没有植物。进入农耕文明后，植物才成了审美对象。这一时期的人们基本上是以"致用"来衡量自然事物的美与丑，所以称"致用"阶段。随着人类社会实践的发展，人在改造、征服自然中，自然事物才越来越多地成为可亲的对象。

第二阶段，自然作为人类对话的伙伴而向人类显示出共生、和谐和亲密的价值。商周以后，随着生产力的发展和劳动成果的增加，人们不再以生产实践的对象和成果来划分自然事物的美与不美了，而是把美的自然物同人们的精神生活、道德观念联系起来，用自然事物来类比人的德行，自然美与审美开始脱离了物质的实用、功利的内涵而进入了一个更高一级的、具有深刻精神意蕴的"比德"阶段。如"君子如玉"，用"玉"象征温和、宽厚、仁慈等美德，"上善若水"用"水"来比照智者的通情达理，"仁者乐山，智者乐水"用"山"的稳重不迁来比拟仁人志士的不移意志。《诗经》中大量使用比、兴的手法，借日出、雨雪、杨柳、晨露、长江、汉江等自然事物来歌颂人与事。自然事物成为一种暗示和指引，使人认识到生活的理想和生命的价值。"比德"观点的出现，标志着人类对自然美的欣赏有了一个飞跃，但"致用"的观点并没有消除，仍延续下来。

第三阶段，自然作为人类自由的生命活力的符号而成为独立的审美对象。到了魏晋南北朝时期，自然开始成为普遍的审美对象，"中国伟大的山水画意境，

---

① 卡尔·马克思，弗里德里希·恩格斯：《德意志意识形态》，上海辞书出版社2023年版。

已具于晋人对自然美的发现中了!"①魏晋时期,游山玩水成为社会上相当普遍的风尚。人们体验自然的生命律动,同时又在自然世界之中直观着自身的自由的生命活动及其活力。西晋嵇康"游山泽,观鱼鸟,心甚乐之"②;东晋王羲之的"取欢仁智乐,寄畅山水阴"③;南北朝时期的山水画家宗炳也说过:自然山水为人所好,不过是因为它能"畅神而已"④。他一生游历名山大川,当年老不能行走时,便终日沉醉在山水画中,"卧以游之"。人们完全免除了功利目的而把自然事物当作自由对话和沟通的对象,从中清除内心的私欲和杂念,保持虚静的心境,发现自由的生命活力,获得一种精神畅快。

（二）自然美的性质

1. 自然性

自然美,美在其天然本色上,也就是所说的自然性,出于自然造化,有别于人为艺术。

自然美不同于自然,但自然美对自然有着直接的依赖关系,自然界中各种事物独特的美均以自然事物的自然属性或其色、形、声规律组合所形成的感性形式特征为物质基础和必要条件。"上有天堂,下有苏杭",其独特的美均与其独特的自然特征相关。月亮之美区别于太阳之美,也是基于它的自然属性和感性形式特点,月光皎洁清澄、月形如盘似弓、运动规律夜升昼落、圆缺法则周而复始等。钱塘大潮的气势磅礴,西湖的平静旖旎。离开了这些自然属性和宜人的感性形式特点,就无从谈起自然美。

自然美的根本特征是第一自然,相对第二自然的艺术而言的,是指现实的物质世界。自然美就是大地、天空、植物、动物以及云雾雨雪等物质的形态自然地符合人的理想的样子,或者经过加工改造成符合人的理想的样子并因此而令人赏心悦目。由于自然是由现实世界的物质构成的,因而使得自然美成了一种具有色声味的美。

这种审美感受所带来的整个灵魂的陶醉和生命的震颤是一般艺术美所难以达

① 宗白华:《美学的散步》,人民文学出版社 2022 年版。
② 出自《古文观止·与山巨源绝交书》。
③ 出自《答许询诗·其一》。
④ 出自南朝·宗炳《画山水序》。

到的。其他审美对象就不具备这一审美特征，如画中的花有色无香，再美的画也不可能有声音，电影电视的常规是有色彩声音无香。从哲学认识论来看，社会美相对艺术美来说虽然也是第一性的美，也是艺术美的基础和源泉，但相对自然美而言，它与艺术美一样都是人的社会实践的直接产物，都是人的直接创造，因此自然美更是真正意义上的第一自然美。

自然美的自然性越来越得到重视，自然并不是因为它被人控制、征服、改造、利用而被人赏识，而是因为它的野性、原始性、陌生性、多样性而备受青睐。只有当我们不按照"自然人化"的思路，不将自然同人工产品类同起来看待，才会发现自然的真身，才能领略自然美的真谛。

2. 多面性

多面性是说自然事物受多种因素的制约而使自然美的形态具有多角度、多层次、多侧面、多变性。

自然事物本身的属性和感性形式特点是多方面的。年年有月岁岁不同，一年有四季而四季月有别，一月有朔、望、晦、新、满、残月之别，即使是一夜的升落也不相似。月亮多侧面多层次的自然属性不仅本身千姿百态，而且与其他自然物或自然现象有着几乎无限的组合关系。云中驰月不同于澄空悬月，春山夜月不同于平湖秋月，水中映月不同于密林透月……正因如此，月亮之美才绚丽多彩、变幻多姿，焕发着神奇的魅力。对于自然物本身的自然属性和感性形式特点的多面性，苏轼做出了绝妙的描绘："水光潋滟晴方好，山色空蒙雨亦奇。欲把西湖比西子，淡妆浓抹总相宜。""横看成岭侧成峰，远近高低各不同。不识庐山真面目，只缘身在此山中。"

自然事物多方面的属性和特征与人及社会生活的联系是多方面的。自然美大多同人的实践活动相关，同一自然景物在不同境况、不同条件下其美的层面、程度、风貌、表现往往各不相同。每当人们在花前月下娱乐、恋爱、散步、抒情……月亮总是人们忠实的伴侣，久而久之，月亮就作为人们精神活动的对象与人类社会生活发生了隐晦曲折的功利关系。例如，《诗经·日月》以日月自然规律的千古不变喻爱情的始终不渝，月亮于是成为恒常守一的爱情品德的写照。苏轼《水调歌头》："人有悲欢离合，月有阴晴圆缺，此事古难全。但愿人长久，千里共婵娟。"人们在长期的社会实践中发现了月亮的阴晴圆缺与人的悲欢离合具有形式上的某种共同性，于是运用月亮的自然变化来寄寓和表现人的自身命运的规律性变化，从而使月亮阴晴圆缺的自然规律成为人类社会中人的悲欢离合的象征。李白《把酒问月》："今人不识古时月，今月曾经照古人。古人今人若流水，共看明月皆如此。"宋代石曼卿"月如无恨月长圆"。正因为月亮是人的生活环境或"无机的身体"的重要部分，天涯海角与共，古往今来相同，既与人类社会许多美好生活内容珠联璧合，又是千古沧桑的历史见证，所以人们才以月夜为美，才会对月骋怀，抒发相思、怀古、恋乡等情愫。反之，没有月亮的夜晚一般被认为是不美的，"月黑杀人夜，风高放火天"即言此意。

自然并非都是美的，旱情水灾地震绝无美感可言，自然美至少要对人无害。有的自然物内容美而形式丑，如蛤蟆；有的自然物形式美而内容丑，如罂粟花。自然事物的这种美丑二重性是自然美多面性与人及社会生活联系的多面性的重要表现。蛇是大多数人见了害怕的，人们以"美女蛇""心如蛇蝎"来形容其可怕程度，但"水蛇腰"是那么美，《金蛇狂舞》乐曲、《白蛇传》故事又是那么动听动人，世界卫生组织会徽也以蛇为图案，蛇又成为审美对象了。森林里的老虎十分可怕，人们用"笑面虎"形容坏人，但关在笼子里的老虎，画上的老虎，"虎将""生龙活虎""虎背熊腰"又成了审美对象。桃花很美，常用来形容女子艳丽的面容，"人面不知何处去，桃花依旧笑春风"。但桃花有易开易落的特点，于是有人把它和一些女子的轻薄、水性杨花联系在一起。"癫狂柳絮随风舞，轻薄桃花逐水流""东风吹树无休日，自是桃花太轻薄"。

自然事物具有变易性或多变性。大自然在不停息地运动变化着，在不同时空条件下，它们的自然风貌大相径庭，因此形成自然美的变易性或多变性，产生出姿态万千、奇幻无穷的自然美。

范仲淹的《岳阳楼记》描写了不同时间在同一个岳阳楼上观看同一个洞庭湖而湖光山色大相径庭的情形。淫雨霏霏之日，"阴风怒号，浊浪排空；日星隐耀，山岳潜形；商旅不行，樯倾楫摧；薄暮冥冥，虎啸猿啼"，景色何等壮观。而到春和景明之时，则"波澜不惊，上下天光，一碧万顷；沙鸥翔集，锦鳞游泳，岸芷汀兰，郁郁青青"，风光又是多么旖旎。欧阳修的《醉翁亭记》则生动地描绘了滁州山水朝暮四时的不同："若夫日出而林霏开，云归而岩穴暝，晦明变化者，山间之朝暮也。野芳发而幽香，佳木秀而繁阴，风霜高洁，水落而石出者，山间之四时也。朝而往，暮而归，四时之景不同，而乐亦无穷也。"景因时变，情由景生，不同之景带来无穷之乐。巫山云雨，飘忽迷离，早晨是绚丽的云彩，而黄昏化作潇潇细雨，瞬息之间又去留无迹。宋代画家郭熙说："真山水之云气，四时不同：春融怡，夏蓊郁，秋疏薄，冬暗淡。……真山水之烟岚，四时不同：春山淡冶而如笑，夏山苍翠而如滴，秋山明净而如妆，冬山惨淡而如睡。"又如"春风如酒，夏风如茗，秋风如烟，冬风如姜芥"。[①] 同一对象选择不同时间对其进行观照就能产生不同的审美感受。

自然美的多面性并不限于时间，实际上，一地之意态也变幻无穷，真可谓瞬息万变："山，近看如此，远数里看又如此，远十数里看又如此，每远每异，所谓山形步步移也。山，正面如此，侧面又如此，背面又如此，每看每异，所谓山形面面看也。如此，是一山而兼数十百山之形状，可得不悉乎？山，春夏看如此，秋冬看又如此，所谓四时之景不同也。山，朝看如此，暮看又如此，阴晴看又如此，所谓朝暮之变态不同也。如此，是一山而兼数十百山之意态，可得不究乎？"[②]

当然，自然美也是侧重稳定性的，而且正因为这种稳定性几乎是一种永恒的存在才获得审美价值的。如高山大海，长江大河，日月星辰，太空宇宙……虽然世事沧桑，时代更改，却容颜依旧，青春常驻。正因为如此，人们才能面对这些永恒之物抒发相思、怀古、恋乡等种种情愫，弹奏出一曲曲感人的生命乐章。

3. 形式性

一切美都要求内容与形式的统一，但这种统一程度在不同形态的美的事物中却不尽相同。一般地说，艺术美要求内容与形式的高度统一，社会美偏重于内容，而自然美则偏重于形式。我们欣赏自然美时，往往是为自然物的形式所吸引，从而较多地把注意力集中在它形式方面的色彩、声音、线条、形状、质料以及形式结构上的均衡、对称、和谐、多样统一等特点，集中在它形式风格上的雄伟、秀丽、险峻、奇特、幽深等种种特色。正是因为自然美偏重于形式这一特性，使得人们在判断自然事物美不美时常常只注意其形式而不在乎其内容，即使自然物的形式与内容对人说来是处于相互矛盾的情况下，人们大多也以自然形式的美丑来判定

---

① 清·张潮：《幽梦影》，中华书局 2008 年版。
② 北宋·郭熙：《林泉高致》，江苏凤凰文艺出版社 2015 年版。

自然物的审美价值。例如，蝴蝶破茧之前和之后的美截然不同；癞蛤蟆虽然有益，却因其丑陋被嗤笑。这就足以说明，自然物的形式美在对自然的审美关系中处于何等地位了。

4. 象征性

自然美侧重形式并不等于只重形式。由于自然物与人及社会生活有着广泛的联系，人们在欣赏自然美时常常由自然物的形体、色彩、音响等感性形式特点直观联想到人的某种精神、品格、个性、情感、理想及生活的方方面面，这就使得自然美又具有象征性。

生活中常常有这种现象：自然的某些属性（色彩、形状、生命力、对环境的适应性等）和社会生活中某些现象、人生的某种经历、情感的某些模式在形式上有类似之处，它能够"契合人的某些心境""引起灵魂的同情共鸣"，把人带入象征的天地之中，使之体验、感受、领悟到某种生活的韵味，直观到自己美好的情感、品格、理想、愿望，从而获得美的享受。例如，屈原的《离骚》则更广泛地用植物来寄托自己的美好愿望；李白用月亮来表达自己的追求和理想；孔子眼中的松柏，苏轼笔下的江流，毛泽东心中的梅花，茅盾赞美的白杨，鲁迅称赞的枣树……至于竹子，历来的高人雅士把它视为美的典范，用它来寄托情志：竹子虚心亮节与人的谦虚高尚的品格对应；竹子岁寒不凋又与人的不畏摧残的坚强意志相吻合。苏东坡写出了"宁可食无肉，不可居无竹。无肉令人瘦，无竹令人俗"的名句，晋代的嵇康、阮籍等甚至写诗都经常在竹林里进行，被后人称为"竹林七贤"。

在自然物中，无论是山岭河流和花木鸟兽，还是云雾雨雪和日月星辰，都普遍存在着可以象征人的某种品格或生活的东西。鹰击长空、虎啸岗峦、骏马驰骋、雄鸡报晓，更是被广泛地歌颂，成为人们的某种品格、精神的象征。

（三）自然美的功能——陶冶人性

1. 丰富生活，愉悦身心

优美的自然景色能使人的神经系统处于一种平衡状态，产生轻松愉悦的情绪。即使是自然界那种气势磅礴、惊心动魄的壮美景色，比如泰山，人们面对它也会产生强烈而深刻的审美体验，泰山登顶，那种"登泰山而小天下"的愉悦感油然而生。尤其是身处逆境时，人们往往寄情山水排遣忧思，所以人们心中自有桃花源。我国南北朝的王微甚至把欣赏自然美看得比听音乐还愉快："望秋云，神飞扬，临春风，思浩荡。虽有金石之乐，硅璋之琛。岂能仿佛之哉！"紧张劳动之后或者失意郁悒之时，扑进大自然的怀抱，大海的辽阔可开阔胸襟，高山的雄奇可振奋精神，蓝天白云可引遐想，星空可唤起温馨，面对这些会觉得耳目一新，神清气爽，荣辱、毁誉、得失，紧张焦虑、疲乏懈怠，顷刻烟消云散。现如今，乡村旅游的蓬勃发展，正是体现了人们亲近自然，从自然中获得精神愉悦这一价值。

2. 陶冶性情，提高境界

人们常说，"一方水土养一方人"，北方人与南方人、山区人与水乡人的性格、气质有一定的差异，这就是因为特定的自然环境对于陶冶人的性格、气质、意志等方面有着不可忽视的作用，自然美的清静、质朴的本色可以使人洗心涤虑，返璞归真，摆脱尘世社会名利枷锁的羁绊，练就一种淡泊、真淳、随缘自适的人生修养；自然美雄浑崇高的景象又可以激发人奋发进取的勇气，树立高尚远大的抱负；而大自然蕴含着的无穷深奥的人生哲理足以启人心智，发人深省，它是人类最好的启蒙老师。

3. 启迪智慧，激发创造

自然界蕴藏着自然的法则、宇宙的奥秘，游览名山大川，探访风景名胜可以拓展眼界，增长知识，启迪智慧，激发创造。具有美学、文学价值的《徐霞客游记》就是明代徐霞客在30多年中游览考察了大半个中国而用心血写成的，既有对名山大川自然美特征的描述，又有对其科学成因的探讨。"足迹几遍域中"的清末学者魏源甚至提出了"游山学"的思想，得出"一游胜读十年书"的结论。我国当代杰出的地质学家李四光更是大自然的骄子，他的著名的"山字形构造""第四冰川""莲花形构造"等学说无不来自大自然美的启迪。

古往今来的许多文学艺术家更是深爱着大自然，以造化为师，在大自然中汲取灵感，创作出千古传诵的优秀作品。我国唐代"草圣"怀素"尝观夏云随风变化，顿有所悟，遂至妙绝，如壮士拔剑，神采动人"[①]。与怀素齐名的张旭更是"观于物，见山水崖谷，鸟兽虫鱼，草木之花实，日月列星，风雨水火，雷霆霹雳，歌舞战斗，

---

① ［宋］朱长文：《续书断》，江苏美术出版社2009年版。

天地事物之变，可喜可愕，一寓于书。故旭之书，变动犹鬼神，不可端倪"①。清代画家石涛自称"黄山是我师，我是黄山友""搜尽奇峰打草稿"，在感受崇山峻岭的神采和灵气中创作出了大量富有独特个性的山水名画。

所谓和合天人，是指自然美能够促进人与自然更高层次的和谐，也即"天人合一"。有时我们会"觉鸟兽禽鱼，自来亲人"，李白《独坐敬亭山》"相看两不厌"，人对自然的审美愉悦感能够强化主体对自然的亲和感。在杜牧的《山行》里，人与自然美景没有任何矛盾、对立、冲突，那寒山、石径、白云，特别是红于二月花的枫林霜叶展示着迷人的魅力，唤起人们强烈的亲近爱恋之情，以至诗人流连忘返，沉浸陶醉在大自然美景的怀抱。这是物我合一、物我两忘、物我交融。这种情感并非随着审美活动的结束而结束，而是不断地凝聚、转化为人对自然的一种稳定持久的肯定性情感联系，持续于人的一生。人与自然原本是相通的，人是自然的一部分，人对自然不能只讲征服、改造，还应该善待自然，保护自然，因为热爱自然就是热爱生命。

所谓通融群己，是指人们通过自然美可以实现自我与他人、个人与社会的沟通与交融，从而促进自我与他人、个人与社会的和谐。人们的社会活动赋予了自然美以丰富的社会审美属性，古往今来，无数抒情诗、抒情散文等在表达对亲人、友人、爱人的情感时，或借景抒情、或托物言志、或情景交融，往往都会联系到自然界美好的事物，以自然物为中介，使种种情感得到抒发、理解和升华，心灵得以沟通和融合。例如，李白通过"故人西辞黄鹤楼，烟花三月下扬州。孤帆远影碧空尽，唯见长江天际流"的美好描写，寄寓和抒发了这种对友人的无限情思。柳永通过对"杨柳岸，晓风残月"等景物特征的捕捉，使爱人间的离别之情得以大大深化。而苏东坡的《水调歌头·中秋》则把中秋明月这一自然美、陶冶亲友之情的美表现得最为突出，甚至中秋明月已作为我国人民亲人团聚和相互祝愿的共同象征。

二、风景园林美

（一）风景美的主要特征

自然风景美是一种整体的空间美，它是多种具有自然美的自然物象按一定规

---

① 屈守元：《韩愈全集校注·送高闲上人序》，四川大学出版社 1996 年版。

律的有机组合，是一种综合的整体美。形象美、色彩美、动态美、声音美、嗅觉美、触觉美、朦胧美、人文美等，这些美的形式构成了自然风景美，是自然风景美的主要特征。

1. 形象美

风景中最显著的特征是形象美，正是万象纷呈、千姿百态的形象吸引着游人，使人们获得美的享受。自然风景形象美的风格类型有如下几种：

（1）雄。雄是指气势磅礴、粗犷壮美的自然景观，常常引起人们震惊、赞叹、崇敬等审美感受。被称五岳之首的泰山素来以雄伟著称，被誉为"泰山天下雄"。它位于辽阔的齐鲁腹地，以磅礴之势高耸于山东的丘陵之上，有"擎天捧月地通天之势"，因高峰与平原的强烈对比而使人有"登泰山而小天下"及"一览众山小"之感，又因其形体厚重浑雄使人有"稳如泰山"之感。被苏轼赞叹为"八月十八潮，壮观天下无"的钱塘江潮，"远若素练横江，声如金鼓；近则亘如山岳，奋如雷霆"。以排山倒海、雷霆万钧之势滚滚而来，如万马奔腾，势不可当，气势壮观，令人震惊。

（2）秀。秀是指优美妩媚的自然景观，它们和人类最为和谐，给人以赏心悦目、沁人心脾、心旷神怡的审美享受。虽然秀美有共同的特征，但风景的秀美却并不完全相同，如西湖娇秀，苏州园林雅秀，桂林山水媚秀，富春江锦绣，武夷山奇秀。西湖给人以"小家碧玉"的美感，湖面如镜，山形平缓，林木苍翠，繁花似锦，呈现着纤细秀丽、明净幽雅的审美趣味。

（3）奇。凡是能够称"奇"的事物，或因其数量稀少难觅，或因其特色突出、形态特异，或因其互相组合构成出人意料的景象。面对此种自然风景最容易使人浮想联翩，唤起审美主体对生活的联想。我国比较奇特的自然景象要数黄山为多，故有"黄山天下奇"的说法。黄山因轩辕黄帝曾在此炼丹修道而得名，它既有高山大川的高峻雄伟，又兼有崇山峻岭的俊逸飘洒；既有遒劲挺拔的奇松，又有嶙峋剔透的怪石。黄山的怪石如笋如矢，似戈似戟，如人似兽，如物似禽，自成一景的有飞来石、喜鹊登梅、梦笔生花、蓬莱三岛、丞相观棋、金龟探海、猴子观海、天鹅孵蛋、天狗望月、仙人踩高跷、金鸡叫天门、松鼠跳天都等。黄山历来就有"无石不松，无松不奇"之说，黄山松或盘结在危岩之上，或悬垂在峭壁之间，或破石而出，根生于东，身扑于西，头向于南，苍郁挺拔，自成一景的有迎客松、陪客松、送客松、卧龙松、探海松等。黄山七十二峰千姿万态，黄山烟云似锦如缎，飘荡在千山万壑之间，变幻莫测。登上黄山光明顶举目远眺，正是"海亦云也，云亦海也"。黄山的瀑、泉、溪、潭应有尽有，温泉终年喷涌，人字瀑、百丈泉、九龙瀑都是奇特形象的典范风景。黄山因此荣膺"五岳归来不看山，黄山归来不看岳"之誉。

（4）险。凡是能够产生"险"的事物，必然是高挺而陡峭，人处其上如凭虚蹑空，稍有不慎就有生命之虞，令人胆寒心惊。险峻的自然景观给人们所带来的美感不仅在于"无限风光在险峰"，更让勇敢者领略到了挑战极限的那种特别"痛快"的美感享受。华山素有"华山天下险"之称，"自古华山一条路"就是对华山险峻的形象写照。鸟瞰华山犹如一方天柱拔起于秦岭诸峰中，主峰落雁峰海拔 2154 米，峰顶与谷底高差达千米左右，四壁陡立，几乎与地面成 90 度的直角。明代画家王履这样描写它的险要："岭下望岭上，天矫蜿蜒飞。背无一仞阔，旁有万丈垂。循背匍匐行，视敢纵横施。惊魂及坠魄，往往随风吹……"[①] 此外，险峻之美在庐山仙人洞、黄山天都峰、九华山天台、峨眉山金顶、恒山……。

（5）幽。幽在于深藏，景藏得越深，越富于情趣，越显得幽美。"幽"的环境使人超然物外，超凡脱俗，可助人潜心静思，最宜养性颐情。雁荡山的灵岩寺四周群峰环抱，掩映在苍松翠竹之中，小龙湫如一匹白练悬挂于锦屏峰之侧，晶莹溪水绕峰穿林自花丛而出，独处其中，使人感觉天小地深，仿佛来到一个与世隔绝的世界。号称"天下第二泉"的无锡惠山泉，在夜深人静、明月当空时，四无人声，月光流泻，景色清幽之致，宁静的自然，把人的俗气烦恼清洗得一丝不存，操一曲《二泉映月》度过这样的夜晚会令你终生难忘。

（6）奥。奥的特征比幽更为封闭、更为复杂，奥景可分为迷宫式的深谷和封闭的洞穴景观。杭州的灵山幻境，洞内钟乳石姿态变化无穷；金华的双龙洞，洞中有洞，洞中有飞瀑，深奥莫测，使人产生一种探究的欲望。

（7）旷。旷即空阔、开朗之意，自然风景旷的特征是视野开阔，一览无余。旷美使人心胸开阔，心情豁达。范仲淹在《岳阳楼记》中深刻地描写了登岳阳楼望洞庭湖的壮阔美景："上下天光，一碧万顷……而或长烟一空，皓月千里，……登斯楼也，则有心旷神怡，宠辱偕忘，把酒临风，其喜洋洋者矣。"无锡太湖、

----

① 出自［明］王履：《苍龙岭》。

洞庭湖也都具有这种旷远美。

（8）野。野就是妙境天成，富有野趣或保持较古朴而少受现代文明影响者。"大漠孤烟直，长河落日圆"是大漠荒原之野，"芳树无人花自落，春山一路鸟空啼"是山林之野，"君不见走马川，雪海边，平沙莽莽黄入天；轮台九月风夜吼，一川碎石大如斗，随风满地石乱走"是边塞之野。电影《英雄》的取景地内蒙古额济纳旗分布着大片的胡杨林和怪树林，虽深入荒漠，却保有旺盛的生命力。野趣富有自由之心、自在之情、自然之趣，使人童心不泯，使人率真磊落，使人能够摒弃世俗等级贵贱观念而遁世逍遥于天地之间。

2. 色彩美

自然美不仅多姿，而且多彩，蓝天、白云、青山、绿水、碧海、金沙、霜林、雪原、朝霞、彩虹……这种千变万化的色彩美有时甚至超过了形象的效果。九寨沟之所以能成为驰名中外的旅游新贵，很大程度上是因为水景的色彩美。九寨沟100多个高山湖泊（当地人称"海子"），如同无数幅美不胜收的图画，如五花海，整个湖面呈黛绿、鹅黄、橘红、翠绿、宝蓝诸色，五彩缤纷，犹如仙境。又如五彩池，虽然不大，但聚红、黄、紫、绿、白五色于一湖，其美色灿烂，摄人心魄，不可思议。四季交替，春绿夏黛，秋金冬银，真是"赤橙黄绿青蓝紫，谁持彩练当空舞"，美不可言。云南的茶花、罗平的油菜花、峨眉山的杜鹃花、盘山的梨花和杏花、天台山华顶峰的云锦杜鹃花都以其色彩美闻名于世。

3. 动态美

自然风景中的动态美是由流水、波涛、飞瀑、溪泉、烟岚、云雾及树木花朵的飘动和摇曳引起的。"无边落木萧萧下，不尽长江滚滚来"是江河的动态美，"飞流直下三千尺，疑是银河落九天"是瀑布的动态美，行云飘烟，从深谷里冉冉升起，峰峦似乎在虚无缥缈的轻纱帷幔之中。烟云飘动，山峰、林木仿佛都在飘荡，身处其中有腾云驾雾、身入仙境之感。烟云迷漾游黄山，步入云山似飘仙。"吴山青，越山青，两岸青山相送迎""溪边照影行，天在清溪底。天上有行云，人在行云里"等，都是人们视觉心理上的动态写照。

4. 声音美

拍岸的惊涛、叮咚的山泉、淙淙的溪涧、哗哗的流水、轰鸣的瀑布、怒号的松涛、断肠的猿啼、雄壮的狮吼、呦呦的鹿鸣、婉转的莺歌、呢喃的燕语、唧唧的秋虫乃至雨打芭蕉、露滴清荷、风送秋叶，无不表现出天籁之美。峨眉山的"仙姑弹琴"，万年寺一带的山洞、池塘中特产一种体形瘦小的动物"琴蛙"，它的叫声犹如弹奏古琴的声音，悠扬悦耳。传说这是峨眉仙女在述说峨眉山美丽的风光，并弹奏起"迎宾曲"。此外，还有人专门收集大自然的流水、鸟鸣、兽啸、风声、雨声等声音作为疗愈，就更说明自然界的声音能够给人以美的享受。

5. 嗅觉美

芬芳的花卉、诱人的果品、草原和森林散发出的草木芳香与泥土气息等都会引起嗅觉或味觉上的美感，激发人的审美想象和情思，使人心旷神怡。"暗香浮动月黄昏"便是写梅花香气的千古名句。

6. 触觉美

当人们游览大自然风光时，全身心都置于自然环境之中，肌肤也沐浴在自然界。森林浴是时兴的游玩项目。森林的可人温度和湿度，浓郁清新的空气，给人们触觉的舒适感。在华清池的温泉中洗一个澡，体味"天寒赐浴华清池，温泉水滑洗凝脂"的名诗佳句，实乃人生乐事。还有沙滩、沙漠的沙浴，人们的肌体与大自然直接接触，别有一种美的享受。

7. 朦胧美

宋代画家郭熙在《林泉高致》讲作画时说："山欲高，尽出之则不高，烟霞锁其腰则高矣；水欲远，尽出之则不远，掩映断其脉则远矣。"当大海朦胧时，水天一色，茫茫一片，那些在海里漂荡的游船，不知是在水里游，还是在云里行。当群山朦胧时，层层烟云掩其真面目，云雾与山峦连成一片，近山显得格外高峻神奇，远山显得格外深远莫测，云雾中的景物若隐若现、时有时无、飘忽不定，那种特殊的神奇魅力是清晰的景物所不及的。"烟笼寒水月笼沙""江流天地外，山色有无中""雾失楼台，月迷津渡，桃园望断无觅处""山色空蒙雨亦奇"，美得就像一幅幅水墨画。灯下美人月下郎，溶溶月色也具有迷人的朦胧美。

8. 人文美

附着在自然景物中的人文因素（神话、传说、名人逸事、碑刻、题咏、建筑等）与自然本身融为一体，从而使得这些自然具有了人文美。如东汉严光拒绝皇帝刘秀以高官相邀而隐居的富春江畔的严子陵钓台，就因古人李白、范仲淹、苏轼，今人赵朴初、沙孟海等作诗题字而使它的审美欣赏深化为对古人高风亮节的欣赏。

人们通过对自然风光的欣赏，不仅可以得到风景美的感染，还可以获得历史文化知识。

二、吴地山水

1. 吴地的山

（1）北固山，镇江三山名胜之一，远眺北固，横枕大江，石壁嵯峨，山势险固，因此得名北固山。南朝梁武帝曾题书"天下第一江山"来赞其形胜，有许多有关三国时期吴国的传说和遗迹，因三国故事而名扬千古。山上亭台楼阁、山石涧道，无不与三国时期孙刘联姻等历史传说有关，成为游人寻访三国遗迹的向往之地。北固山与金山、焦山成掎角之势，三山鼎立，在控楚负吴方面，北固山更显出雄壮险要。北固山由前峰、中峰和后峰三部分组成。明代郡守为了抗倭守城，将前峰与中峰凿断，前峰原为东吴古宫殿遗址，现已辟为镇江烈士陵园；中峰上原有气象楼，现改为国画馆；后峰为北固山主峰，北临扬子江（长江），三面悬崖，地势险峻，山上到处都是树木，名胜古迹多在其上。甘露寺高踞峰巅，形成"寺冠山"的特色，相传始建于三国东吴甘露年间，后屡废屡建，寺内包括大殿、老君殿、观音殿、江声阁等，规模虽不大，名气却不小。

古往今来，来镇江的游客，都喜欢到此一游，寻访当年刘备招亲的遗迹。从北固山中峰南麓登山，过气象台，沿山脊北行至清晖亭。亭东有一座铁塔，此塔系唐卫公李德裕所建，故又名卫公塔。原为石塔，后毁。北宋改建成九级铁塔，明代，后经劫难，仅存塔座两层。现经修整为四层，塔基及塔身均有精美图案，造型别致，生动逼真。多景楼之东的凌云亭，又称祭江亭，传说刘夫人孙尚香在听到刘备去世的消息后，曾在此遥祭，而后投江自尽。南宋爱国词人辛弃疾登此亭时，触景生情，感慨系之，写下了名篇："何处望神州，满眼风光北固楼。千古兴亡多少事，悠悠。不尽长江滚滚流。年少万兜鍪，坐断东南战未休。天下英雄谁敌手，曹刘。生子当如孙仲谋。"《永遇乐·京口北固亭怀古》："千古江山，英雄无觅孙仲谋处。舞榭歌台，风流总被雨打风吹去。斜阳草树，寻常巷陌，人道寄奴曾住。想当年，金戈铁马，气吞万里如虎。元嘉草草，封狼居胥，赢得仓皇北顾。四十三年，望中犹记，烽火扬州路。可堪回首，佛狸祠下，一片神鸦社鼓。凭谁问，廉颇老矣，尚能饭否？"凭栏眺望，英雄壮志难酬，感慨万千。唐代王湾《次北固山下》："客路青山外，行舟绿水前。潮平两岸阔，风正一帆悬。海日生残夜，江春入旧年。

乡书何处达？归雁洛阳边。"苏轼《蝶恋花·京口得乡书》："雨后春容清更丽。只有离人，幽恨终难洗。北固山前三面水。碧琼梳拥青螺髻。一纸乡书来万里。问我何年，真个成归计。白首送春拚一醉。东风吹破千行泪。"清代孔尚任《北固山看大江》："孤城铁瓮四山围，绝顶高秋坐落晖。眼见长江趋大海，青天却似向西飞。"等等，这些诗人登临北固山，虽抒发各自人生感慨，但多以秀美描述，符合江南风光秀美清丽的审美特征。

（2）钟山

钟山位于南京市玄武区，自古被誉为江南四大名山，因山顶常有紫云萦绕，又得名紫金山，有"金陵毓秀"的美誉，是南京名胜古迹荟萃之地，世界文化遗产所在地。钟山三峰相连形如巨龙，南京山、水、城浑然一体，雄伟壮丽，气势磅礴，古有"钟山龙蟠，石城虎踞"之称，早在三国与汉朝就极负盛名。钟山历经千年而郁郁葱葱，纳十朝君王和英雄豪杰而松青柏翠，融多元文化和数种天工而卓然于众山之中，囊六朝文化、明朝文化、民国文化、山水城林文化、生态休闲文化、佛教文化系列于一山之中，是为"中华城中人文第一山"。钟山周围名胜古迹甚多，山南有紫霞洞，一人泉；山前正中有中山陵；西有梅花山，明孝陵，廖仲恺何香凝墓；东有灵谷公园，邓演达墓；山北有明代徐达、常遇春、李文忠等陵墓。钟山文化积淀雄厚、内涵丰富，有鲜明的地域特色和个性特征。

钟山秀美迤逦，山光与水色兼备，林木丰富，拥有优良的生态与自然环境，使得人们愿意亲近它，在此居住生活，养生悟道。南朝文学家、史学家沈约曾在钟山结庐隐居，《南史》记载："梁沈约迁尚书而居处俭素。立宅东田，《郊居赋》以叙其事。东田在钟山之下也。"刘勰《文心雕龙》便成书于山中定林寺。昭明太子萧统一生聚书近3万卷，"又起著书台于钟山定林寺后北高峰上"。现在钟山主峰之上仍有太子岩遗存。南唐后主李煜号"钟峰隐居"，题款"钟隐"，南唐官僚李建勋以司空致仕，赐号钟山公，"营建别墅于山中，放意水石"。宋宰相王安石，晚年居于钟山脚下半山园，半隐于园，其《山中》诗云："随月出山去，寻云相伴归。春晨花上露，芳气着人衣。"其《北山》诗云："北山输绿涨横陂，直堑回塘滟滟时。细数落花因坐久，缓寻芳草得归迟。"灵气盎然的钟山为宗教信仰提供萌发的土壤，是道观寺庙的首选之地，历史上真实存在过的遗存或消亡的宗教建筑成为钟山文化景观重要组成部分。

宗教建筑成为钟山文化景观的重要组成部分。六朝时期的钟山，是江南佛教中心之一，最早建于钟山的寺庙是东晋时期的延贤寺，其后佛寺代有兴替，钟山文化景观区域内先后有 70 余所古刹。除了佛教建筑，历史上还曾有过蒋子文庙、茱萸坞、道士坞、洞神宫等宗教建筑。钟山上又有诸多帝王、功臣的陵墓，也反映了古人对钟山文化景观"形胜"的认可。这些陵墓依托于钟山的风水地貌，是古代帝王所拥有至高无上地位的体现，其中所反映的陵墓思想与文化特征是一脉相承的。建陵自孙权而始，东晋及南朝期间又有五位帝王葬于钟山。朱元璋明孝陵达到高潮，成为集大成者。明孝陵、中山陵两处陵墓建筑巧妙地利用山体本身上升的坡度，在绿树掩映中，使建筑与钟山天然的地势与环境完美融合。这种景观组合效应远超出同类陵寝遗产，是人类与自然共同作用的突出案例，具备文化景观遗产的典型特质。

历代文人墨客对钟山的"形胜"从来不乏溢美之词，《钟山诗文集》中收录描述钟山的诗文千余首，唐代诗人李白赞曰："石头巉岩如虎踞，凌波欲过沧江去。钟山龙蟠走势来，秀色横分历阳树。"南朝沈约作《游钟山应西阳王教》云："灵山纪地德，地险资岳灵。终南表秦观，少室迩王城。翠凤翔淮海，衿带绕神坰。北阜何其峻，林薄杳葱青。"唐代诗人耿津《游钟山紫芝观》云："系舟仙宅下，清磬落春风。雨过芝田长，云深药径重。古房清磴接，深殿紫烟浓。鹤驾何时去，游人自不逢。"钟山袅袅灵气，油然而生。王安石晚年曾居住于山下半山园，留下数十篇与钟山相关的诗文，作《游钟山》四首，一曰："终日看山不厌山，买山终待老山间。山花落尽山长在，山水空流山自闲。"又有《怀钟山》："投老归来供奉班，尘埃无复见钟山。何须更待黄粱熟，始觉人间是梦间。"诗文中可以看出，钟山是其情感寄托之处。

（3）惠山

惠山属天目山脉余脉，位于江苏省无锡境内，大致呈东西走向，有九峰，主要山峰为头茅峰、二茅峰、三茅峰，其中三茅峰为无锡海拔最高点。二茅峰南坡有宋代秦观墓。清嘉庆年间，其远孙秦瀛于墓前重立青石墓碑，上刻"秦龙图墓"。唐代陆羽《惠山寺记》云："此山绝顶，下瞰五湖，彼大雷、小雷、洞庭诸山，以掌睨可矣。"惠山，素以"江南第一山"之誉。惠山东麓有惠山古镇，历史悠久，建有祠堂 110 多座，为国内最大的祠堂群，文物古迹众多，自古便有各方人士前来攀登，相传舜帝、道教三茅真君、苏轼、陆羽等都曾到访山中，康熙、乾隆南巡多次前往惠山，乾隆题字"唯惠山娴静幽雅"。宋代杨万里《题陆子泉上祠堂》"惠山成尘惠泉竭，陆子祠堂始应歇，山上泉中一轮月"，苏轼《惠山谒钱道人烹小龙团登绝顶望太湖》"独携天上小团月，来试人间第二泉"。

有寄畅园、二泉书院等。二泉书院建于明正德年间，邵宝所建一私人书院，已被列为无锡市文物保护单位，有海天石屋、听松坊书院等遗址。龙光塔，在明初锡山即有石塔，后毁。嘉靖复建石塔，至万历题名"龙光塔"，王仲山书额，属振兴文风的风水塔。

（4）孤山

孤山位于浙江省杭州市，是西湖中最大的岛屿，是文物胜迹荟萃之地，走在山间小径颇有山林的感觉。主要景点有：放鹤亭、林和靖墓、西泠印社，玛瑙坡、一眼泉水、文澜阁、中山公园、清行宫、敬一书院、秋瑾墓、六一泉、苏曼殊墓园、半壁亭等。孤山碧波环绕，山间花木繁茂，亭台楼阁错落有致，是一座融自然美和艺术美为一体的立体园林，闻其名便知，乃湖中一孤峙之岛，孤山景色早在唐宋已闻名遐迩，唐诗人白居易有"孤山寺北贾亭西，水面初平云脚低"，明代凌云翰有"冻木晨闻尾毕浦，孤山景好胜披图"的佳句。更有宋代隐居诗人林和靖墓寝，流传着有"梅妻鹤子"之说。林逋是以杰出的咏梅诗词闻名于世的，他隐居孤山躬耕农桑并大量植梅，写出了不少咏梅佳句，其中《山园小梅》传出后脍炙人口，"疏影横斜水清浅，暗香浮动月黄昏"，在诗词界引起了轰动，成为咏梅的第一佳句，无人能比。冬天是探梅、赏雪胜地。孤山的雪景最为引人入胜。雪后看山："兀峙水中，后带葛岭，高低层叠，塑雪平铺；日光初照，与全湖波光相激射，璀璨夺目。"泛舟湖上，如见琼楼玉宇，遍山一色银装。若置峰山间，宜往放鹤亭踏雪寻梅，除了檀香梅急性先开，其他如宫粉梅俏丽香浓，朱砂梅紫艳色重，绿萼梅洁白素雅，洒金梅红白相间，各逞妖娆，各具情趣，扬眉有《孤山的梅》，更反映出对梅的追求与向往。

2. 吴地的水

（1）长江

长江是养育中华民族的母亲河，携青藏高原的雪域圣水奔涌而下。到重庆境内，主要呈现为山峡之川，穿切于大山之中，曲折而湍急，经三峡出夔门，迎来的则是"吴楚天地宽"的另一番景致。不同的景致体现着不同的美学特征。三峡一带是巴渝先民最早的居所，三峡也是名副其实的文化走廊和诗歌圣地。古往今来，描写三峡的诗人之多，诗作的数量之大、质量之高，为世所罕见，寄情三峡的篇章，近半数成于诗城夔州，而写在夔州的作品，又多为赋咏三峡之作。三峡的急湍甚箭、猛浪若奔，寒猿暗鸟、巫山彩云，萧萧落木、滚滚江涛，这些都被诗人定格成风景画，演绎为情感流，成为无数诗人与读者萦绕心中的三峡梦。

到了长江中下游的"吴楚天地宽"的地段，则是另一种境界了。深沉豪迈的"长江"到了杜牧这里，多了几分宁静且神秘的色彩，杜牧的诗将长江岸边所发生的故事笼罩在一层缥缈的光影中，透过这层光影，我们似乎窥见了唐朝末期的奢靡与颓败。《泊秦淮》："烟笼寒水月笼沙，夜泊秦淮近酒家。商女不知亡国恨，隔江犹唱后庭花。"秦淮河，秦代名为龙藏浦，汉代称之淮水，到了唐朝，才改叫秦淮河。晚唐时，杜牧一首《泊秦淮》让这个本来寂寂无闻的河流瞬间名扬天下。从此，秦淮河再也没有换过名字，成了中国第一历史文化名河。《赤壁》："折戟沉沙铁未销，自将磨洗认前朝。东风不与周郎便，铜雀春深锁二乔。"即使是写战争，杜牧的诗句也依然生动形象，又含蓄蕴藉，富有情致。他的诗句中，长江的水变得沉静，缓缓而来，静静淌过，任朝代更迭，兴盛衰落。那些兵器交接的厮杀、曾经繁华的热闹，此刻都仿佛沉于江水之中，伴着水流声而远去。

《临江仙·滚滚长江东逝水》。"滚滚长江东逝水，浪花淘尽英雄。古今多少事，都付笑谈中。"明代文学家杨慎通过历史现象咏叹宇宙永恒、江水不息、青山常在，一代代英雄人物却转瞬即逝，把历代兴亡作为谈资笑料以助酒兴，表现了词人鄙夷世俗、淡泊洒脱的情怀。全词基调慷慨悲壮，读罢此词，也仿佛临江而立，感受到了"滚滚长江东逝水"的荡气回肠与回味无穷。辛弃疾《南乡子·登京口北固亭有怀》："何处望神州？满眼风光北固楼。千古兴亡多少事？悠悠。不尽长江滚滚流……天下英雄谁敌手？曹刘。生子当如孙仲谋。"

有关长江，既有"谈古论今"，亦有"儿女情长"。《卜算子·我住长江头》："我住长江头，君住长江尾。日日思君不见君，共饮长江水。"这首《卜算子》呈现的是长江的另一种审美，将漫漫相思苦洒入浩浩长江水。当爱情的话题遇上长江，这份爱意与相思更显缠绵与情深意切。

（2）大运河

大运河，又称京杭大运河，是世界上开凿时间最早、流程最长的一条人工运河，也是世界最宏伟的四大古代工程之一。京杭大运河的开挖、畅通与衰落，在一定程度上凸显中国社会特殊的运行与发展轨迹，它在历经千年的通航岁月里，滋养了运河两岸丰富的物质和非物质文化遗产，在运河及其流经的区域，形成了独具特色的江河文化——大运河文化。大运河文化囊括了中国社会最主要的发展史，不仅是中华民族活着的、流动的精神家园，也是世界文化的宝贵遗产。先民枕水而居，以河为生，因河设市，沉淀下许多与运河相关的物质和非物质文化遗产。江南古运河不仅给整个江南经济带来了空前繁荣，也催生了中国近代民族工商业的兴起。

运河历史记忆中的形象在诗人词人笔下得以淋漓尽致地呈现。隋炀帝开凿运河，三下江都时，挽舟民夫们曾感"寒骨枕荒沙，幽魂泣烟草"（《挽舟者歌》隋·佚名）。底层百姓的水深火热的生活与对未来的凄迷无助，满是悲痛与愤恨。时移世易，运河通航给人们日常生活与出行带来极大便利，使中国南北经济与文化交流日益频繁。皮日休《汴河怀古》更是发声"尽道隋亡为此河，至今千里赖通波"，充分肯定赞扬隋炀帝的开河之功。运河终因自身的价值体现，逆转悲情之名，成为历史风情之所。杜牧更有清晨运河景色图："樯形栉栉斜，浪态迤迤好。初旭红可染，明河澹如扫。"运河船行往来，水面光洁如扫，一幅清新怡人的汴口晓景图。苏轼《江城子》曾赞"隋堤三月水溶溶"，初春运河堤岸景色宜人。"隋堤柳，千里夹隋堤。堤中有平道，百尺隐金鎚。柳色间桃李，行客迷芳菲。"运河的壮观旖旎已然是一个真实的存在，运河沿线城市的繁荣亦是一个不争的事实。人们流连往返于运河富庶的文化氛围中。唐杜荀鹤《送人游吴》："君到姑苏见，人家尽枕河。古宫闲地少，水巷小桥多。夜市卖菱藕，春船载绮罗。遥知未眠月，乡思在渔歌。"通过想象描绘了江南吴地的风物景致，把唐朝时期江南水乡的小桥、流水、人家的景色以及当时水乡居民百姓的日常生活状态活脱脱展现出来。

江南的钱粮、物产通过运河水系汇集到长江北岸的扬州，再通过扬州转运全国，北方的人才也经扬州直下江南，运河舟楫往来，穿行如梭。扬州商贾云集、店铺林立，逐渐成为全国的经济、文化中心，扬州崛起——"烟花三月下扬州""二十四桥明月夜，玉人何处教吹箫""人生只合扬州死，禅智山光好墓田"。钱塘江一方面通过浙东运河连接宁波、绍兴，另一方面又与大运河的最南端相交，将浙北城镇纳入大运河水网，而杭州是交点，杭州崛起——"上有天堂、下有苏杭""钱塘自古繁华"。

（3）太湖

江南水网密布，"湖""塘""河""泾""浜"无所不在，但水的形态大多静美、安稳温和，少有大风浪，江南人因此少危险而多收获，日子殷实而富足。如江南核心区域的太湖，平均水深不足两米，水产丰饶，湖水温和，水上渔猎几无生命之虞。加之温润的季候、肥沃的土地和精耕细作的农业文化，共同造就了富裕安适的鱼米之乡。这种低风险、高收益的"浅水文化形态"，也培养了江南人平和惬意、追求安逸、润滑机敏的生活态度。通达的大运河，很好弥补了湖塘文化之不足，使稳定安逸与进取探索的二元文化得以实现互补交融，为江南水文化增添了开放与包容的因子。

太湖中盛产一种石头——太湖石，因其独特造型，用于园林，享有独特的美学价值。太湖石属于石灰岩。相对而言，石灰岩容易受到外来力量的侵蚀，比如，长期经受波浪的冲击以及含有二氧化碳的水的溶蚀，软松的石质容易风化，比较坚硬的地方保存下来，这样在漫长岁月里，太湖石逐步在大自然条件下精雕细琢，逐渐形成了曲折圆润的形态。太湖石为典型的传统供石之一，以造型取胜，多玲珑剔透、重峦叠嶂之姿，宜做园林石等。

据《清异录》载：唐代身居相位之尊的牛僧孺就是一个酷爱收藏太湖石的人。他在府第归仁里和南郭的别墅收藏太湖石极富，白居易称他"休息之时，与石为伍"，甚至到了"待之如宾友，亲之如贤哲，重之如宝石，爱之如儿孙"的地步，可见其爱石之深。白居易曾写有《太湖石记》专门描述太湖石，《云林石谱》中也专门有记载。而发生在北宋末期的"花石纲"指的就是太湖石，从而引起了农民起义。历史上遗留下来的著名太湖石有苏州留园的"冠云峰"、上海豫园的"玉玲珑"等园林名石。据明代林有麟著《素园石谱》记载："平江（今苏州）太湖工人取大材，或高一二丈者，先雕置于急水中舂撞之，久之如天成，或以熏烟，或染之色。"唐吴融的《太湖石歌》中生动描述了水石的成因和采取方法："洞庭山下湖波碧，波中万古生幽石，铁索千寻取得来，奇形怪状谁得识。"

太湖石是皇家园林的布景石材，是园林石的一种，是大自然鬼斧神工，自然形成玲珑剔透，奇形怪状的观赏石。太湖石可谓千姿百态，异彩纷呈：或形奇、或色艳、或纹美、或质佳、或玲珑剔透灵秀飘逸、或浑穆古朴凝重深沉，超凡脱俗，令人赏心悦目，神思悠悠。它永不重复，一石一座巧构思，自然天成，是叠假山、造园林，美化生态，点缀环境的最佳选择。千百年来，赏石、藏石仅是封建帝王将相、士大夫文人等有闲阶级的独霸娱乐。今天，赏石、藏石已经成为群众性的日常文化活动，"旧时王谢堂前燕，飞入寻常百姓家"。

画家使用太湖石托物言志，中国目前可以见到的最早表现太湖石的艺术作品应是晚唐孙位的《高士图》（又名《七贤图》）。《听琴图》和《折槛图》作为优秀的中国画作品，对画面精神境界的表现都达到了极高的水平。它们都使用太湖石来烘托画面的气氛，这两幅作品的主题一动一静，对比显著，而作为衬景的太湖石以自身的艺术形态，完美地配合了主题精神，这也说明太湖石在景观个性审美的塑造上具有非常高的艺术价值。这类绘画作品对园林景观中如何使用太湖石营造气氛有很好的借鉴意义。当太湖石可以实现自身审美价值时，它作为园林景观代表元素的地位就被确立。

（4）大海

东海是长江水系、钱塘江水系的最终归宿，位于入海口的上海在海洋文明到来时，便是整个水系的龙头。1842 年《南京条约》签订，上海成为五个通商口岸之一，从此带有殖民色彩的上海崛起。黄浦外滩，十里洋场，在中国江南传统文化（吴越文化）的基础上，融合开埠后传入的对上海影响深远的源于欧美的近现代工业文明而逐步形成的上海特有的海派文化。海派文化既有江南文化（吴越文化）的古典与雅致，又有国际大都市的现代与时尚，区别于中国其他文化，具有开放而又自成一体的独特风格。

而上海的崛起，使这种"水文化"具有了更大的包容性和张力，"湖河文化"中又融入了"海洋文化"元素，这主要表现在既有的开放包容、善于吸纳的江南气质神韵，在上海开埠后，尤其是海派文化的形成中得到了进一步凸显与张扬。

"海纳百川，兼容并蓄"的海派文化，体现在上海社会的方方面面。海派文化就是尊重多元化与个性、兼顾个人和社会利益、以契约精神为主导，理性的、随和的、较成熟的商业文化。

三、园林美

园林虽然是人工所造，但具有真山真水之妙，是大自然之美的缩影，特别是"世界园林之母"风景之美。中国园林艺术更体现着我国山水诗和山水画的意境和情调，使人身居闹市就能享受到自然山水风光。

（一）景观美

"崇尚自然"的情结在我国由来已久，我国的园林艺术也是"虽由人作，宛自天开"，在园林建造上非常注重对自然美的追求，无论是石的堆叠、水的分聚、树的排列、花的分布，都师法自然，使园林的写意性和浪漫色彩与自然本身的特征水乳交融地统一在一起。江南园林最先将山水引入了自家庭院中，从而满足了人们足不出户便可观赏自然美景的愿望，如"苏州留园"。全园用建筑来划分空间，中部以山水见长，池水明洁清幽，峰峦环抱，古木参天；东部以建筑为主，厅堂华丽，庭院精美，奇峰秀石，引人入胜；西、北部环境僻静，山溪曲流，树木葱茏，颇有山林野趣。把自然的美与人工的美高度地结合起来，用艺术的手法去营造实质的空间，看似画境，却可游可行，体现了风景园林建造技术的高超与精湛、设计理念的完美与巧妙。

（二）文化美

不同历史时期，社会的经济条件、技术水平与人文环境造就了不同的园林文化。

每一座园林都有自己独特的主体风格，其中不同时期或不同地域的园林还兼有时代、地域、民族以及人文的色彩。可以说一座座园林就是一部部有关文化记录的"空间著作"，它深浸着中国博大精深的文化，是中国 5000 年灿烂文化造就的艺术珍品。

明、清是中国园林建造的高峰期，其中北方的皇家园林多建于康熙、乾隆时期，如"圆明园""颐和园""畅春园"等。皇家园林一般建在京郊风景优美、环境幽静的地方，与皇宫相毗连，相当于皇帝私家的宅园。其最大特点是尊贵、大气，名字多取福、颐、宝、德、庆等字，布局和景观也充分体现了皇权至尊的观念。例如，圆明园，整个园林布局象征全国版图，从而表达了"普天之下，莫非王土"的皇权寓意。皇家园林的设计构思、建筑布局、景观寓意等方面深受传统文学、艺术的影响，是我国传统文化中的一大瑰宝，它以独特的艺术风格和深厚的民族文化底蕴在世界园林史上独树一帜。私家园林以明代建造的江南园林为主要成就。江南园林与文人有很深的渊源，很多园林都是文人士大夫的处所，或专供其修身养性的地方，所以又称为"文人园"。例如，扬州的"个园"以"竹"字一半或竹叶的形状作为园名，旨在表现园林主人品格的高风亮节和习性的谦虚。江南园林带有一股灵秀的书卷气息，苏州园林为其代表，如"沧浪亭""拙政园""网师园"等。

（三）意境美

我国园林核心的主旨是意境美。在设计上，追求以幽静淡雅的自然风光与思想情感相结合，并运用灵活多变的置景手法，形成内在无形的主线和外在多变的景观。在布局上，巧妙地设置了层隐层现，既隔且接的空间，让观赏者沿曲折起伏的小径，在每一次驻足或是转折时都能感受到景观中所蕴含的情致。我国的园林从来都是被当作诗和画来欣赏的，被看成立体的诗、流动的画。园林设计者往往从高度发达的抒情诗和内容丰富的山水画中寻求再现自然美的灵感，把园林当作诗画来创造。无论是形象构造、总体布局，还是山石、林木、花卉的细节处理，都力求诗情画意之韵味。园林景点的命名也非常讲究，寥寥数字便概括出景点的意图和性格，如北京颐和园取"颐养冲和"之意，意思是下辈对上辈的孝养。所以园中殿堂多以"寿"字来命名，如"万寿山""仁寿殿"等；杭州西湖的十景，名字极美，韵味无穷："苏堤春晓""断桥残雪""雷峰夕照""曲院风荷""平湖秋月""柳浪闻莺""花港观鱼""南屏晚钟""双峰插云""三潭印月"，每一景点的名字都是一首诗、一幅画。

四、吴地园林

吴地园林经历了春秋时期的萌芽、魏晋时期的发展、唐宋时期的成熟和明清时期的兴盛，走向了精雅，成为中国园林史上最为清雅但极其重要的一笔。

（一）春秋时期的萌芽——姑苏台

"姑苏台上乌栖时，吴王宫里醉西施。"诗仙李白的诗句能够激起后人对姑苏台对吴越春秋这段历史无限的遐想。吴地最初的园林建筑是春秋年间吴王修造的姑苏台，和我们今天常见的高墙深院式的封闭性园林不同，姑苏台完全是依托自然山水修建的开放式园林。严格地说，它或许不能称作园林，仅仅是具有园林性质的建筑物而已，然而它在中国园林修造史上，却有着划时代的意义。公元前514年，吴王阖闾登上王位，决定将都城从无锡梅里迁往姑苏，并命伍子胥主持兴建新城。伍子胥在规划修建阖闾大城的同时，又在姑苏山上修造了姑苏台。作为春秋五霸之一的吴王阖闾，攻楚伐越，战绩彪炳，自然也好大喜功。修筑姑苏台，既是敬天畏神的需要，是为了与天神对话，又是出于自我表彰、自我炫耀的目的。

虽然姑苏台当年的外观早已荡然无存，但据历史记载，仍能略知一二。姑苏台工程极其巨大，相传阖闾为此前后花费了整整8年时间，所谓三年聚财，五年乃成，光是木材的耗费就不计其数，苏州的木渎古镇，"木渎"的意思就是当年为建姑苏台，堆积在这里待用的木材很多，水道都被堵塞了。

不过，如果从园林建筑的角度来审视姑苏台，姑苏台和中原灵台的本质差别，其实是在内容上。中原先民们摹山范水修建灵台和灵沼，纯粹是出于敬神畏神的需要。灵台主要是为了满足人们求神拜神的需要，多建于赤水之中，台高耸而水环绕，布局规整对称，呆板而缺乏情趣，因为他们本来就不是用于娱人的。春秋末期，诸侯争霸，连年烽火，严酷的现实令人终于认识到真实人力的具体存在，而对深不可测的天命和神仙的力量有所怀疑，高台、灵池、彩榭、宫阁渐渐不再只是为天神准备的东西，却主要用作王侯公卿娱乐的场所。

姑苏台，正是这一转折期出现的成功建筑。夫差时期，又增修了许多游乐设施，九曲路，春宵宫，青龙大舟，还为西施修造了馆娃宫和琴台，里面有响屧廊、采香径等。同样是玩乐，中原纣王的酒池肉林就显得粗俗，夫差显然更注重精神上的快乐。既有九曲路的游山观景，琴台的赏乐远眺，还有采香径和天池的泛舟嬉戏，响屧廊声音与景致的和谐显示。

总之，景点的处理、赏景的安排，还有景点的联系，均表现出艺术手法较为成熟，表现出对于美妙山水的依恋之情。夫差和纣王的这一差异，毕竟显示了社会和文化的进步。吴王的姑苏台，大概是吴地历史上第一个也是最后一个大型自然山水园林，可惜被焚毁。然而在沉寂几百年后，魏晋南北朝的吴地，又一种园林形式放出了更加夺目的光彩——以顾辟疆为代表的私家园林。

（二）魏晋时期的发展——顾辟疆为代表的私家园林

明代文徵明曾经有诗说"风流吾爱陶元亮，水竹人推顾辟疆"。陶渊明倡导的隐逸精神，对数千年来中国士人的思想品格和生活习性，产生过无与伦比的熏陶和影响，而隐逸之风必然也会促成士人们对自然美景的偏爱。号称池馆林木之胜为吴中第一的东晋顾辟疆的园林，其具体风貌早已难得其详，但当初著名书法家王献之偶经吴郡，立即慕名造访，而且顾不上谒见主人就径自游历观赏，足见顾氏名园并非浪得虚名。

吴地宅园居然能够令自幼生长于水光山色之间的王氏子弟慕名造访，钦羡不已，或许是因为吴人卓越的平地筑园和造景理水艺术。当时的吴人已经能够从审美角度塑造景观。文人士大夫对于园林的偏爱，也深深影响了当时的公卿王侯。在那些嗜好风雅的帝王们执政时期，园林在江南一带迅速风行起来。晋南渡以后的南朝期间，园林也不断兴盛。不过，园林真正在吴地兴盛起来，其实是宋代以后的事。

（三）唐宋时期的成熟

唐朝诗人白居易对于吴地园林的发展有着重要的价值，其对吴地山水的喜爱以及无与伦比的园林情结，使得吴地人士更为深入地认识到本地风光的价值，更为透彻地意识到本地园林资源的珍贵，因而促成了吴地城市山林的兴建。

1. 白居易与园林

白居易自称"山水病癖"，早年时，白居易游苏、杭二郡，就被当地景物所陶醉。出任苏州刺史，遨游山水名胜，其间，修建了天平寺和七里山塘。山塘河贯通南北，不仅大大提供了交通的便利，更方便了苏州城内人士的舟船出游，从此山塘河总是画楫连绵，笙歌不断。当白居易离开江南时，随身行李中，有清板舫，折腰菱，还有太湖石和白莲种，在洛阳履道坊宅园中修建属于自己的园林。白居易对山水园林的挚爱，集中体现在他的"石癖"。他在《北窗竹石》中说："一篇瑟瑟石，数竿青青竹。向我如有情，依然看不足。"和以往赏石爱竹之人最大的区别在于：白居易把自我情感注入客观景物的同时，甚至体验到了无情竹石渗透的深情。白居易引用太湖石的诗文不少，比如，《太湖石记》中借太湖石的人格寓意，太湖石的丑陋奇绝，清高孤傲，尤其能获得文人雅士感情上的共鸣，这种奇石怪石均有这种净化心灵、显示人格的功效。白居易的"石癖"对后世文人和吴地风气影响是巨大的。玩石、垒石的风气在吴地盛行，宋代苏轼、米芾，元代倪瓒，清代李渔等等都爱石成癖。与此同时，白居易随时随地造园的精神，重情趣而不重形式的园林风格，以自然景观表现高尚人格的构想，深深地影响了包括吴地人士在内的许许多多园林修建的人们。虽然白居易的园林实践和造园思想给予后人许多启示，但遗憾的是，白居易本人没能在吴地留下有形的园林珍品。

2. 钱氏父子和五代吴地筑园

吴地园林史上较有影响的造园活动是五代时期钱镠父子兴起的。五代十国本是动乱年代，然而吴地在吴越王的管辖下，却也安享几十年的太平。吴越王钱镠酷嗜园林，大兴宫苑。其子钱元璙封为广陵王，出任苏州刺史，建"南园"，钱元璙的儿子文奉修"东圃"，文恽修"金谷园"等。这些园林，在景观布置和景点选择中，以及当时园林主人的游赏活动，已经明显含有吴地人士倡导的淡雅怡人的情调。

3. 北宋园林贫富并举

北宋年间，大概受钱氏父子筑园的启发，吴地名流富豪涉足园林修造的日益增多，仅姑苏一地，朱长文的"乐圃"，苏舜钦的"沧浪亭"，吴感的"红梅阁"，蒋堂的"隐圃"等等，当时就享有盛名。

北宋吴地园林大多仍是凭借自然风景修整而成，都有相当规模。当时的士大夫，仍然崇尚"清风明月本无价"的自然风情，欣赏未加人工雕琢的朴素景观，重在野趣，园中建筑物尽量减少，比如，沧浪亭，以一亭观山览水，与风月相伴；景点题名，或者以园名显示自己的志向和情趣，或者用联匾额题名描绘园内景致，甚至妙语双关，典雅含蓄，充分展示了士人的艺术造诣。比如，苏舜钦的沧浪亭题名，既契合其三面环水，仿佛俏立水上的地理环境，又委婉地展示了主人自命清高的超凡境界。一般来说，吴地园林崇尚淡雅清静的风格，尤其是文人士大夫，更喜欢构筑山水景观和沉溺自然风光，用以陶冶性情，酝酿诗文书画的情思。

北宋年间，随着吴地豪门贵族纷纷涉足园林，更因为以徽宗为代表的皇室成员的表率作用，吴地园林也日趋精致，渐染奢华之风，园林中的建筑物不断增多，而且开始讲究名卉佳木和珍禽异兽的炫耀争胜。比如，朱长文的乐圃中有10余座建筑，园中还养有仙鹤。北宋末年因督运"生辰纲"而臭名昭著的朱劢嗜好牡丹更是到了极点。类似沧浪亭那样简朴的园林只是凤毛麟角。然而，过于奢华的园林风格并未能在吴地占尽上风，吴地人仍然崇尚清净淡雅的园林风格，吴人栽种的花草，只是作为园林中的点缀，大规模栽养并用以炫耀富贵的则很少。随着南宋朝廷的建立，皇室热衷于园林风气的影响，吴人更加注重山水景观的构筑，有关诗文园记更多，联匾题名也更讲究园林情趣和艺术趣味。

4. 南宋园林清雅特色深入人心

南宋著名的园林已经不胜枚举，其主人的情怀、景观的优雅，往往通过宾主诗文图画的描绘而传扬，从而激励更多的人学习仿效，蔚然成风。

姑苏张汉卿在天池山构筑园林，取名"就隐"，以示优游林园和隐逸淡泊的价值取向。南宋吴人的造园热情，使得郊野名胜之地备受青睐，在郊野之地修建的园林也讲究经典的修饰和园林建筑的设置。比如，南宋文人范成大在苏州西南石湖畔创立的别墅，溪水环绕，暮鼓晨钟，为石湖别墅平添一种难得的清雅。

5. 顾瑛和玉山佳处

在吴地园林史上元代仍然是一个光彩夺目的时期，因为元代统一全国时对东南的破坏不太严重，还由于元代吴地经济发展极快，更由于元代文人受知足闲适的隐逸思想影响，园林作为有效的修养身心的工具，必然获得文人的青睐。元代众多园林中，昆山人顾瑛的玉山草堂最负盛名。顾瑛，家颇富有，却轻财嗜书，以读书撰文和交友赋诗为乐。在旧宅的西面叠山理水，草堂亭馆，花木梧竹错映其间，总称：玉山佳处。顾瑛的园林活动还推动了园林与诗文书画等文学艺术的结合。顾瑛的每创一景，都邀请大师为他撰联绘图，把有关他园林的诗文都编成几大卷的《玉山名胜集》。如此一来，顾瑛的玉山佳处及其本人的雅趣豪情，就随着诗文流传而蜚声各地，延及后世。说明当时的人们已经相当自觉并深刻认识到文学艺术对于园林的益处，因为园林必难永久，而烙印于记忆中的美景却可长存。元代的吴地，逍遥城市和享受人生已成士人共识，因此城市山林迅速普及，园林分布相当广泛。于是又有人热衷园林的品赏。

6. 市隐之风和园林品评

南宋以后的笔记诗话等著作，有关园林品赏的很多。他们的品赏主要通过诗文绘画书写意境，一种超凡入圣的园林情趣。比如，无锡倪瓒，其绘画诗文，大多与园林宅居有关，其留于图上的诗画，则把主人或其自身的园林情结抒发殆尽。正因为以倪瓒为代表的元代吴地士人的园林审美和品赏，着重于情趣而非规模，所以造园风格大多清雅，以垒石、开池和种竹为主。倪瓒自身的园林也保持了一种质朴的格调。随着宋元以来渐渐滋长的园林品赏之风盛行，明清时期的吴地园林更趋于多样化。

（四）多姿多彩：明清园林渐趋精雅

在明清时期，随着城市经济的复苏，吴地园林呈现了百花齐放的热闹场面，不论是豪富，还是寒士，都试图在园林上一展身手。尤其是晚明，达到了人不可无园的地步，明清时期的吴地园林，总体上来看，有规模上日益精致的特点。

1. 士人园林力求体现品格

士人园林尽管有规模大小之别，风格也不尽一致，但总体上力求体现士大夫的艺术追求和生活情趣。明清各阶层纷纷建园，各类园林星罗棋布，在其他园林的衬托下，使园林雅洁的特点更为鲜明。在园林选址方面，吴地士人主张市郊。尽量生活方便，又隔绝尘世。园林规模则认为不必过于追求，或大或小，尽可能因地制宜，力求达到苏轼"山川风月本无常主，闲者便是主人"的境界。提倡"少盖屋，多栽树"，侧重于创造山水风光和植物景观。比如，北宋拙政园的初建阶段。文人士子总是试图保持清静质朴的园林风格，比如，晚清苏州曲园。

正因为他们有自己鲜明的园林品赏标准，所以他们绝不会因为土地有限，财力不富而感觉窘迫沮丧，在有限的空间中，一样可以展示自己的才情和韵味，而且常常借助诗文书画加以渲染描绘。朋友新园建成，则纷纷赠花馈石，以示庆贺，以添美景，创造一种共同建园的气象。由于文人园林规模一般不大，因此通常通过景观塑造和园林布局展示自己的特色。明代程尚甫的"西溪草堂"，滨水而建，短墙围绕，室内古琴古剑古书四处陈列，着意营造"半为看水半读书"的优雅氛围。晚明文人已将筑园视为展示才情的必不可少的手段，而并非前辈文人那样仅仅为了怡情养性才重视园林。诚如《长物志》里序文所说的那样，修园林、玩古董等晚明士大夫热衷的玩意儿，似乎于事无补，于人无益，然而士人已习惯通过它们来评判所谓风韵才情，这种风气始终激励着士人关注园林。与此同时，嗜好附庸风雅的官宦豪富也纷纷涉足园林修造，并把他们特有的色彩留在了吴地园林史上。

2. 富豪贵族争奇斗艳

由于园林既可作为风雅的标志，又能显示财富和地位，因此有财有力之人都痴迷于造园。权贵富商筑园，可用作炫耀的自然是他们的财势，其园林往往重视建筑，装潢精美。比如，明代长洲徐默川的"紫芝园"，一泉一石，一亭一题，无不秀绝精丽，穷极工巧。清初吴三桂女儿居住的"拙政园"中的娘娘厅；清末时期贝润生改建的"狮子林"，耗费巨资，花了大量心血。官宦豪富建园，更多的目的在于炫耀财富和享受荣华，因而还把各种娱乐设施和娱乐方式带入园中。明末的吴县秀才徐柯"二株园"以花木齐艳著称，极其豪奢。旧时的富贵人家，看戏听曲是主要娱乐，尤其吴地，热衷戏曲是社会风气，而且习惯于聚饮共赏。比如，清末富商张履谦在"补园"新增"十八曼陀罗花馆""三十六鸳鸯馆"，其主要功能就用于宴客和观戏。豪富园林间相互争奇斗艳，诸如花木、古董、名人珍迹、豪华建筑等，都能用来比试高低。

尽管富豪在园林修造上追求建筑的精致和风格上的奢华，他们的生活哲学、文化情趣也与一般文人士子有所差距，但是从总体风格上来看，他们的园林形式与文士所追求的并无太大差别。这是因为在中国历史上，文人士大夫倡导的文化情趣经常成为社会的文化思潮，流风所及，人心向之。因此峻岭深池，红梅翠竹，粉墙黛瓦，这些朴素雅致的色彩形式和极富深意的象征手法，在吴地园林中随处可见，并不因为园林主人身份地位的差异而随意变化。

3. 纸上名园和寒士造园热情

晚明时期，人们开始更多关注纸上园林，是因为人们相信纸上园林比真实的园林更能持久地传承下去，使得园林在时间上有了超越。这时出现了专门论述造园的著作，姑苏文震亨的《长物志》，计成《园冶》等。如果说文震亨的《长物志》成了园林小资生活的工具书，那么他的朋友计成所写的《园冶》则是世人建造园林的参考书。一个居身，一个养性，二者结合正是明代士林生活的写真集。后世选择隐居的，创造清闲氛围的，都将它们视为生活的最高追求。

除此以外，园林文学还成了那些无钱造园却心中有园的寒士表达思想的一种手段。

在园林建造中，他们不愿意始终保持旁观者的身份。明末清初文人黄周星，号九烟，曾撰有《将就园记》，表述了无园之人对于园林的强烈向往之情，以及无可奈何之后的变通之术。黄九烟凭借想象为自己构筑了一座名园，一座撷取天下最佳山水名胜汇为一体的名园。类似黄九烟的吴中人士还不在少数，就连大名鼎鼎的文徵明也曾纸上谈兵，相传文徵明家有宅园，取名"停云馆"，世人都认为楼必高耸，慕名而来，却见十分窄小，非常失望。文徵明对造访者说，"吾斋、馆、楼、阁，无力营造，皆从图书上造起耳"。他还把这"以画造园筑屋"的方法，推而广之，为他人造福。大司空刘公麟晚年寓居长兴万山之中，刘氏喜好楼居，苦于无钱，不能如愿，文徵明就为他绘了一幅层楼图，把刘氏肖像置于其中，取名"神楼"。

用文字塑造的园林无论多么出神入化，毕竟过于抽象，图画上的园池虽说有貌有色，总也难免虚幻。于是，寒士们纷纷采用自己的方式创造园林。清初李渔嗜好花木竹石，无钱购买，就叫妻儿忍饥数日，或耐寒一冬，省下衣食费用，用来购石买花。扬州八怪之首郑板桥，有一读书室，小屋三间，却营造了一个辉煌的园林小品。题于读书室的对联为"室雅何须大，花香不在多"。他的造园思想和园林形式，集中体现了吴中寒士的园林设想和风格。永嘉黄道元在苏州的寓所取名"瓶花斋"，试图从普普通通的一瓶花中领略大自然的美妙。寒士财力有限，因此其侧重点在于环境的清雅静谧，布衣文人欣赏的是不受干扰的自在，可以读罕见之书，眠渐高之日。

文人还常常利用手中的笔筹资建园。清代吴绮，任湖州知府，卸任归隐后，家有废园，污秽不堪，有心治理，无钱购石买花。恰好慕名造访和索诗求文者众多，吴绮立下规矩：凡索文与诗者，尽可能以花木竹石作为润笔费。几个月后，废园焕然一新，取名"种字林"，读书赏花乐在其中。

正是在江南士人的造园运动、文人雅集和江南诗性审美的驱动下，园林艺术日臻成熟，园林意境日趋风雅。掩映在园林深处的，除了诗性追求、历史故事、人生传奇，还有摇曳多姿的戏文，以及江南士族阶层的人生哲学。

（五）山麓园林代表——寄畅园

吴地园林建筑中有一类为山麓园林，山麓园林利用自然山水而建，多野趣。无锡惠山东麓的寄畅园，就是典型代表。寄畅园原来的主人姓秦，是宋代名人秦观的后裔，所以又叫秦园，秦氏是无锡的名门望族，以诗书传家，名人辈出。寄畅园，元朝时曾为惠山寺僧舍，明正德年间，曾任南京兵部尚书的无锡人秦金得到此处，改作别业，构成别墅园林，取名"凤谷行窝"。秦金，号凤山，而园子又建在惠山的山谷里，因此"凤谷"包含人名、地名两层意思；行窝区别于皇帝的行宫，也表明这座别墅还处于草创阶段，以山林野趣为主。并与惠山的别名龙山相对应。万历年间，第三代园主人秦燿曾任湖广巡抚，后因受牵连而被罢官。回无锡后，寄抑郁之情于山水之间，疏浚池塘，改筑园居，构园景二十，每景题诗一首，并取王羲之的"取欢仁智乐，寄畅山水阴"的诗句，"寄畅"两字为园名，寄畅的含义为归隐山林，逍遥自在。园林中有高峰、曲涧、幽石、长松、僻径和流泉（也就是二泉）。因此，寄畅园从创建之初就是一所山麓别墅型园林，不同于江南常见的城市宅园。

园景布局以山池为中心，巧于因借，混合自然。假山依惠山东麓山势做余脉状，又构曲涧，引"二泉"流注其中，潺潺有声，世称"八音涧"，前临曲池"锦汇漪"。而郁盘亭廊、知鱼槛、七星桥、涵碧亭及清御廊等则绕水而构，与假山相映成趣。园内古树参天，竹影婆娑，苍凉廓落，古朴清幽，其以巧妙的借景，高超的叠石，精美的理水，洗练的园，扬名海内外。移步园内，两幅绿意环绕的石匾是康乾两个皇帝御题。康熙所题的"山色溪光"，是指眼睛看到的园内景色，乾隆御笔"玉戛金枞"，其中玉戛指流泉，金枞指假山，是指耳朵听到的园中之声，祖孙二人所题各有千秋。寄畅园代表着我国明、清两代造园艺术所达到的高超境界，是清代造园名家张南恒的造园艺术实物体现的最后一座园林。它是典型的江南诗性文化的折射，其设计优雅精致，构思巧妙，充满传统审美精神。

在江南园林中，山水常常用作园林的骨架和血脉，山因水清，水因山活。寄畅园的大假山是寄畅园的重心所在。清初，根据"阴阳开合"的原则，在假山里面开凿、堆叠了一条就地取材的黄石涧道，又把天下第二泉的泉水，通过园林外面的暗渠引入涧内，使原来无声的泉脉随着涧道的上下迂回，化作"高山流水"的天然意象，称作八音涧。

寄畅园的"借景"之妙，不仅将锡山龙光塔"借"入园中，而且将借景、引泉、藏景三者合而为一。如清响月洞门前有小石狮，嬉笑迎宾；后有假山作屏，可透过假山看真山——九龙山脉。再如凤谷行窝的两则通道，东为"侵云"，侵云为宝塔别称，此处可见龙光塔高耸入云；西为"碍月"，可望巍峨的九龙山。如从寄畅园延伸而去，直接云天，一望无垠，气魄雄伟，充分体现了借景之妙。园林行话说"山贵有脉，水贵有源，脉源贯通，全园生动"，寄畅园全园对山水景的处理有独到之处。寄畅园则林泉幽壑、野趣横生，存自然而去雕饰，于有意无意间流露出惠山特有的古朴清幽，清旷疏朗。

（六）江南园林的代表——拙政园

苏州的园林大多大隐于市，多为退隐文化的产物。焦窗听雨，风叩门环，案头走笔，梅涧鹤隐的背后，往往是诸多人生的不如意，拙政园也不例外。

明正德四年（1509），御史王献臣因仕途失意回归故里，以大弘寺旧址兴建拙政园。他邀请当时的江南四大才子之一、吴门画派的代表人物文徵明参与布局设计，前后历时共16年，最终建成了这个池广林茂、自然疏朗的江南园林。拙政园的命名是引用了西晋潘岳的《闲居赋》："灌园鬻蔬，以供朝夕之膳……此亦拙者之为政也。"园子主人王献臣借用潘岳的典故，说浇浇园子，卖卖蔬菜，这就是我们这些笨拙的人对待政治的方式。

最初的拙政园是宋元高古的造园风格，尽管经历了多次改造，但高古散淡的气息仍能够被依稀辨识到，这也是拙政园最宝贵的亮点。拙政园的布局疏密自然，全园以水为中心，池水面积约占总面积的三分之一，根据文徵明的《拙政园记》可以得知，这是利用原来地形而设计的，与明末计成《园冶》中所说的因地制宜方法相符合。拙政园的园林建筑，早期多为单体；晚清之后，厅堂亭榭、游廊画舫等逐渐增多，形成变幻曲折的庭院空间，建筑景致独具特色。大小不等的院落空间藏露掩映，使山水景观显得更为疏朗开阔。园中主要建筑物绝大多数都临水而建、高低错落。山水萦绕、厅榭精美、花木繁茂，尽显江南水乡之美。花园分为东、中、西三部分。东花园开阔雅致，以平冈远山、松林草坪为主；西花园建筑精美，楼台倒映，别具风味。中部是拙政园的主景区，为精华所在。亭台楼榭点缀在湖岸池边，古朴典雅、主次分明，至今仍保持着明代园林浑厚质朴、自然天真的艺术风格。远香堂为该园主建筑，单檐歇山面阔三间的四面厅，从厅内通过窗棂四望，南为小池假山，广玉兰数株，扶疏接叶，云墙下古榆依石，幽竹傍岩，山旁修廊曲折引领游人自院外入内。见山楼则运用爬山廊暗示山意，廊子的屋檐和见山楼的屋檐连在一起。花园中部在乾隆时期就改造成了与今天相对接近的样貌，整个区块仍保留了高古的气息。花园西部在晚清时被苏州张履谦买下，称张氏"补园"，经营成了带有晚清范儿的园林，水面比较低下，建筑都高挑在水面上。而花园东部在明末时独立出去，空间特别开朗，建筑相对孤立。

拙政园三部分风格各异，所以园林学家陈从周先生说，这三个部分就是"分之则利、合之则伤"。要将它们各自独立看待。

拙政园特点主要有三点：第一，它为现代人展现了带有高古气息的园林样貌和残存着宋元风的建筑风格。第二，中部提供了一个江南古典园林的典则时代，也就是明末清初时代主要厅堂隔水面山之外的种种变化。第三，从建筑到桥梁，拙政园的建筑都遵循着非常飘逸的逻辑，透露出低调、含蓄的美。

园内景致亭台楼阁，回廊起伏，小桥流水，古木参天，使得拙政园与北京颐和园齐名，被誉为"中国园林之母"。

五、生态环境美

生态环境是生物和影响生物生存与发展的一切外界条件，包括非生物（光、温度、水分、大气、土壤和无机盐类等）和生物（植物、动物、微生物等）许多生态因素，生态环境美就是一种人与自然和谐统一的美。当我们以善待自然的心情与自然相处的时候，我们会感受到自然给予的丰厚回报，而如果人与自然的关系失衡，人类就会付出沉重的代价。

（一）生态环境美的特点

1. 生机活力美

活力欲求是人的内在需要，人对充满活力的自然的欣赏，是人内心对生命活力的憧憬。生态对象勃勃的生机、生生不息、循环无穷，总能给人以积极向上、无限希望之感和无限崇拜之情。

2. 整体交融美

生态中的各个对象构成了生态链、食物链，其间某一物质或物种的缺失都会影响到整个生态的平衡。据科学家考证，地球上如果有两种植物绝种，就必会造成八种左右的动物无法继续生存并终归灭绝。完美无缺、美妙无比，其结构之完美，功能之完善，运转之高效，都令人叹为观止。

3. 平衡和谐美

生态得以延续的内在原因就在于其保持了持续的平衡，生态平衡产生了"生机"，生机盎然的环境产生了"美感"。没有生态平衡，生态系统就会崩溃，生态之美也就无从谈起。只有保持生态环境平衡才能使自然界呈现出自然、和谐、美好的状态，例如，阳光雨露充足、空气清新、水源洁净、森林绿地覆盖率高、没有各种污染、各种动植物呈现出自然的生长状态等。但是近代工业革命以来，随着人类技术的进步，改造自然能力的增强，物质欲求的膨胀，给自然带来了巨大的损伤，破坏了自然的生态平衡，损害了自然的内部和谐以及人与自然的和谐，使人类的生存出现了前所未有的危机，如物种灭绝、山崩地裂、冰川融化、狂风暴雨、水旱灾害等。严酷的生活现实已证明，生态美的衰退带来的是生命处境的恶化，生态美的消逝带来的将是生命的终结。

4. 多样创造美

旺盛、充盈的生态生机和活力是生态美的重要体现，而这种生机和活力正是通过生态的多样性显现出来的。当人们面对自然，看到纷繁多样、绚丽多彩的生命世界，难道不感到它无限的生机之美吗？正是生态中多样丰富的对象，构成了这个神秘莫测、奥妙无穷、美不胜收的世界。

5. 持续永恒美

生态之美不是瞬时的单一过程之美，而是永恒的美。没有生命的延续，就不会有生态的持续发展，也就不会有生态美。生态永恒性的直接表现就是生生不息，繁衍无尽。

动物衍生，一代又一代，植物荣枯，一茬又一茬。我们对生态美的欣赏，就是要抓住生态的这一永恒与可持续性，去体验生命循环往复、生生不息的无尽活力。

（二）生态环境美的维护与创造

长期以来，人类的思想和行动只思考自己的生存而忘记或忽视自然界也需要像人一样地生存，人类的全部努力是从自然界索取得更多，甚至以损害自然界的生存为代价去实现人类更好地生存。这种"人类中心主义"的价值观使得人类在获得生存伟大胜利的同时也付出了惨重的代价。从生态学的角度讲，当环境负载超过了生态系统所能承受的极限，就可能导致生态系统的弱化或衰竭。在地球上一切超越生态平衡极限的行为，都将给实施者及所有共存者埋下深重的隐患，甚至逐步将自己推向毁灭的边缘。

曾经是植被茂密、气候宜人、人民富庶的世界四大文明古国之一的古巴比伦王国，由于忽视对生态环境的保护，以至于早在2000多年前就已被漫漫黄沙所淹没。此外，美洲玛雅文明的陨落、中国楼兰古城的消失等无不与人类对其生态环境的破坏密切相关。现在，生态环境的破坏已经波及地球的每一个角落。

吴地人也针对自然环境生态平衡做出努力，2005年8月15日，在浙江余村，时任浙江省委书记的习近平同志提出重要论断——绿水青山就是金山银山。绿水青山就是金山银山的理解是从根本上更新了关于自然资源的传统认识，打破了发展与保护对立的束缚，树立了保护自然环境就是保护人类、建立生态文明就是造福人类的新理念。"绿水青山就是金山银山"主要有两层含义：一是绿水青山作为金山银山的基础可以为创造金山银山提供条件；二是利用绿水青山可以直接创造出金山银山，特别是通过发展生态产业，将生态优势直接变成经济优势，让绿水青山不断"产出"金山银山。其一，"宁要绿水青山，不要金山银山"体现了二者之间的彼此对应关系。其二，"既要绿水青山，也要金山银山"体现了二者之间的互融互补关系。其三，"绿水青山就是金山银山"体现了二者之间的内在统一关系。[①]

简言之，"绿水青山"与"金山银山"所喻指和体现的是发展经济与保护生态的辩证关系。这里的"绿水青山"指的是良好的生态环境与自然资源，"金山银山"指的是经济发展成果与物质财富。一般说来，人们的愿望是既要绿水青山，又要金山银山。换句话说，就是既要通过发展经济获得丰厚的物质财富，同时又要最大限度地保护好生态环境。

生态环境没有替代品，用之不觉，失之难存。必须高度重视和保护生态环境，始终把绿水青山当作宝贵资源，以良好的生态环境吸引人气、聚集财气，努力把生态效益更好地转化为经济效益和社会效益。规划先行，是既要金山银山，又要绿水青山的前提，也是让绿水青山变成金山银山的顶层设计。各地特别重视区域规划问题，强化主体功能定位，优化国土空间开发格局，把它作为实践"绿水青山就是金山银山"的战略谋划与前提条件。从 2005 年到 2015 年，科学论断提出10 年来，护美绿水青山、做大金山银山，不断丰富发展经济和保护生态之间的辩证关系，在实践中将"绿水青山就是金山银山"化为生动的现实。经过 10 年的探索和实践，"绿水青山就是金山银山"之于吴地，已然从盆景变风景、化苗圃为森林，呈现出神形兼备、丰盈充实的全域化格局。"不谋万世者，不足谋一时；不谋全局者，不足谋一域。"人与自然的和谐相处，需要文明素质的提高，以及长远看对地方经济社会发展的带动。

第二节　吴文化里的艺术美

吴地文化生活诗意唯美，这种诗意体现在吴地人的饮食起居，形成了独特的江南审美生活，也可以说是中国历史上最精致的古典生活方式。除了饮食起居外，日常游乐也展示出吴地人敏感细腻的心灵，对生活的品质追求的孜孜不倦和对细节的精益求精。从容优雅的生活，闲适冲淡的精神，对美的追求，成就吴地艺术审美的文化之源。

---

① 韩振峰.把握好"绿水青山"与"金山银山"的辩证关系 [N].光明日报.2020.6.

一、吴音

在戏曲乐舞方面表现突出的有号称"百戏之祖"的昆曲，不仅是江南诗意生活的代表，更是中国雅文化的标识。

（一）昆曲

世界上很多伟大的民族都有一种高雅精致的表演艺术，深刻地表现出那个民族的精神与心声。希腊人有悲剧，意大利人有歌剧，俄国人有芭蕾，英国人有莎士比亚戏剧。这些雅乐往往是他们民族的骄傲与自信的源泉。我们中国人的雅乐是昆曲。600 年的昆曲历史拥有穿越时间的力量，沉淀着我们民族审美文化。

昆曲被誉为"百戏之祖"，它根植于吴文化的滋养，是吴文化孕育而出的艺术瑰宝。历史上，它是侯门将府的常客，也是文人雅士的时尚。如今历经 600 年流转，它的艺术魅力和影响力仍然深巨。2001 年，昆曲荣获联合国教科文组织颁布的第一届"人类口头遗产和非物质文化遗产代表"的第一名。

1. 昆曲的诞生

昆曲诞生于昆山市千灯镇。元末明初，顾坚是昆山腔的创始人。他精于南辞，善作古赋。元末，他在千墩山上习南辞，深感有对民间曲艺整改加工的必要，形成昆山腔。昆山腔就是昆曲的前身。明代的太仓南码头是当时最为繁忙的内陆码头之一，戏曲音乐家魏良辅经常在南码头一带收集来自天南地北的曲调。他发现流传于此的昆山腔太俗而不符合当时士大夫和贵族文人的审美标准。于是在原来昆山腔的基础上，汇集南北曲的优点，用了 10 年的时间最终研磨出一种与众不同的新腔，时称"水磨调"。昆山腔最初的样式都是用吴方言来演唱的，见多识广的魏良辅知道尽管吴语有着很多的发音优点，但如果坚持用吴语来演唱，势必影响昆山腔在全国的流行。魏良辅大胆放弃了仅仅依赖吴语演唱昆山腔的传统，而是改用更为广泛的中州韵来演唱。中州韵以北方语音为基础，也就是当时的官话，按今天的话讲是接近普通话。新的昆山腔很快就得到了上流社会的认可，昆曲水磨调也是当时最流行的歌曲。一时间，魏良辅和他的弟子们大受追捧，人们尊称这些民间音乐家、演唱家为曲师，而魏良辅作为曲圣的地位也逐渐为世人所公认。

在昆曲的广泛流传中，毗邻苏州的无锡也成为昆曲流播最早的区域之一。众多清曲家纷纷涌现，形成讲究音韵的无锡唱口。明清时期，无锡籍的官员退市还乡，常常修筑园林，在园内培训昆曲家班，用来娱亲，会友，并借以展示个人才华。

无锡的愚公谷、寄畅园、西林等属于这类园林，至今留存着不少昆曲遗迹，古代文学作品和地方文献资料中，也有许多关于无锡昆曲的文字记载。"船过梁溪莫唱曲"，这是当时在江南一带流传的一句谚语，说明无锡的曲唱水平得到广泛的认可。中国昆剧大辞典里，对无锡唱口有专门论述。"无锡唱口，清曲流派之一。自魏良辅立昆之宗，无锡宗魏而艳新声。孔尚任的《桃花扇》里，更宣扬'昆山弦索无锡口'。"足见其影响的深远。无锡唱口严格遵循魏良辅等提出的审美标准，被古人誉为梁溪风范，常作为评价昆曲演唱是否规范典雅的标准。从明末清初到民国300年的时间里，无锡唱口在无锡曲局，即后来的天韵社内部得到了累代传承。无锡唱口古朴清雅，不慕浮华，不事绮丽。在无锡曲局和天韵社这样严格封闭的习曲环境里，像活化石一般被保存下来，因其古意尚存，实为稀有之音而弥足珍贵。无锡天韵社也成为历史最悠久的曲社之一。

新昆山腔以流丽悠远、典雅脱俗的艺术风貌，使其在南方诸腔并起的激烈竞争中脱颖而出。然而当昆曲新曲定型时，却没有一个完整的故事和创作，这时有一位叫梁辰鱼的文人把西施与范蠡的故事写成了《浣纱记》。他对昆腔的改革非常熟悉，他用昆腔唱清曲这样的音乐格局，用这样的句式写了一个完整的剧本。《浣纱记》成了昆曲真正意义上的第一部剧作。

明朝万历年间，江南地区经济繁盛，物质文化的高度发达，平民生活的消费方向就会转向精神生活，昆曲就成了首选。消费市场的需求也呼唤昆曲创作与演出的变革、创新与突破。这时出现了以沈璟为代表的吴江派。沈璟，吴江人，官场遇挫后辞职回乡，潜心研究词曲。提出戏曲创作要重视音律。在他们共同努力下，明代在传奇中那种面向文化高端人士甚至仅供阅读的案头之曲的创作倾向被修正或扭转。因为走向场上，走向民间，市民参与，市场需求兴盛又促进了创作，从而形成了明中叶后戏曲创作、演出大繁荣的局面。

推动昆曲第二次大发展的是清朝李玉。李玉，吴县人，出身寒门，毕生致力于戏曲创作和研究。李玉的早期作品，以描写人情世态为主要内容，最负盛名的是"一笠庵四种曲"，也就是《一捧雪》《人兽关》《永团圆》《占花魁》。李玉在竭力捕捉市民生活题材的同时，又注重维护贵族精神和理想气质，让庸俗的生活充满着高贵特性，戏剧内涵深入浅出，剧情雅俗共赏，是他创作的重要特色。在他的影响下，苏州涌现出一批剧作家，后人将他们称为苏州派。昆曲走过的是一个提高艺术水平的雅化到普及推广的俗化再到雅俗交融共赏的发展之路。正是苏州派的积极创作促成了昆曲在清代初期的又一次崛起，也直接启发了孔尚任对《桃花扇》的创作。

清末民初，由于社会变革，昆曲衰落了，一批有识之士又担当起了昆曲传承的社会责任。昆剧传习所中的"传字辈"为昆曲的传承起到了决定性的作用。1956 年昆曲《十五贯》进京演出之后，北京、江苏、湖南、上海的昆曲演出团体也纷纷成立。对所有中国人而言，昆曲是中国文明的根和血脉，它清晰地传递着我们民族的艺术精神和审美情趣。

2. 《牡丹亭》片段赏析

说到中国戏曲一定会说到《牡丹亭》，它的地位相当于小说中的《红楼梦》，史学著作中的《史记》。《牡丹亭》的作者是明代著名剧作家汤显祖，他被誉为"东方的莎士比亚"。《牡丹亭》是他一生中最得意的作品，他说"一生四梦，得意处惟在《牡丹》"，就是他一生写了四部跟梦有关的戏剧作品，但是他最满意的、最得意的就是《牡丹亭》。

据说《牡丹亭》刚一问世，就家传互诵，几令西厢减价，赢得当时及后世许多青年男女的共鸣。《牡丹亭》题词中写道："情不知所起，一往而深。生者可以死，死可以生。生而不可与死，死而不可复生者，皆非情之至也。""至情"可以让人由死到生，由生到死，在生死间反复轮回。杜丽娘因情生梦，因梦而死，死而复生，对爱情由生到死的追求正是对这种"至情"理想的肯定和体现，在杜丽娘的身上寄托和体现着汤显祖的"至情观"。难怪汤显祖会说"得意处惟在《牡丹》"。昆曲《牡丹亭》是极具艺术魅力的经典作品，因其独特的梦境描写，典雅清丽的曲辞，深刻的思想意蕴和卓越的艺术成就，自创作 400 余年来在戏曲舞台上经久不衰。

《牡丹亭》具有天然本色、雅俗共赏的语言魅力。《游园》的第一支曲子【绕池游】"梦回莺啭，乱煞年光遍"，在莺声中，不但梦醒来，青春之意也觉醒。春光缭乱，心绪也缭乱。"人立小庭深院。"在对春天的向往中，丽娘只能独自在小院中孤独地待着，过着"炷尽沉烟，抛残绣线"，无聊的闺阁生活。"恁今春关情似去年？"为什么今年对于春天的关切比去年更甚呢！这个曲子揭开了游园的序幕，为整个游园奠定感情的基调。紧接着是【步步娇】"袅晴丝吹来闲庭院，摇漾春如线"，幽静的庭院吹来丝絮，摇漾得像细细的若有若无的线一样，引起了杜丽娘的万缕情丝。接下来写一个少女娇羞地梳妆："停半晌、整花钿。"本来是人照镜子，但杜丽娘说是"没揣菱花，偷人半面"，镜子偷照了她的娇容，而且"迤逗的彩云偏"，把她的头发都弄偏了，用拟人的手法生动地描写杜丽娘的神态和微妙心理。"步香闺怎便把全身现！"细腻地表现出一个长期处于深闺的少女矛盾的心情。梳妆好之后，接着就是【醉扶归】"可知我常一生儿爱好是天然"，可以说是这支曲子的曲眼，强调杜丽娘天生爱美，这是她的天性，但纵使有沉鱼落雁、闭月羞花之美貌，还是"恰三春好处无人见"，就像这春光一样无人欣赏。在曲子中我们看到了杜丽娘顾影自怜，珍惜青春又无人欣赏的感伤和孤单。【皂罗袍】是游园后的第一支曲子，著名的唱段。"原来姹紫嫣红开遍，似这般都付与断井颓垣。良辰美景奈何天，赏心乐事谁家院！朝飞暮卷，云霞翠轩；雨丝风片，烟波画船——锦屏人忒看得这韶光贱！"这支曲子中，首先写的是丽娘入园后的惊"原来姹紫嫣红开遍"；但紧接着她就叹"似这般都付与断井颓垣"，虽然春光很美，但是很冷落，进而她又怨"锦屏人忒看得这韶光贱"。曲子表现了杜丽娘的伤春之感，将杜丽娘由园中景色感叹春光易逝，青春已逝的复杂心理，完美地表现出来，具有极强的感染力。难怪林黛玉听到词曲先是点头自叹，心动神摇，最后心痛神痴，心中落泪，产生强烈的共鸣。

3.《桃花扇》片段赏析

孔尚任的《桃花扇》一问世就轰动文坛，与洪昇创作的《长生殿》被誉为明清传奇剧本的双璧，也是中国昆曲鼎盛期最后的两座高峰。孔尚任，清初诗人、戏曲作家。《桃花扇》是一部接近历史真实的历史剧，写的是明末归德书生侯方域来南京应考江南乡试，结识了秦淮名妓李香君，两人身处明末乱世悲欢离合的爱情故事。孔尚任借离合之情，以侯方域、李香君两人的爱情故事，让人们了解"明代 300 年的基业毁于何人，败于何时，消于何年，歇于何地？"《桃花扇》描写的是南明王朝兴亡的一部历史悲剧。以艺术的曲笔探寻悲剧的成因，以醒后人。如剧中一曲《哀江南》倾诉着深沉痛切的家国情怀，达到了"借离合之情，写兴亡之感"的创作目的，赢得了最广泛社会人群的青睐。剧作的叙说，人物的语言既是个性化的，又是生活化的。曲辞诗化，按腔合律，虽有不少用典，但浅显易懂。因此，300 年来古今观众对之钟情不减，百听不厌。

（二）评弹

苏州评弹是苏州评话和苏州弹词的总称。评话，俗称大书，只说不唱。弹词，俗称小书，有说有唱。作为地方曲艺，评弹说唱都以苏州方言为主。其浓郁的吴文化特色和细腻婉转的艺术特点，"说、嗓、弹、唱、演"的精湛技艺和"理、味、趣、细、奇"的审美追求，在全国曲艺界独树一帜，在海内外具有广泛的影响，被誉为"中国最美的声音"。2006 年苏州评弹被国务院批准列入第二批国家级非物质文化遗产名录。

如果要追溯评弹的起源，最早是宋元时期的民间讲唱。到了清代，流传了几百年的在苏州一带的民间说书，与吴方言绝妙地结合起来，充分吸收了吴文化的滋养，体现了典型的江南美学的特征。清代苏州著名弹词家王周士在乾隆皇帝游历江南时，曾在御前弹唱，被封为七品书王，后老病还乡，在苏州创立了光裕社。自建立这个组织后，评弹界就人才辈出，之后名家流派纷呈，使苏州评弹艺术历经 200 余年至今不衰。

评弹历史悠久，流派纷呈，其唱腔为吴侬软语，如细细溪流，温润柔和，又似丝绸般柔软又富有弹性。评弹二字，包括了评话和弹词两门艺术。后人之所以把它合称为评弹，是因为它们流行在同一地区，同样是使用苏州话表演，早已组织在同一行会中，供奉共同的祖师，有共同的演出地点和职业道德。据《吴县志》记载，明清两朝盛行弹词评话，二者截然不同，而总名皆曰说书。所以自古就习惯叫评弹演员说书先生。

评话的演出内容和表演风格比较粗犷豪放，所以又称大书。它有说无唱，通常为一人表演，注重说表和口技，并借助醒木、折扇、手帕等道具来制造气氛，展示角色的神形。对评话演员来说，说书桌一席之地，只要他一开口，千军万马，刀光剑影，万千风流便能信手拈来。千万不要小看这把折扇，到了评弹艺人的手里，可以成为武松手中的梢棍，赵云的枪，唐伯虎的画笔，船公的桨。随身的一块手帕也可模拟成为一封书信，甚至一纸军令状。这与传统戏曲中一鞭代马，一橹代舟，真可谓异曲同工。评话的演出书目主要有《三国》《隋唐》《英烈》《包公》等。

弹词的题材比评话要小，表演风格比评话纤细柔和，所以弹词又称小书。弹词不同于评话的是，它除了说，还有唱，所以它必须用到乐器伴奏。通常有几种表演形式。一人称为单档，二人称为双档，偶尔有三人演出，叫三股档。著名的书目有《玉蜻蜓》《白蛇传》《珍珠塔》《三笑》等。在弹词的表演中，居主导的演员叫上手。他要担负抖包袱、掌握情节进度的任务，他通常用一把三弦作为乐器。起到烘托作用的演员叫下手，他一般使用琵琶。假如是三股档演出有时加一把秦琴或二胡和阮。

无论评话及弹词，都不用舞台布景。演员也无须重彩浓妆。男演员穿长衫，女演员穿旗袍，其表演形式主要是通过语言和演唱，把书中的故事情节娓娓道来，生动有趣。刻画人物惟妙惟肖，致使听众时而欢，时而喜，时而忧，时而愁，仿佛身临其中。

虽然舞台布景相当简单，但是一些必备的道具还是不能缺少的。一场评弹演出，需要一个不小于六平方米的书台，上面要有半桌、高脚椅子和搁脚。

评弹重听不重看，说书先生们熟悉市民生活、习俗、心理和语言，人们可以一边做自己的事情，一边让一个个古老传说在自己耳边滑过。虽然评弹听客不一定都是文化人，但他们生存在吴地，受到吴文化的熏陶，受到种种艺术感染，他们欣赏丝丝入扣的细致，于是不紧不慢地讲一段古老冗长的传说或演义，把每一个细节都雕琢得悠然动听，活灵活现，将心里百结的喜悦愁肠，化作绕梁的音乐。说书人娓娓而谈，唱者音色平和，琵琶三弦轻拢慢捻，听者只觉娴静舒展，这雅致的评弹就这样不知不觉地融进这些平淡清澈的时光里。

（三）吴歌

20 世纪 60 年代，张家港民俗学家虞永良回乡路上，看到二三十个农民分列两旁，把一只水泥船从一条河拖到另一条河。他们在拖船时合力唱着："杭唷，斫竹，嗬哟嗨！杭唷，削竹，嗬哟嗨！杭唷，弹石，飞土，嗬哟嗨！杭唷，逐肉，嗬哟嗨！"几十人齐声唱着，排山倒海，他十分感动。这首歌就是《斫竹歌》。《斫竹歌》与相传黄帝时期的《弹歌》非常相似。它表现的是原始风貌，呈现出吴地歌谣的一种文化特质。

吴歌，就是吴地歌谣的总称，它发源于江苏东南部，苏州地区是吴歌产生发展的中心地区。吴歌用吴语、吴音演唱，是吴语方言地区下层人民的口头文学创作，主要依靠在民间的口口相传，代代相袭，是带有浓厚民族和地方特色的韵文。

吴歌的发展有着极其悠久的历史。《楚辞·招魂》有这样的文字："吴歈蔡讴，奏大吕些"，说的是吴地和蔡地的人民以大吕的乐律来歌唱民歌的事迹。这是最早的关于吴歌的文字记载。魏晋南北朝时郭茂倩编《乐府诗集》时，将收集到的吴歌编入了《清商曲辞》的《吴声歌曲》中，五言句式，多数是情歌，以《子夜歌》最具当时民歌的特点。到了明代，冯梦龙采录宋元到明中叶流传在民间的大量吴歌，用吴方言记录，辑录成《山歌》《挂枝儿》，以情歌为多，句式上发展为七言。清代是长篇叙事吴歌的成熟繁荣时期，经书商刊刻、文人传抄和民间艺人的口传，保存了大量长篇叙事吴歌。五四运动前后，北京大学发起了歌谣运动，编辑出版了《歌谣》周刊，《吴歌甲集》《吴歌乙集》《吴歌小史》。20 世纪 80 年代以来，吴歌得到了大量收集、整理、研究，特别是长篇叙事吴歌的发现、挖掘，和"民间文学三套集成"歌谣卷的编纂出版，使大量的吴歌得到了抢救性的收集和保存。

2006 年，吴歌经国务院批准列入第一批国家级非物质文化遗产名录。

吴歌以四句一节的短山歌加以变化演唱，演唱者以叙述故事内容为主，用一种基本调子根据歌词句式的长短进行变化，但四句的落音不变。从演唱者本身来说，一种基本曲调反复变化演唱便于记忆与流传，同时也符合听众的审美习惯。

吴歌的音乐形式一般分为两大类。一类为"短歌"，其中既包括俗称"四句头山歌"的短小山歌，如"莳秧歌""耥稻歌""牵砻歌""摇船歌""锄草歌""放牧歌"等；也包括在休息、喜庆、娱乐等场合演唱的"时调小曲"，以及一部分直接伴随着劳动歌唱的号子。另一类为"长篇叙事吴歌"。此类吴歌的音乐采用短歌加以变化进行演唱，一般由一人领唱，众人轮流接唱，称之为"响山歌"或"落秧歌"，又叫作"喊山歌"。

主要有芦墟山歌，发源苏州市吴江区汾湖镇芦墟街道。据方志、典籍等史料相互印证，芦墟山歌始于明，盛于清。芦墟山歌题材广泛、内容庞杂，它包含劳动歌、仪式歌、生活歌、历史传说歌、儿歌、杂歌、新民歌等，其中以情歌居多。1982 年，收集整理的长篇叙事山歌《五姑娘》，填补了汉族地区无长歌的空白，引起了国内外学者的轰动。2004 年出版《中国·芦墟山歌集》。

白茆山歌孕育于苏州常熟的东南部，被誉为"吴地一绝"。白茆山歌是苏州吴歌的杰出代表。尽管演唱白茆山歌时依托的常熟方言相比较其他吴语方言稍显刚硬，却展现了自然、率真、清新、流畅的风格，形成了极具张力和震撼力，在吴歌体系中独一无二的"三吆三环"曲调。

河阳山歌以张家港的凤凰镇为传唱中心，包括港口、恬庄、西张及周边地区。

与芦墟山歌、白茆山歌相比，河阳山歌因河网密布、环境封闭较晚为世人所知，但从古至今当地人都喜爱和保留传承传统山歌，形成了非常丰富的文学和词曲积累，河阳山歌被誉为中国山歌的活化石，山歌中兼有劳动、习俗、宗教、生态等因素的古老非遗传承等内容，也是保存最好的吴语、吴音传承载体。

除了以上蜚声中外的三大山歌，苏州还拥有着吴歌的许多支脉，如具有江南水乡特色、与沿海渔歌风格迥异的阳澄湖渔歌；如为昆曲实现"水磨腔"改革提供音乐素材的太仓双凤山歌；再如胜浦山歌、白洋湾山歌、石湾山歌、昆北山歌等。

口语化的演唱是吴歌艺术表现的基本方式，吴人称之为"唱山歌"。吴歌是徒歌，在没有任何乐器伴奏的情况下吟唱。刘半农说：吴歌的意趣不外乎"语言、风土、艺术三项"，而"这三件事，干脆说来，就是民族的灵魂"。吴歌语言丰富，演唱时全部采用吴语吴音，吴方言的语音调值、衬词衬句等，都给吴歌增添了浓烈的地方色彩，有着强烈的艺术感染力。另外，吴歌擅长运用赋、比、兴等手法，进行渲染、铺陈，用词造句十分朴素。吴歌句式灵活多变，字数不受限制，除有短句外，为了强化感情色彩，也较多地使用长句。吴歌的曲调柔和流畅，委婉起伏，高亢舒缓，犹如行云流水，优美动听。

（四）锡剧

锡剧作为江苏的主要剧种之一，是吴文化的重要代表。中华人民共和国成立前叫常锡文戏，中华人民共和国成立后改称常锡剧，后统称为锡剧。它起源于无锡羊尖严家桥，流行于苏南和上海以及浙江的杭嘉湖地区。锡剧的唱腔富有江南特色，柔和抒情，悦耳动听，被誉为"太湖一枝梅"。锡剧有 100 多年的历史，它是在太平天国前后由无锡滩簧和常州滩簧合并发展而逐步形成的，无锡、常州的农村流行着一种叫"东乡调"的民间说唱，无锡滩簧和常州滩簧就是从东乡调演变出来的，所以锡剧又称为无锡东乡调。

演出剧目以反映农村日常生活中的故事为主，反抗封建婚姻和旧礼教的居多，也有一部分是对地主阶级进行嘲讽的，表现朴实、真挚，生活气息浓厚，语言生动风趣。锡剧是一个长于抒情具有江南水乡情趣和特色的戏曲剧种。锡剧音乐是属于曲牌板腔综合体，有男、女分腔的显著特点。唱腔曲调基本上是上下句的板式变化体结构，常在上下句之间插入一段或长或短的清板，主要曲调为簧调，曲调柔和、流畅、轻快，具有江南丝竹的特色。20 世纪 30 年代，又吸收了小调，使唱腔更加丰富多彩。

中华人民共和国成立后，对锡剧的整体性风格进行了加工，创造了大量的新腔。锡剧的乐队原来只有一把二胡，后来增加了琵琶、三弦、扬琴、笛箫和小提琴、大提琴等伴奏乐器。锡剧曲调犹如小桥流水，抒情典雅，富有江南水乡泥土芬芳的风味儿。锡剧语言多采用民间俚语俗句，平实易懂，生动有趣，有吴文化的底蕴。锡剧的表演朴实细腻，含蓄隽永，长于宣泄人物内心的激情。

王彬彬的锡剧男腔和梅兰珍的锡剧女腔是锡剧生行和旦行中影响力最大的一支流派。他们在锡剧不同时期不断把锡剧唱腔艺术推上一个又一个较高审美层次，对发展锡剧是有独特贡献的。由王彬彬、梅兰珍灌录的《珍珠塔·赠塔》在1989年获中国首届"金唱片奖"，为奠定华东三大剧种之一的地位做出了杰出的贡献。

早前的剧场缺乏扩音设备，也没有幻灯字幕，而王彬彬的演唱，能使坐在剧场最后一排的观众都能听得到、听得清，喧闹的老式剧场里，王彬彬一亮嗓子，观众顿时寂然无声，这就是彬彬腔的独特魅力。"彬彬腔"在半个多世纪中，那高昂豪迈、刚中带柔、朗朗上口、字字清晰、俊逸飘洒、独树一帜的风格，影响了锡剧界一代又一代的艺人，形成了"无生不唱彬彬腔"的局面。

梅兰珍自幼随父母学艺，工花旦。她基本功扎实，戏路宽广，扮演花旦、青衣、老旦、彩旦、老生、花脸等都能应付自如。梅兰珍以其深厚的艺术造诣发展了锡剧艺术，开锡剧"梅派"唱腔一代风华。在70多年的艺术实践中，她潜心探索，纵向传承，横向借鉴，大胆创新，与甜糯圆润、韵味醇厚、刚柔相济的嗓音融会贯通，创造了委婉细腻、华丽多姿、曲折多变的锡剧"梅派"艺术，被誉为锡剧的"花腔女高音"。

中华人民共和国成立后整理演出的传统剧目有《珍珠塔》《双珠凤》《玉蜻蜓》《孟丽君》《双推磨》《庵堂相会》《拔兰花》《秋香送茶》《摘石榴》等，创作和改编的近现代题材剧目有《红花曲》《太湖儿女》《海岛女民兵》《红色的种子》《鉴湖女侠》等，新编剧目有《二泉映月》《江南雨》等。众多的优秀剧目，丰富多彩，脍炙人口，深受广大观众的喜爱。

此外，吴地的书画、绣艺、紫砂、木作等精湛手工艺，也集中体现了吴文化的精细雅致的特点，和吴地的文化传统有着密切的关系。

二、吴画

（一）吴门画派

在吴门派崛起之前的明代初期，江南苏州、无锡地区已经有一批画家，如杜琼、刘珏、陈汝言、徐贲、陈遇等人，他们大都擅长诗文，有较高的文学修养。绘画上主要继承元代黄公望、王蒙传统，创作以笔情墨趣为主的文人画。他们的艺术给吴门派的开宗人沈周以直接或间接影响，故可称为这一画派的前驱。吴派中后期，由于经济空前繁荣，赏画成为人们生活的一部分，画家的地位进一步提高，带有浓厚生活气息的作品出现在画坛，形成新的面貌。代表人物有文嘉、仇珠、周之冕、陈淳、张宏等名家，风格迥异，精彩纷呈，为吴门画派注入了新的活力。

宣德年间，苏州诞生了吴门派开宗大师沈周，继起者有文徵明、唐寅、仇英、张宏，他们在艺术上较全面地继承了宋元以来的优秀传统，并形成各自的独特风格，开创一代新风，取代院体和浙派而占据画坛主位，历时150多年。画史将沈、文、唐、仇并称为吴门四家或明四家，为吴门派的代表画家。这4位画家虽同时崛起于苏州，但风格迥异，各有师承。沈周因家学渊源，并受杜琼等前辈熏陶，主要承元代文人画衣钵，以简练浑厚、苍劲雄健的粗笔画见长。文徵明从学沈周，并吸取赵孟頫、王蒙画法，以缜密工致、文静清秀古雅的细笔画著称。他们两人主要发展了元代文人画传统，注重笔墨表现，强调感情色彩和幽淡的意境，追求平淡自然、恬静平和的格调，其画风奠定了吴门派的基调。唐寅是位落魄文人，与文徵明同为沈周学生，但也从学于周臣；他的山水画主要师承李唐、刘松年，并适当融汇文人画技法，形成笔法挺健细秀，墨色淋漓融和，风格谨严清逸的艺术特色。仇英出身工匠，初学周臣，后悉心临摹历代名迹，尤着力于刘松年、赵伯驹，善作精细鲜丽的青绿山水和工笔人物。唐、仇两人均从南宋院体绘画入手，并远追北宋名家，重视主题、结构，讲究真景实感，造型准确，笔墨谨严，风格柔韵雅秀，其艺术行利兼备，雅俗共赏。

（二）太湖画派

古有被称为千年画圣的东晋画家顾恺之，元四家之一的隐士画家倪云林，近现代更是有融合中西、带来国际声誉的大师徐悲鸿、吴冠中。顾恺之出身于贵族，是东晋最伟大的一位画家，也是最早的绘画理论家。被称为千年画圣的他尤其擅长对人物的造型、神态的描绘，生动形象、惟妙惟肖，达到了极高的水准。他提出的"以形写神"等艺术理念更是站在了中国画的源头上。《洛神赋图》是顾恺之的传世精品，中国十大传世名画之一。这幅画曲折细致而又层次分明地描绘了曹植与洛神真挚纯洁的爱情故事。画卷无论从内容、艺术结构、人物造型、环境描绘和笔墨表现的形式来看，都不愧为中国古典绘画中的瑰宝之一。

另一位出身于无锡的画坛大家倪瓒，号云林，是中国古代十大画家之一，与黄公望、吴镇、王蒙并称为"元代四大家"，被英国大不列颠百科全书列为世界文化名人。倪瓒擅长山水、枯木、竹石，作品大多取材于太湖一带景色。如同他清高孤傲的性格，他的作品可以用章法极简、意境深幽、笔墨不多、萧散超逸来概括。他在绘画理论上主张的"胸中逸气"成为"文人画"思想中影响深远的观点之一，同时也对后来引领吴地绘画艺术至巅峰的"吴门画派"起到了推动作用。

说起近现代画家，无人不知徐悲鸿。他擅长人物、走兽、花鸟，主张现实主义，强调国画改革融入西画技法，作画主张光线、造型，讲求对象的解剖结构、骨骼的准确把握，并强调作品的思想内涵，对当时中国画坛影响甚大，与张书旂、柳子谷三人被称为画坛的"金陵三杰"。所作国画彩墨浑成，尤以奔马享名于世。徐悲鸿被尊称为中国现代美术教育的奠基者，他主张发展"传统中国画"的改良，立足中国现代写实主义美术，提出了近代国画之颓废背景下的《中国画改良论》。徐悲鸿逝世后，其夫人廖静文女士遵照其遗愿将他的作品1200多件，他一生节衣缩食收藏的唐、宋、元、明、清及近代著名书画家的作品1200多件，图书、画册、碑帖等1万件，全部捐献给国家。

徐悲鸿一生爱画马，画过上千幅马。他笔下的马，风骨嶙嶙，气宇轩昂，寄予着我们的民族精神，而他本人更像匹奔驰不歇的骏马。徐悲鸿的一生不仅是他的作品征服了后人，他高迈的志向和兼容并蓄的精神更让人折服，激励着后世的子孙。

中国现代艺术的开拓者吴冠中也是无锡人，当代著名画家、油画家、美术教育家。他的一生，致力于中西绘画艺术相结合，被誉为学贯中西的艺术大师。吴冠中先生长期以来不懈地探索东西方绘画两种艺术语言的不同美学观念，实践着"油画民族化""中国画现代化"的创作理念，在油画中探索民族化、在水墨中寻求现代化，形成了鲜明的艺术特色。他的作品具有很高的文化品格，推动着中国现代化绘画观念的演变和发展。

在浩瀚的历史长河中，从无锡走出了不少绘画名家，在他们的身上都有着一个共同的特点，那就是对自我人格的修炼和对完美不懈不怠的追求，并以优秀的人格魅力影响了一大批吴地画家，使吴地绘画艺术成为中国绘画史上的一座里程碑。

三、非遗

（一）苏绣

苏绣，第一批国家级非物质文化遗产代表性项目，是以苏州为中心的江苏地区刺绣技艺总称，主要分布于苏、锡、常、镇、扬、通等地，其中，苏州地区最为集中。苏绣历史悠久，据刘向《说苑》记载，西汉时吴地已"有绣衣而裛者，有锦衣而狐裘者"。明代，苏绣形成了"精细雅洁"的艺术风格。至清代，苏州被称为"绣市"。在长期的传承发展中，苏绣形成了独特的技艺术语和一套完整的绣法技艺体系，主要分为平绣、乱针绣、虚实乱针绣、双面绣、双面三异绣和发绣 6 种，针法有九大类 40 多种。自明以来，苏绣大师辈出。

苏绣在 2000 多年的历史发展过程中经历了春秋、战国、秦汉、唐宋、明清等朝代，每个朝代的苏绣作品都带有强烈的时代烙印。刺绣最早多为实用，及至宋元及书画之制作，成为艺术珍赏之用。故宫所藏之刺绣，多属此类。苏绣经历多代的创新发展，各具特色，皆有高度的成就。由于苏绣发源于江南水乡，民间绣品一直具有浓郁的民间色彩与水乡生活气息，从一个侧面反映了吴地人民的文化生活和民间习俗。如虎丘塔内发现的北宋的绣花经袱，上绣金黄莲花，纹样齐整、古朴庄重，具有浓重的佛教色彩。通过这件绣品，我们能了解北宋时期佛教徒的思想信仰及其当时丝绸、刺绣艺术的发展水平。又如从清末沈寿的《世界救主耶稣像》和《女优倍克》等作品上，我们能看到在流派繁衍、名手竞秀的清代苏绣发展概况，以及西方文化艺术对中国传统文化的影响。因此，人们可以通过不同时代的苏绣作品去研究那个时代人们的生活习俗、社会风情、审美风格等，可见苏绣历史价值之大。

苏绣作为一项传统手工技艺，历来与中国的传统文化紧密结合，成为中国传统文化的一个重要组成部分。中国的传统书画在苏绣作品上得到了淋漓尽致的表现，传统的苏绣作品多会吸取绘画和书法作品中的艺术精华。从宋代起，山水、花鸟、佛像等画作就开始成为苏绣的绣稿；明代受"吴门画派"影响，苏绣形成了精细雅洁的独特艺术风格，四大名家的画作也成为刺绣艺人喜爱的题材；直到当代，国画仍然是苏绣的重要表现题材。近年来，苏绣完美地表达了吴冠中、袁运甫等当代国画名家的作品，受到这些画家的高度赞赏，当代中国的文化艺术在苏绣作品上也得到了充分的表现。由此可见，苏绣作品具有很高的文化价值。

苏绣作品，无论是日用品，还是艺术欣赏品都具有很高的艺术价值，特别是苏绣艺术欣赏品的价值更高。苏绣的艺术价值主要表现在苏绣技艺之精湛。苏绣艺人以针代笔、以线代色绣出作品，由于丝光的艺术效果，绣品上的书画图案显得更加鲜活生动。苏绣的色彩丰富，苏绣艺人通常用三四种不同的同类色线或邻近色相配，套绣出晕染自如的色彩效果，一幅精品使用的线色达几百种甚至上千种。使作品充分表现苏绣"精细雅洁"的艺术特征，无论是表现山水、花鸟、动物还是人物，精湛的苏绣技艺都能使之达到栩栩如生的境界。也正因为如此，苏绣才被世界各国人民誉为"东方的明珠"。

（二）云锦

南京云锦是中国传统的丝制工艺品，中国国家地理标志产品，有"寸锦寸金"之称，其历史可追溯至东晋建康（今南京）设立专门管理织锦的官署——锦署，已有1600多年历史。如今只有云锦还保持着传统的特色和独特的技艺，一直保留着传统的提花木机织造，这种靠人记忆编织的传统手工织造技艺仍无法用现代机器来替代。云锦因其色泽光丽灿烂，美如天上云霞而得名，其用料考究，织造精细、图案精美、锦纹绚丽、格调高雅，在继承历代织锦的优秀传统基础上发展而来，又融会了其他各种丝织工艺的宝贵经验，达到了丝织工艺的巅峰状态，被誉为"锦中之冠"，代表了中国丝织工艺的最高成就，浓缩了中国丝织技艺的精华，是中国丝绸文化的璀璨结晶。在古代丝织物中"锦"是代表最高技术水平的织物，而南京云锦则集历代织锦工艺之大成，列中国四大名锦之首，元、明、清三朝均为皇家御用品品，因其丰富的文化和内涵，被专家称作中国古代织锦工艺史上最后一座里程碑，公认为"东方瑰宝""中华一绝"，也是中华民族和全世界珍贵的历史文化遗产。南京云锦木机提花手工织造技艺作为中国古老的织锦技艺最高水平的代表，2006年列入首批国家级非物质文化遗产名录。2009年入选联合国《人类非物质文化遗产代表作名录》。

从云锦品种繁多，所表达的审美艺术观念的实质来看，它可以归纳为三种美的形式：宫廷王室之美，是追求昂贵奢侈性的雍容华贵之美；士大夫、宗主儒生之美，是显示抒情雅洁之美；民间喜庆礼仪之美，是实用与华丽结合的纯真民风之美。它汇集了以丝质（材料、组织）肌理美、色彩和谐美、纹样情愫美的装饰美化特征，以"质与纹""巧与艺""意与象"三者结合的内容与形式，达到科技与文艺两者完善统一的形态美感。因此，云锦妆花所特有的仪表装饰美，都能适应于人们对审美情愫性的高雅艺术价值的享用。这就是云锦作品真、善、美统一的艺术风格，它代表着民族服饰文化的时尚性和民俗性，亦是具有世界性的历史文化遗产之一的佐证。在中国传统戏剧的舞台上，凡有帝王将相、王妃公主出场，他们身上光彩夺目的服饰，总会让人们的眼睛为之一亮。它们有力地烘托了人物，渲染了剧情气氛。这些雍容华贵的戏剧服饰，是以明清帝王后妃和高官贵妇及千金们的服饰为蓝本，经过艺术加工制成的。而这些古代帝王们的服饰，其中多用云锦制成。所以在"南京云锦"上也就打上了深深的"阶级烙印"，帝王服饰体现了"王权神授"的观念，在服饰上大量使用传说中的神兽"龙"的形象，非帝王不准用，以示君临天下，唯我独尊。南京云锦的技艺精绝，文化艺术蕴义博大精深。色彩艳丽，晕色和谐，民族纹样，奇异变幻，自然天成，具有鲜明的中国吉祥文化的深厚底蕴。皇帝御用龙袍上的正座团龙、行龙、降龙形态，代表"天子""帝王"神化权力的象征性。与此相配的"日、月、星辰、山、龙、华虫、宗彝、藻、火、粉米、黼、黻"的十二章纹，均有"普天之下，莫非皇土，统领四方，至高无上"的皇权的象征性。祥禽、瑞兽、如意云霞的仿真写实和写意相结合的纹饰，以及纹样的"象形、谐音、喻意、假借"等文化艺术造型的吉祥寓意纹样、组合图案等也无一例外。云锦的纹样图案，表达了中国吉祥文化的核心主题的设计思想是："权、福、禄、寿、喜、财"六字要素，表达了人们祈求幸福与热情向往。南京云锦不但具有珍稀瑰宝、昂贵的历史文物价值，而且它亦是雅俗共赏、典藏吉祥如意的民族文化象征。

如今，因灿若云霞而得名的南京云锦，依然作为中国传统织造技艺的经典，用于高端织物的织造，为民众所喜爱。

（三）香山帮传统建筑营造技艺

香山帮传统建筑营造技艺，第一批国家级非物质文化遗产代表性项目，2009年列入联合国教科文组织人类非物质文化遗产代表作名录。春秋战国时期，阖闾大城、馆娃宫、南宫、姑苏台等大型建筑的兴建，孕育了该技艺的形成。明清，皇家宫殿和大量园林的建造，将其推向鼎盛。民国时期逐渐衰落，改革开放后渐复生机。该技艺是以木匠领衔，集木匠、泥水匠、石匠、漆匠、堆灰匠、雕塑匠、叠山匠、彩绘匠等古建工种于一身的建筑技艺，能巧妙运用各种营造手法，使山石、水池、花木、亭榭等在有限的空间内步移景换、变化无穷、宾主分明，具有色调和谐、结构紧凑、制造精巧和布局机变等特征，尤以奇巧的梁架结构、精美机变的腰檐转角最具特色，给人以"虽由人作，宛如天开"之感。"金刚腿"（俗称"活门槛"）和石门框结构的设计，体现了香山帮匠人的匠心独运。漆匠中的"苏式"彩画技艺水平高超，以苏州东山的凝德堂和常熟的彩衣堂为明清两代代表。代表作品可分五类：宫殿类建筑，如北京故宫、明代皇陵等；园林类建筑，如苏州拙政园、苏州留园等；民居类建筑，如苏州东山雕刻楼等；寺观类建筑，如苏州西园寺、苏州虎丘塔等；海外建筑，如美国纽约明轩、波特兰市兰苏园和加拿大温哥华逸园等。

明代生于香山的北京天安门城楼设计者蒯祥，因其建筑技艺高超而被尊为"香山帮"鼻祖，是北京故宫、五府六部衙署、裕陵等建筑的营造者。从匠心独运的苏州古典园林到气势恢宏的北京皇家宫殿，数百年来，苏州香山帮匠人的精湛技艺代代相传，香山帮匠人的杰作苏州园林和明代帝陵被列为世界文化遗产。当年朱棣迁都北京，从江苏招募了大批能工巧匠前往。蒯祥正当壮年，技艺高超，故被征召入京。进城后，蒯祥的才能获得当时负责皇宫营建的都督金事的赏识，于是被委以重任，由他设计了三大殿、天安门等一批重要的皇宫建筑。蒯祥一时声誉鹊起，皇帝也"每每以'活鲁班'呼之"。蒯祥最后官至工部侍郎，成为天下百工的总领头。据考，蒯祥曾读过几年私塾，有一定的文化修养，而他的技艺更是了得，木匠、泥匠、石匠、漆匠、竹匠五匠全能。《吴县志》记载，他精于建筑构造，"略用尺準度……造成以置原所，不差毫厘"。在吴县，关于蒯祥的民间传说很多，其中心总离不了蒯祥如何鬼斧神工。

苏州的建筑闻名于世，由于以蒯祥为代表的香山匠师手艺精绝，被称为"香山帮"，是明清以后中国传统建筑在江南的重要流派。该技艺项目内涵丰富，根植于吴文化，是我国著名的古建、园林建筑流派，具有很高的社会文化价值和艺术价值。

（四）惠山泥人

发源于无锡惠山，历史悠久，是无锡著名的民间艺术和特产。惠山泥人发源于惠山祠堂之中，兴盛于明清至近现代。最初由乡民作为农闲时的副业，逐渐发展为作坊式生产。清代中叶，在惠山五里长街、上下河塘，祠堂林立，几乎每一家祠堂门前都有一家泥人店，形成繁盛的泥人街。

惠山泥人有粗货、细货两大类。粗货，又称"耍货"，类似于儿童玩具，用模具压制，以喜庆吉祥为题材，造型简洁，大胆夸张，圆浑拙朴，代表作品有《大阿福》《寿星》《蚕猫》等。细货，完全靠手捏，又称手捏泥人，以戏曲题材为主，故又称手捏戏文，用惠山脚下水稻田三尺深处的黑泥制作，是名副其实的惠山泥人。创作工艺复杂，有搓、揉、挑、捏、印、拍、剪、色、压、贴、镶、划、扳、插、推、揩、糊、装等"手捏十八法"，能将戏曲人物和情节最生动传神的瞬间动态凝固定格，主题鲜明突出，使人一看就知道该戏曲的全貌。代表作品有《蟠桃大会》《凤仪亭》《霸王别姬》等。惠山泥人讲究彩绘，有"三分塑七分彩"之说。色彩强烈显眼，富丽明快。惠山泥人以独特的艺术造型，丰富的题材，鲜明的民族民间色彩，称誉海内外。惠山泥人入选第一批国家级非物质文化遗产代表性项目名录。

（五）宜兴紫砂陶艺

宜兴紫砂陶艺自明代成熟以来已有 600 余年历史，盛于明清，兴于当代，传承流布于江苏省宜兴市丁蜀镇地区。

该技艺由原料加工、成型、装饰和烧成等主要工艺环节构成，是我国唯一现存的以拍打泥片手法成型的传统制陶工艺。以当地产紫砂矿为原料，经分选、风化、粉碎、捶练、陈腐等一系列工序，炼制成紫砂泥料，原料处理和配比有"取用配合，各有心法、秘不相授"之说。紫砂泥质地细腻，含铁量高，可塑性好，色泽古朴雅致。紫砂制品种类繁多，从茗壶茶具、盆瓶雕塑、文房雅玩到餐具等。紫砂器推崇素面，装饰手法有陶刻、镶嵌、泥绘、绞泥等，其中陶刻最具代表性。

在世代传承过程中，该技艺逐步与诗、书、画、印、佛、道、茶等中国传统文化完美融合，紫砂器赏用兼优，其中以紫砂壶声誉最隆。紫砂壶因茶而生，因文而兴，在原料上采用单一或不同配比的紫砂泥料，在造型方面形成了"光货"、筋纹器和"花货"三个特色鲜明的茗壶造型流派。

该技艺集中体现了中国陶艺质朴、工巧、器美和趣雅的最高追求，继承了中华传统文化的精髓和民族独特的审美精神，成为中国制陶技艺的杰出代表。

（六）梁祝传说

梁祝传说是我国古代四大民间传说之一，其传播遍布全国，尤以四省（苏、浙、鲁、豫）六地（宜兴、宁波、上虞、杭州、济宁、汝南）为盛。梁祝传说起源于东晋末，以其丰富多彩的表现形式在民间广为流传，影响远播海内外，入选第一批国家级非物质文化遗产代表性项目名录民间文学类项目。

宜兴梁祝传说最早见载于南北朝齐武帝时期的《善卷寺记》，至今未有中断。表现形式主要有故事、歌谣、节会等，并衍生到曲艺、戏剧、音乐、舞蹈等文化领域，形式多样、内容丰富。从众多史料、古籍、口头传承艺术及研究成果表明，宜兴《梁祝传说》具有"记载最早、史据最足、记述最丰、遗存最多"的特点。在宜兴地方民间流传的相关传说有《梁祝下凡国山县》《祝陵的传说》等，曲艺、歌谣有《道情梁山伯与祝英台》《碧鲜庵与三生堂》等，体现着求知、崇尚爱情、歌颂生命生生不息的鲜明主题。

梁祝传说的传承对弘扬中华优秀传统文化，促进精神文明建设具有积极作用。如今，在江苏宜兴，每年农历三月廿八（传为梁祝化蝶之日），民众都会举行"观蝶节"活动，场面热闹。但由于受现代文明的冲击，这一传说的传承也面临一定困境，许多口承样式和手承技艺已面临失传，有些珍贵的纸承遗存也散失严重。

（七）《长物志》

诗意江南的吴文化里有这样一部书，书里讲述古人闲情逸致，托名"多余之物"，却写出了生活中的所有美好，堪称宋明时期生活美学百科全书。这就是明文震亨撰《长物志》，长物，本乃身外之物，饥不可食、寒不可衣。然则凡闲适玩好之事，自古就有雅俗之分，长物者，文公谓之"入品"，实乃雅人之致。《长物志》分室庐、花木、水石、禽鱼、书画、几榻、器具、位置、衣饰、舟车、蔬果、香茗 12 类。凡园之营造、物之选用摆放，纤悉毕具；所言收藏赏鉴诸法，亦具有条理。

《长物志》收入《四库全书》。文震亨是明代大书画家文徵明的曾孙，天启间选为贡生，任中书舍人，书画咸有家风。平时游园、咏园、画园，也在居家自造园林。

相比于《园冶》，《长物志》更多地注重于对园林的玩赏，与《园冶》更多地注重于园林的技术性问题正可互为补充。此外，《园冶》因为是立足于江南的造园实践，而江南花卉繁茂，水源充沛，所以计成对此措意不多；《长物志》则主要是针对北方的造园实践，而北方草木珍稀，水源犹缺，所以，文震亨对此的重视尤见匠心，其曰长物，盖取《世说》中王恭语也。凡闲适玩好之事，纤悉毕具，大致远以赵希鹄《洞天清录》为渊源，近以屠隆《考槃余事》为参佐。

《长物志》从内容上被定义为一本造园专著。它涉及一座园林从建筑、造景、室内装潢，甚至花鸟虫鱼、穿戴、香道、茶道都有包括的各方面。而《长物志》所写的内容不仅生动地反映了当时文人的生活环境，并且从士大夫们对建筑及物品鉴赏的风格偏好上也能窥探其深层次的精神追求。

文震亨本人应该算得上一位明代的"高富帅"，他本人长得"长身玉立，风姿韶秀"；家门又极高，曾祖父文徵明自不必说，累世读书做官，直到他这一代，他哥哥还是状元郎。他本人也是虽然未曾高中，但是"琴书名达禁中"，凭着琴艺就得了赏识做了官。他自幼在富有文化底蕴的家庭环境熏陶下，培养了极高的艺术素养，又有家族世代在造园方面的天赋及经验，这才有了写《长物志》这本"明代生活美学记录"的基础。

在书中提到器物时多次使用过"古玩""清玩""杂玩""玩器""盆玩"这些词汇。文震亨在形容时无一例外地强调了器物"玩"的特性。文震亨时代，已经更加全面地开始关注器物的娱乐性。"玩"不是简简单单将器物视为玩具的意思，它表示了在明代，文人精英们已经注意到，人与器物之间的关系不仅具有具体的某一项使用行为，而是能从人和器物之间的互动中得到更多样的体验。文震亨推崇的造物思想"古人制具尚用，不惜所费，故制作极备，非后人苟且"。这其中蕴含对器物的珍惜，反对粗制滥造，就是要求每一件器物都被精良制作出来，然后被拥有者好好地对待。精良的器物，代表着精选的材料、严谨的工艺和独到的设计。而这个选择，就需要建立在对生活有自己的审美体验的基础上。

无论是古代还是现代，人们都通过将日常生活精致化来获得审美愉悦。也可套用一下之前的流行语"生活要有仪式感"。如果将日常生活与审美、艺术相结合，不仅可以在生活美学中提升生活的质量，还能加强自身社会身份的认同。就像当时明代通过模仿文人阶层来装饰自己社会地位的新兴贵族和以文震亨为代表的为了更加稳固自己原有精英阶层地位的士大夫们，都是通过自己生活美学上的判断来实现的。

　　文氏家族热衷造园，停云馆、文氏塔影园等，曾是苏州历史上的名园。文震亨本人就曾设计营造过碧浪园和香草垞，在凝聚文氏家族历代造园理念和实践的《长物志》中，可以明了"虽由人造，宛自天开"的理念，是如何通过室庐营建、花木栽种、叠山理水等去实践的；园林的整体布局，怎样才能做到诗情画意；门窗、台阶、栏杆、水石等，该如何设置；室内物品如何摆放，才能达到雅、古、隐的审美要求，等等。《长物志》让你既知其然，更能知其所以然。受家学熏陶，文震亨在诗、书、画的创作与鉴赏方面有着不凡的识见，他可以从笔法结构、印章、绢素等细节，辨别书法的真伪与好坏；从妙手、俗笔等直观形象中，区分出画作的等次。从他列举并品评的历代书画名家、知名法帖中，为我们勾勒出一部极简的中国书画史。而书画装裱和收藏等工艺，更是实操性的指导。《长物志》更是一部实用的生活指南。日用器具如何选择、书房内要摆放哪些文玩清供、衣饰怎样才能美观实用、出行交通工具何者为佳；园子里种些什么花、池塘中养些什么样的鱼、焚香品茗时哪些品种值得入手。

　　文震亨是一个热爱生活之人，写下日常生活中的所有美好。其用心营造和打理着自己的园子，在叠山理水、莳花艺草、品书论画、焚香品茗中，将闲情与趣味变成了隽永的文字，描述着他眼中的美好之物，将生活审美化、审美生活化，为我们构建了一个古代文人雅士"诗意栖居"的处所。在《长物志》里批判追求奢华的潮流的是庸人俗子。他有自己坚定的审美取向，是坚决不随波逐流的那一种。本身明代的士大夫阶层就是潮流的引领者。模仿，其实源自中国古代的设计习惯，这也是明代造物的美学理念。

第三节　吴文化里的社会美

　　大江之南，人杰地灵的古今吴地，曾涌现出无数杰出的名家、名士、名人，他们中有政坛奇才、文化巨人，也有科学巨匠、艺术大师，可谓群星闪耀。吴地山水和吴地文化孕育了很多杰出的政治家、军事家、教育家、科学家、书法家、画家、文学家、音乐家、著名诗人、辞赋大家，吴地在文化、教育、科技、艺术等诸多领域人才优势突出。所谓"仁者乐山，智者乐水"，古往今来，吴地的名人大多以文才韬略、艺术才情闻名于世。

一、吴地人才简介

吴地人才在数量上占绝对优势，其他地方望尘莫及，而且密度很高。从唐宋时期的张旭、范仲淹、范成大，到明清时期的高启、沈周、唐寅、祝允明、文徵明、冯梦龙、金圣叹、沈德潜等，组成了远近闻名的苏州文人才子群体。

无锡钱氏，一个家族就有两院院士6人，教授110人。无锡玉祁礼社古村，走出了薛暮桥、孙冶芳、薛明剑、秦古柳、薛佛影等众多的名人，还有多位院士、博士。小城宜兴，一座不大的县级城市，因紫砂壶、陶瓷、茶叶和竹海而闻名于世，却有着"教授之乡""院士之乡""书画之乡"的诸多美誉。从这里走出了30多位大学校长、数千名大学教授，周培源、蒋南翔、潘汉年、徐悲鸿、吴冠中等大师级的人物就是从这座小城走向世界的。

要在文化艺术、教育科技等领域取得成就主要借助的是脑力，而不是体力。吴地不仅是古代人才高地，近代以来更是名人层出不穷，群星璀璨。有中国最早的外交家薛福成，有制造出第一艘内燃机轮船的近代科技先驱徐寿、华蘅芳，有当代中国文化泰斗级人物钱钟书，国学大师钱穆，著名经济学家薛暮桥、孙冶芳；著名画家钱松岩、秦古柳、徐悲鸿、吴冠中，著名计算机专家王选、杨芙清，以及学者陈翰笙、钱伟长、冯其庸、许思园，音乐家华秋萍、刘天华、华彦君等，雕塑家钱绍武等。这些杰出代表人物都有一个共同的特点，就是智慧超群，造诣过人，堪称吴地文化性格的典型代表。

即便是吴地走出的政治家和将军，也都具有文人气质和才情。无论是"常州三杰"瞿秋白、张太雷、恽代英，还是无锡籍的秦邦宪、王昆仑，虽然身为政治家，但都有着鲜明的文人特质。比如，说起王昆仑，可能大家更熟悉的标签是国内著名的红学研究家，可他真正的身份是革命家。

吴地人才不仅数量多，从事领域集中，同时也是拥有一种特殊才情的群体。"吴门才子"是人们称呼吴地才华横溢的文人墨客的代名词。在明代吴地的才子中，知名度最高、最富传奇色彩的，是人称"江南第一风流才子"的唐寅。唐寅是明弘治十一年的解元，与祝枝山、文徵明、徐祯卿并称"吴中四才子"。

他风流倜傥，才华横溢，清高自傲，但命途多舛。在遭遇了科场冤狱之后更加桀骜不驯，历尽困顿坎坷的唐伯虎，对封建礼法不屑一顾，笑傲江湖，醉意书画，行为洒脱，放浪形骸。在古代，吴地江南不乏唐伯虎这样游离于正统之外的知识分子。号称张颠的书法家张旭，不肯为五斗米折腰的诗人高启，舍圣贤书，行万里路的徐霞客，蔑视权贵的《三言》作者冯梦龙，绝意仕途的金圣叹……这些大胆挑战世俗、个性张扬自由的吴地文人一同构成了古代"吴门才子"的群像。从他们身上可以看到吴门才子的一些性格特征——才情兼备、儒雅浪漫、清俊秀逸不乏狂傲，多才多艺浑然天赐，这似乎已是吴地才子贯穿古今、一脉相承的共同气质。吴门才子的含义还包含了"博学多才"的意思，吴地近现代诞生的许多文化大师，科技大家，大多触类旁通，才华横溢。

顾毓琇也是中国近代以来罕见的才子——一个能够左手娴熟于人文，右手精通于数理的旷世通才。"学博于文，业精于理"，这是别人对顾毓琇的评价，顾毓琇出身于十分重视教育的无锡顾氏望族，兄弟数人，一门五博士。顾毓琇是著名的机电专家和教育家，同时也是一个多产的人文杂家。他一生创作了众多话剧、小说、散文、诗词和音乐作品，集剧作家、导演、诗人、音乐家于一身，晚年转而研究佛教也很有成就。当年在美国麻省理工学院读书的他，以四年半的时间获得了学士、硕士、博士三个学位，还是第一个将中国话剧演到美国舞台上去的人。在顾毓琇身上，也代表着另一种吴门才子群体。从他们身上，人们开始瞩目吴地知识分子中日益崛起的科技人才，"学者诗人教授，清风明月劲松"是顾毓琇的自我评价，也是对吴地才子群体秉性的概括。

吴文化是偏向于"水文化"特质的，这种特质是吴地人才具备智慧灵动群体禀赋的源泉。综观历史，吴地知识分子的共性是舍武力以智慧才情拔尖、弃呆板以敏捷灵动取胜，而这种贯穿古今的人文气质和吴地的"水文化"有着深刻的关联性。江南山清水秀的自然环境，衣食无忧的经济实力，崇文重教的优秀传统，使江南学子拥有得天独厚的学习条件，成为中国科技的先驱，而孕育这些人才的江南也理所当然成了中国科技发展的摇篮。

一、科学名家

（一）祖冲之

在江南人对自然规律的探索中，南北朝时期的祖冲之是先驱。祖冲之生于南朝宋都——建康，也就是今天的南京，是数学家和天文学家，他家世代对天文历法颇有研究，他从小耳濡目染，对数学和天文学兴趣浓厚。小时候老师说圆周是直径的 3 倍，他表示怀疑，就自己拿绳子跑到村头测量马车车轮，经过再三测算，他发现圆周大于直径的3倍，究竟大多少，是个难解的谜。经过无数次的复杂的测算，他第一次将圆周率的值精确到了小数点的后7位，3.1415926和3.1415927之间，这是当时全世界最精确的圆周率数值。直到1000多年后的16世纪，才被阿拉伯数学家阿尔·卡西打破。

求算圆周率的值，是非常重要的数学研究课题，在祖冲之前，东汉科学家张衡、数学家刘徽都研究过圆周率，而祖冲之所取得的成绩是圆周率计算的一次飞跃。

"祖冲之圆周率"简称"祖率"，是数学史上的创举；他的杰作《缀术》也代表了他的数学成就。他在天文历法方面的成就主要是改革闰法、引进岁差、编撰《大明历》，《大明历》是当时最精确的历法，在以后700多年的岁月里没被超越。他还擅长机械制造，设计制造过水碓磨、指南车、千里船、定时器等。另外，他的成就不局限于自然科学方面，他还精通乐理，研究音律。文学作品方面他著有《述异记》，在《太平御览》等书中可以看到其中的片段。祖冲之一生潜心科学，为纪念这位伟大的古代科学家，1967年，国际天文学家联合会把月球上的一座环形山命名为"祖冲之环形山"，并将小行星1888命名为"祖冲之星"。

（二）沈括

祖冲之是少有的以科学贡献记入朝廷正史的第一位，与他一样在科学上取得过辉煌成就的还有沈括。沈括，钱塘人，是北宋的政治家，更是一位闻名于世的科学巨匠。沈括在天文、数学、历法、地理、物理、生物、医学乃至文学、音乐、美术等方面都有很深的造诣。他写的《梦溪笔谈》一书被英国著名科学家李约瑟称为"中国科学史上的坐标"。

沈括一生坎坷，经历了步入仕途、参与变法、出使辽国、弹劾被贬、戍守西夏、兵败永乐、归隐梦溪七个阶段。沈括入仕以来，修订历法、整治河道、观测天象、改良仪器、绘制地图、监造军器，几乎包办了北宋朝廷所有涉猎科技的事务。作为王安石变法的中坚力量，沈括的晚年无比凄凉，因变法失败，王安石罢相之后，他多次遭到诬陷，两度被罢官降职，写成《梦溪笔谈》。《梦溪笔谈》是一部涉及古代中国自然科学、工艺技术及社会历史现象的综合性笔记体著作。他被誉为中国整部科学史中最卓越的人物。

（三）钱学森

钱学森，吴越王钱镠第33世孙，生于上海，祖籍浙江省杭州市临安区。世界著名科学家，空气动力学家，中国载人航天奠基人，中国科学院及中国工程院院士，中国两弹一星功勋奖章获得者，被誉为"中国航天之父""中国导弹之父""中国自动化控制之父""火箭之王"，由于钱学森回国效力，中国导弹、原子弹的发射向前推进了至少 20 年。

1934 年，毕业于国立交通大学机械与动力工程学院，曾任美国麻省理工学院和加州理工学院教授。1955 年，在毛泽东主席和周恩来总理的争取下回到中国。1959 年加入中国共产党，先后担任了中国科学技术大学近代力学系主任，中国科学院力学研究所所长，第七机械工业部副部长，国防科工委副主任，中国科学技术协会主席，中国科学技术协会名誉主席，中国人民政治协商会议第六、七、八届全国委员会副主席，中国科学院数理化学部委员，中国宇航学会名誉理事长，中国人民解放军原总装备部科技委高级顾问等重要职务；他还兼任中国自动化学会第一、二届理事长。1995 年，经中宣部批准及钱学森本人同意，母校西安交通大学将图书馆命名为钱学森图书馆，时任中共中央总书记、国家主席、中央军委主席江泽民同志亲笔题写了馆名。

三、文学巨匠

钱锺书，无锡人。钱锺书从小就"好臧否古今人物"，考上东林小学后，父亲为他改字"默存"，告诫他君子慎言。实际上，直到后半生他才渐渐改掉锋芒毕露的性格。

大学期间，他终日博览中西书籍，创下了读书第一、发表文章第一、"横扫清华图书馆"等多项"纪录"。最让人吃惊的是他上课时从不记笔记，只带一本和课堂无关的闲书，边听讲边看自己的书，但考试总是第一。他年轻时就因博学强识而名满天下，报考赴英留学的公费生时考了第一名。一本《围城》，奠定了他的才子地位。《围城》内涵丰富，理胜于情，是小说中的宋诗。《围城》是对一种人生情境的形象概括，它所描绘的是人类追求理想和幻想破灭的永恒循环。《围城》谈古论今，旁征博引，新奇的比喻，惊艳的幽默，令人警醒的句子，让人叹为观止，被誉为新儒林外史。夏志清称它是"中国近代文学中最有趣和最用心经营的小说，可能也是最伟大的一部"。《围城》多次重版，先后被译成英、德、法、日、捷克等多国文字，获得极高的国际声誉。可钱锺书本人对这部作品并不满意，《围城》只不过是他的游戏之作，他的精力大多放在学术上。

钱锺书精通多国语言，被称为"活着的百科全书""移动的图书馆"。在他手下，《谈艺录》《宋诗选注》《管锥编》先后问世。《管锥编》体现了钱锺书学术上的最高成就。他用3年的时间写成130万字的皇皇巨著。全书引用古今中外英、法、德、意、西班牙近4000位作家的上万本著作，考论《周易》《诗经》《左传》《史记》等10部中国古籍的辞章及义理，打通时空、语言、文化和学科的壁垒，评委们把它列入了世界获奖书目。当读者对这套用典雅文言写成的巨著惊叹不已时，他却幽默地说，自己用文言文写作，是因为技痒。

钱锺书生前留下遗言："遗体只要两三个亲友送送，不举行任何仪式，恳辞花篮、花圈，不留骨灰。"杨绛先生谨守遗言，简办后事。但悄然西行的钱锺书还是震动了世界，连法国总统雅克·希拉克也发来唁电。

第四章　吴文化里的中华美育精神

第一节　中华美育精神的内蕴与价值

党的二十大报告指出，全面贯彻党的教育方针，落实立德树人根本任务，培养德智体美劳全面发展的社会主义建设者和接班人。习近平总书记给中央美术学院 8 位老教授的回信中强调，"美术教育是美育的重要组成部分，对塑造美好心灵具有重要作用。你们提出加强美育工作，很有必要。做好美育工作，要坚持立德树人，扎根时代生活，遵循美育特点，弘扬中华美育精神，让祖国青年一代身心都健康成长"①。中华优秀传统文化是培育中华美育精神的沃土，在锻造人们的心灵情感品行方面具有独特的优势。充分利用优秀传统文化资源，充分挖掘和运用蕴含其中的民族审美特质，对于坚定文化自信，弘扬中华美育精神具有重要推动作用。

中华美育精神是在中华民族繁衍生息和中华文明进程中，经过不断的有关美育思考和实践，形成和发展的具有中华民族特色的，可谓历史悠久。在新时代背景下，中华美育精神被党和国家领导人明确提出，并赋予了新的时代内涵，于是弘扬中华美育精神成了美育理论与实践工作者的新任务。国内高校众多学者就新时代"弘扬中华美育精神"的如何破题，包括如何理解美育的内涵、如何理解中华美育精神的内涵、如何弘扬中华美育精神、做好新时代美育工作等问题，阐述了自己的见解。对一个前人系统探索不多的新课题而言，保留各家观点的思想火花，任何一点灵感都具有一定的学术创新性。

许多专家一致认为，审美不仅是一种技巧或谋生手段，美育还是一种人格教育。

---

① 引自《习近平给中央美术学院老教授回信》，新华社，2018 年 8 月 30 日。

同时，美育又必须与具体的艺术教育结合起来；要以美育推动艺术创作，从而更好地通过创造反映时代的发展、人民的心声，以及艺术本身的规律、艺术语言的拓展，把美育和艺术创作内在地结合起来。艺术教育是审美教育的一个重要组成部分，甚至是比较核心的部分，艺术是美的集中的呈现，是美育的一个载体。但是，审美教育包含的内容要远远超过单纯的艺术教育，不但是范围上超过它，而且其指向也比它更宏阔。中国的美育思想最为丰富，而且这种思想在很大程度上就是中国美学最独特的精神传统。中华美育精神与中华美学精神应该是一种包容性关系，它所指向的所有东西，在中华美学精神的核心性范畴、观念体系里都有所发现。反过来，中华美学精神中的很多观念、思想和范畴等，它们的实践应用要通过"成人"的教育引导来实现。所以，也可以说中华美育精神在实践层面延续和展开着中华美学精神、中华美育精神与中国现代性的命题，并认为中华美育精神是现代性的产物，现代性孕育了美育精神，而美育精神给现代性带来了一种本质的要求，这两者是密不可分的。这些观点，对于理解中华美育精神的理论性极有启发。

2020 年 10 月，中共中央办公厅、国务院办公厅印发《关于全面加强和改进新时代学校美育工作的意见》（以下简称《意见》），强调要"坚持社会主义办学方向，以立德树人为根本，以社会主义核心价值观为引领，以提高学生审美和人文素养为目标，弘扬中华美育精神，以美育人、以美化人、以美培元，把美育纳入各级各类学校人才培养全过程，贯穿学校教育各学段，培养德智体美劳全面发展的社会主义建设者和接班人"。《意见》开篇就明确定义，"美是纯洁道德、丰富精神的重要源泉"，而"美育是审美教育、情操教育、心灵教育，也是丰富想象力和培养创新意识的教育，能提升审美素养、陶冶情操、温润心灵、激发创新创造活力"。与动物按照本能生存相比，人的最大不同正如马克思所说，"人类按照美的规律建造"。[①] 美就是人按照美的规律进行实践的智慧、创造性和自我净化等本质力量的显现；美育就是按照美的规律提高自身和社会生活精神内涵的教育。

《意见》在很多重要段落都提及中华优秀传统文化、中华美育精神与社会主义核心价值观教育的结合，一气贯通了中华传统美育精神和新时代美育的独特内涵，以"引领学生树立正确的历史观、民族观、国家观、文化观，陶冶高尚情操，

---

① ［德］卡尔·马克思：《1844 年经济学哲学》，人民出版社 2014 年版。

塑造美好心灵，增强文化自信""努力培养心灵美、形象美、语言美、行为美的新时代青少年"。新时代美育，是在实现中华民族伟大复兴的中国梦进程中，中华美育精神的继承、发扬与创新，是历史逻辑、现实逻辑和理想逻辑的统一。

一、中华美学精神内涵

中华民族在长期的生存与发展过程中形成了自己的美学精神，这种精神既是中华民族生存与发展的结晶，又是中华民族生存与发展的原动力。中华民族与中国具有同一性，中华民族的美学精神也是中国的美学精神。中国美学精神以中华民族的哲学为灵魂，以中华民族的审美为身体，在历史的长河中形成审美传统，成为民族的审美理想，民族审美的指导，民族艺术开拓创新的动力，融入国民的价值取向、国家的意识形态。

《中华美学精神》[1]一书中大致按照中国历史发展进程及不同时期的哲学及美学特色对中华美学精神做了相对系统的整理，具体有：和谐之美、温润与神情、生生之乐、自然之道、气韵风神、立言与载道、意象与韵味、意境与境界、画者，画也、世情与俗趣、走向现代的王国维、鲁迅、蔡元培的美育思想等。其他国内学者亦有对中华美学精神做出研究整理，内容亦大致如此。这里就一些关于中国美学精神共同内容做以阐述。

（一）美善相乐，教娱统一

中国古代意识形态以儒家为主体，儒家重教化，教化主要分为道德教化和政治教化。教化与审美统一的理论始于西周，主要有两种说法。孔子提出《诗经》有"兴、观、群、怨"四种社会功能。兴，指抒情，其中包含审美因素；观，指观看，既为认识，又包含审美因素；群，指和同人心；怨，指批评统治者及社会不良现象。这四种功能已包含教化与审美统一的理念。孔子的"诗教"说在汉代导生出"风教"说。《毛诗序》云："风，风也，教也；风以动之，教以化之。""上以风化下，下以风刺上，主文而谲谏，言之者无罪，闻之者足以戒，故曰风。"《毛诗序》的"风教"说，一直贯穿下来，直至中国封建社会结束。"风"在中国美学中内涵丰富。在《诗经》中，它指民歌；在刘勰的《文心雕龙》中，"风"与"骨"组成对立概念，"风"含有情感的意义。"风教"本质上是情教，是善与美的统一。

---

[1]　高建平：《中华美学精神》，中国社会科学出版社 2018 年版。

另一种礼乐治国说。礼指国家制度、行政法规等；乐，是音乐、诗歌、舞蹈的统一体。礼、乐作为治理国家的两种手段，其功能不同，用荀子的话来说，就是"礼别异，乐统同"。"别异"体现的是等级与待遇的区分，"统同"的是人情与人心。礼在善，乐在美。礼乐治国，既强调礼乐一统，又尊重礼乐各异。"乐"与"礼"有共同的使命：培育美好的个人；构建美好的社会。"乐"重在培育人的心志，"礼"重在规范人的行为。"乐"与"礼"的统一即美与善的统一。由周公建立的礼乐治国制度是传统社会中国的基本国策，集中体现为教化与审美的统一。这一国策在中国3000多年的封建社会中从未改变，对于当代社会仍有着深远的影响。

教化与娱乐的统一在唐代达到前所未有的新高度。初唐确立国家的雅乐体系。雅乐无疑是教化与审美相统一的音乐体系。当时遇到一件有争议的事情：如何处理陈朝留下来的《玉树后庭花》。御史大夫杜淹根据儒家的音乐观点，认为其"亡国之音哀以思"，不应纳入雅乐体系。而唐太宗认为，"古者圣人沿情以作乐，国之兴衰，未必由此"，《玉树后庭花》与陈朝的灭亡没有关系，它不是亡国之音。尚书右丞相魏征赞成唐太宗的观点，认为"乐在人和，不在音也"。唐太宗为所谓的亡国之音《玉树后庭花》平反，实际上重申了荀子的"乐者，乐也"的观点，体现出对音乐娱乐功能的重视。这里涉及一个重要的美学问题，那就是政治以及伦理与艺术的关系问题。

艺术作为人类审美的高级方式，一方面，其自身功能是教化与娱乐的统一，这种统一体现为善和美的统一；另一方面，它与伦理、政治的关系，也是美与善的关系。艺术与伦理、政治之间的关系不是对立的，但也不一定要融为一体，而是互相配合，共同为人服务，为社会服务。中国历史上人们在对待艺术的功能问题时，不断地有着两种倾向，或过于看重教化而忽视娱乐，或过于看重娱乐而忽视教化，因而也总是在不断地纠偏，但总的趋向一直是美善相乐，教娱统一。

（二）天人合一

中国文化源头主要是儒道两家，儒家讲文明，道家讲自然。这两家既对立又统一。《周易》为儒家"五经"之首，"（刚柔相错），天文也；文明以止，人文也。观乎天文以察时变，观乎人文以化成天下。"天文为自然现象，人文为社会现象。人文是人的作为，它的精华是文明。文明在儒家思想中集中体现为礼乐。

孔子说"文之礼乐，亦可以成人矣"，^①按照这一思路，"文之以礼乐"，亦可以治国矣。

老子提出"道法自然"说，"自然"在老子那里主要指自然之道，自然之道即自然而然，自然而然即本性。"道法自然"实为道法本性。按照老子的这一观点，我们可以推导出真在本性，善在本性，美亦在本性。

庄子既坚持又发展了老子的"道法自然"说。他认为，自然指本性，本性的解放，称为天放。但同时，他又将自然看成自然界，说"天地有大美"。这样一来，庄子不仅认为美在天放，而且美在"天地"（自然界）。以声音为例，他认为最美的声音是"天籁"。

文明与自然的整合在汉代就开始了。汉代的大儒者董仲舒提出了天人合一思想，他认为，"为人者天也""天亦人之曾祖父也，此人之所以乃上类天也。人之形体化天数而成；人之血气化天志而仁；人之德行化天理而义；人之好恶化天之暖清；人之喜怒化天之寒暑。"^②董仲舒的天人合一哲学，为自然与文明的统一提供了理论基础。魏晋玄学以自然之道整合儒家的人文之道，推动文明与自然的整合。这次整合的特点，是以自然之道为本，以人文之道为用。宋明理学实现了文明与自然的最高整合。程颐指出："天者，理也。神者，妙万物而为言者也。"朱熹说："宇宙之间，一理而已。"^③这次整合的特点不是将文明看成自然之道的产物，而是将文明提升到自然之道的高度，于是文明之道就成为自然之道。不仅文明之道成为自然之道，而且文明成为自然的灵魂。代表性的观点就是宋朝理学家张载所说的"为天地立心"。

自董仲舒开始的天人合一观，对中国美学产生了深远的影响。这种影响主要体现在以下三方面。一是如何看待人的生命。苏轼从董仲舒那里获得启发，但他不是简单地认同人是天化成的，而是将人的生命与自然的生命看成一个整体。在《前赤壁赋》中，面对着朋友感长江之无穷而人生之须臾的悲伤，他安慰道："盖将自其变者而观之，则天地曾不能一瞬，自其不变者而观之，则物与我皆无尽也，而又何羡乎？且夫天地之间，物各有主，苟非吾之所有，虽一毫而莫取，惟江上

① 出自《论语》。
② ［西汉］董仲舒：《春秋繁露》，岳麓书社 2021 年版。
③ 陈望衡：《中国美学精神简论》，文学与艺术研究 2021 年版。

之清风与山间之明月，耳得之而为声，目遇之而成色，取之无禁，用之不竭，是造物者之无尽藏也，而吾与之共适。"[1] 在苏轼看来，天人关系有一个如何"观"的问题。如果将天与人对立起来，那么天地确实是无穷的，而人生的确是短暂的；但如果将天与人看成一体，那么天地无尽，人也无尽。既然如此，还有什么可悲伤的呢？自然物虽各有主，但自然美是可以共适即共赏的。

二是如何看待自然的生命。北宋大画家郭熙在《林泉高致》中曾用人来比拟山："春山淡冶而如笑，夏山苍翠而如滴，秋山明净而如妆，冬山惨淡而如睡。"这一观点，简直就是董仲舒的"为人者天也"倒过来说。

三是如何看待艺术的生命。艺术是人的作品，是人的生命的展现，但因为天人合一，艺术也是天的作品。人在创作艺术时，如何实现天人合一，涉及自然与文明的统一。中国美学的精神是：天为人则，人创新天、巧夺天工。

清代画家石涛说："山川使予代山川而言也，山川脱胎于予也，予脱胎于山川也。"[2] 这句话分为两个层次："予脱胎于山川"，天为人则，人来自天；"山川脱胎于予"，人创新天，天化为人，最后产生的画作是"山川与予神遇而迹化也"。明代园艺大师计成将天与人的这种关系，精确地概括为"虽由人作，宛自天开"。在艺术创作中，艺术家在处理天人关系时，既推崇天，又推崇人，而至为推崇的是人。因而，石涛在论述绘画过程中的两种"脱胎"之后，强调"终归之于大涤也"。艺术家的才华与创造能力是艺术美诞生的关键，正因为如此，不是模仿论而是创造论成为中国美学的精髓。

至此，中华民族对于美的本质获得了新的认识：既不是天也不是人，既不是自然也不是文明，而是天与人、自然与文明共同创造了美。在具体表述中，也会因情境不同而有所变化，有时为了推崇自然，就说"与造化争妙"，以突出天为人则；有时为了推崇艺术，则说江山如画，意味着人也可以巧夺天工。

（三）中和之道，臻于化境

中华民族的哲学思想集中体现为中和之道，中和之道是"中"与"和"的统一。"中"的含义很丰富，主要有三义：（1）内在。《礼记·中庸》云："喜怒哀乐

---

① ［宋］苏轼：《前赤壁赋》。
② ［清］石涛：《画语录·山川章》。

未发谓之中。"这个"中"就是心中的意思。（2）合理。在儒家看来，理即礼，合礼即为合理，合理即为善。（3）不过。所谓不过，不仅是不偏，而且是对立的统一。老子讲"高下相倾，音声相和，前后相随"，《周易》讲"无平不陂，无往不复"，这都是"中"。以上三说，都具有哲学意义，体现出中国哲学心灵本位、善为根基、辩证统一的基本特征。

"中"在中国美学上的影响是巨大的，主要体现在两方面。一是善为美之魂。这里的善，主要指儒家的道德规范，包括仁、义、礼、诚、忠、孝之类。孟子讲"充实之谓美，充实而有光辉之谓大"，这里的"充实"，就是道德的充实，也就是善。荀子讲"不全不粹不足为美"，这里的"全"与"粹"，都是讲的善。

中国美学的最高范畴为"境界"，境界艺术审美领域亦称"意境"，它是意象的高级形态。境界的特质是"象外之象""景外之景""味外之旨""韵外之致"。王国维《人间词话》指出："古今词人格调之高无如白石，惜不于意境上用力，故觉无言外之味，弦外之响。"这种特质，其实也可以归之于含蓄。含蓄是中华民族标志性的审美观。

"和"也是中国古代较早出现的一个美学范畴。"和"是宇宙之根本性质，是宇宙之真、之善、之美的总来源。既然宇宙的真善美都来自和，那么，我们人工的创造，也应效法天地，以和为根本法则。

中国哲学中"化"的理论也运用到审美中，要求将艺术中诸多对立的方面统一起来，达到了然无痕的化境。清代大学者王夫之论诗，认为诗中的两大要素"情"与"景"应化合为一体。他指出，"景以情合，情以景生，初不相离，唯意所适""景者情之景，情者景之情"。①这些思想都可以看作"化"在艺术创作中的实践。

将艺术中的诸多对立因素统一起来，构成一个有机的整体，就创造了境界。境界是中国古典美学的最高范畴。境界消融了人与自然、个体与群体、现实与理想、功利与审美、理智与情感、自由与必然的边界，因此，它是一种化境。这种化境将有限的艺术空间引导到无限，将现实的人生引导到未来，将情感的愉悦升华为哲理的启迪。从这个意义上说，境界永远在生成之中。境界综合了中华美学诸多的因素，是中华民族审美的最高体现，它不仅仅体现在艺术创作之中，而且体现

---

① ［清］王夫之：《姜斋诗话》，上海古籍出版社 2012 年版。

在人生修养之中。

二、中华美育精神内涵

提到美育，人们往往马上想到蔡元培。其实在近代，最早提出美育的人是王国维。1903年秋，王国维在《论教育之宗旨》一文中，首次提出了美育概念。王国维指出，与人类精神中知识、意志、感情三部分相对应，教育也分为三部分，分别为智育、德育、美育。稍后，在《孔子之美育主义》中，王国维介绍了美育理论在西方的发展历程，并举孔子的诗教与乐教主张来阐释美育。在《教育家之希尔列尔》一文中，王国维着重介绍了席勒的美育学说。此外，王国维还分析了美育与德育、智育的关系，指出美育一方面是德育、智育的手段，另一方面具有自己独立的价值，美育可以"使人之感情发达，以达完美之域"。可以看出，王国维主要是从教育学的角度来谈美育。王国维之外，另一个较早触及美育问题的人是鲁迅。在发表于1908年的《文化偏至论》中，鲁迅提到了席勒寻求"知、感两性，圆满无间"的学说。在《摩罗诗力说》中，鲁迅从人性全面发展的角度论述文学的重要性。显然，虽然没有明确拈出"美育"这样一个词，但鲁迅已经触及了美育理论的核心，阐发出了美育理论的基本原理王国维、鲁迅率先提出了美育主张，但总体来看，他们关于美育的论述是零散的、不成系统的，同时也没有产生太大的社会反响。

真正对美育问题进行系统化、理论化的论述，同时又不遗余力宣传美育的人是蔡元培。蔡元培一生都在介绍、宣传、推广美育。美育概念能够在中国生根发芽、深入人心，蔡元培厥功至伟。蔡元培美育思想的突出特点，是在中西美学、文化之间融会贯通，大胆发挥创造。蔡元培认为，虽然美育的概念、原理是由席勒等西方现代美学家提出，但美育实践古已有之，中国尤其富有美育的传统，孔子的"六艺"，汉魏时期的清谈，北朝的雕刻，唐诗宋词，元曲小说，都属于美育。[①]在美育的价值问题上，一方面，蔡元培沿袭西方美学的观点，指出审美可以促进人的知、情、意三方面的平衡发展，培养健康的人格。另一方面，从中国古老的诗教、乐教传统出发，着重强调通过审美，可以塑造人的高尚品德，特别是"富贵不能淫""杀身成仁"等类似中国古代士大夫的品德。蔡元培美育思想中影响最大、争议也最

---

① 蔡元培：《美学文选》，北京大学出版社1983年版。

大的是他的"以美育代宗教"说。1917 年，蔡元培正式提出了他的以美育代宗教学说。之后，又在不同时期、不同场合多次重复这个学说。美育何以能取代宗教，为什么要取代宗教呢？蔡元培的回答是：上古时代，人们智识浅陋，思想蒙昧，于是发明宗教，宗教对原始人而言具有知识、道德、感情三方面的功用。知识方面，宗教以创世说解释世界起源，消解人对世界的疑问；道德方面，宗教家提倡利他主义，维护社会秩序；感情方面，宗教利用舞蹈、音乐、美术、建筑、山水等，慰藉信徒之感情。后来随着社会文化的日渐进步，宗教在知识、道德方面的功用逐渐为科学、社会学、伦理学所取代。知识、道德两种作用既然都脱离宗教而独立，于是宗教所剩余的唯有情感作用，即美术的作用。然而美术的发展历程，也渐有脱离宗教之趋势。美术本来是陶冶人的感情的，但由受宗教的拖累，常常失其陶冶感情之作用，而转以刺激人类褊狭之感情。于是，美术干脆独立。美术既然已经独立，宗教便没有继续存在的意义，不如干脆以美育代宗教，这样既发挥了慰藉人类感情的作用，又避免了宗教褊狭、强制的缺点。

中华美育精神同中华美学精神一样，没有固定完整的体系，这里也是选取各家所说共性的几点内容。中华美育精神，表现为个体与社会、道德与审美、身体与心灵、艺术与人生、自然与自由的五个维度的统一。"内圣外王"意味着个体与社会的统一，"尽善尽美"意味着道德与审美的统一，"身心一如"意味着身体与心灵的统一，"生生之仁"意味着艺术与人生的统一，天人合一：自然与自由的统一。

（一）内圣外王：个体与社会的统一

"内圣外王"语出《庄子》，宋代以后，以此来阐释儒家思想体系的核心结构，以及最为理想的人格形态。儒家《大学》中的八目，即格物、致知、诚意、正心、修身、齐家、治国、平天下，前四目为内圣路径，而后四目则为外王路径。无论是内圣还是外王，美育均起到重要的作用；而内圣外王，也构成个体心性涵养与社会事功实践相贯通的人格培养目标。

就内圣而言，美感涵养理念，使之真正深入人心，最终促使德行走向完成，此即孔子"成于乐"的意义；就外王而言，礼乐与刑政一道构成国家治理的重要手段，历朝历代均十分重视。内圣外王合用，要求心性的涵养与政治的事功相贯穿，理想人格的陶铸与社会责任的担当相融通，构成中华美育精神的首要特征，意味着个体与社会的统一。

（二）尽善尽美：审美与道德的统一

《论语·八佾》称："子谓《韶》：'尽美矣，又尽善也。'谓《武》：'尽美矣，未尽善也。'"《韶》相传是古代圣贤君主——舜时代的音乐，《武》则为周武王时代的音乐；孔子尊《韶》，是对"三代之治"亦即中国古代士人政治理想家园的怀想和追慕，并用"尽善尽美"这一至高的价值判断，来形容这一音乐所表征的时代；相比之下，在孔子看来，武王虽终结了商纣的残暴统治，开创了西周盛世，却是以暴力换和平，与仁这一最高的道德原则有亏，于是未能尽善。

"尽善尽美"，要求美的原则与善的原则相伴而行，美感经验与价值理念一体交融，构成美育的第二个核心特点。从现代学术角度来看，美与善诚然有学理区别，然而美育正意味二者的关联性不可斩断。就中华美育传统而言，美与善的关联性要远远大于差异性。就礼乐关系而言，礼强调道德仪式对日常行为的规范，然而这种规范如果不是仅流于形式，就必须从内心获得情感的力量，实现内化的完成；乐呈现为愉悦的感性经验品格，然而这种愉悦本身，却为一种观念意识的直观呈现，这种观念意识即"中和"。所谓"致中和，天地位焉，万物育焉"，展开了中华民族一幅内含阔大想象的宇宙图景。总之，中华美育精神，讲求审美与道德的统一，二者统一于人格教育之中。

（三）身心一体：大体与小体的统一

中华美育精神，指向一种身心一体的教育。中国思想文化传统中具有大量强调身心一体的美育思想资源。孟子称："耳目之官不思，而蔽于物，物交物，则引之而已矣。心之官则思，思则得之，不思则不得也。此天之所与我者，先立乎其大者，则其小者弗能夺也。此为大人而已矣。"[①]心为身体的一部分，然而却因"思"而是"大体"，对感官的"小体"具有引导作用，君子因当"先立其大者"，所谓"从其大体为大人"。中华美育从心出发，对感官欲望和身体进行引导，由内而外见出气质美、人格美。孟子云："仁义礼智根于心，其生色也，睟然见于面，盎于背，施于四体，四体不言而喻。"仁义礼智根于心，发于情，进而"见于面，盎于背，施于四体"，[②]德行自然灌注全体，气质与人格之美自然显现于举手投足之间。

---

① 出自《告子·告子章句》。
② 出自《孟子·尽心章句》。

当然，中华美育也绝非只重视心的教育，同样重视身体经验。王阳明称："大抵童子之情，乐嬉游而惮拘检，如草木之始萌芽，舒畅之则条达，摧挠之则衰痿。今教童子，必使其趋向鼓舞，中心喜悦，则其进自不能已。譬之时雨春风，沾被卉木，莫不萌动发越，自然日长月化；若冰霜剥落，则生意萧索，日就枯槁矣。故凡诱之歌诗者，非但发其志意而已，亦所以泄其跳号呼啸于咏歌，宣其幽抑结滞于音节也。导之习礼者，非但肃其威仪而已，亦所以周旋揖让而动荡其血脉，拜起屈伸而固束其筋骸也。"①

王阳明认为，对儿童的教育，必须从愉悦的感性—身体经验培养入手；诗、礼、乐等美育途径，绝非仅仅是"发其志意"或仅为"心灵教育"，而是作用于血脉、筋骨到志意的身心全体。

（四）生生之境：艺术与人生的统一

中华美育精神，是以"生生之仁"为内核的、艺术之意境与人生之境界的统一。《周易·系辞传》曰"天地之大德曰生"，"生"有"生生"亦即生成变化的意涵，同时更指向积极的生命。《周易·系辞》曰"生生之谓易"，积极的生命即不断生成、不断创造的生命。程颢称"万物之生意最可观，此元者善之长也，斯所谓仁也。""生"即"仁"，"观""万物之生意"，则为一种体现中华审美精神的审美直观，统摄艺术与人生。生生既是中国艺术意境的来源，也是中国人之人生境界的最高体认对象——就艺术言是"生生的节奏"，就人生言是"仁的境界"。宗白华称："'道'的生命和'艺'的生命，游刃于虚，莫不中音，合于桑林之舞，乃中经首之会。音乐的节奏是它们的本体。所以儒家哲学也说：'大乐与天地同和，大礼与天地同节。'《易》云：'天地氤氲，万物化醇。'这生生的节奏是中国艺术意境最后的源泉。"②道的生命和艺的生命，看似两分，实则一体；此体就艺术言之即"音乐的节奏"，就"道"言之则为"生生的节奏""生生的节奏"抑或"音乐的节奏"，作为"中国艺术意境的最后源泉"，是人生与艺术的共同本体，标志着二者的统一。

人生与艺术的统一，也就是生命与形式的统一。宗白华认为"生命与形式，流动与定律，向外的扩张与向内的收缩，这是人生的两极，这是一切生活的原理。

---

① ［明］王守仁：《训蒙大意》，载《王文成公全书》，中华书局2015年版。
② 转引自宗白华：《中国艺术意境之诞生》，上海人民出版社2022年版。

生命片面的努力伸张反要使生命受阻碍，所以生命同时要求秩序、形式、定律、轨道。生命要谦虚、克制、收缩，遵循那支配有主持一切的定律，然后才能完成，才能使生命有形式，而形式在生命之中……生命是要发扬、前进，但也要收缩、循轨。一部生命的历史就是生活形式的创造与破坏。生命在永恒的变化之中，形式也在永恒的变化之中"①在。宗白华那里，生命与形式的关系，被阐释为扩张与收缩的律动，这种律动本身即"生生的节奏"：节奏乃形式之收缩，为生命之赋形原则；生生乃生命之扩张，为形式之动力源泉。

（五）天人合一：自然与自由的统一

中华美育是一种以天人合一为最高境界的超越性价值教育。《中庸》开篇称："天命之谓性，率性之谓道，修道之谓教。"人性由上天赋予，顺应天性的发展就是道，以道来修养自身就是教化。"率性"可以被视为中华美育精神的一个重要范畴，体现了天人相合对人格发展的至高要求。需要指出的是，"天人合一"的"率性"不是"任性"，不是一味顺从本能欲望或自然情感。《中庸》尤重对自然情感的教育，"喜怒哀乐之未发，谓之中；发而皆中节，谓之和；中也者，天下之大本也；和也者，天下之达道也。致中和，天地位焉，万物育焉"。"中和"为最高的审美范畴，是美善合一的超越性境界。《中庸》还提出"至诚尽性"以达"天人相参"之境界的感性教育原则，"唯天下至诚，为能尽其性；能尽其性，则能尽人之性；能尽人之性，则能尽物之性；能尽物之性，则可以赞天地之化育；可以赞天地之化育，则可以与天地参矣"。尽性是自由的最高实现，"至诚"的感性经验教育为"尽性"的途径；尽性之人，最终可与天地相参，这正意味着自然与自由的统一。

天人合一是中华美育精神的最高价值。蔡元培称中庸之道为"中华民族之特质"。《中庸》之道正为天人合一之道，王国维即称《中庸》奠定了"天人合一"观念，"天道流行而成人性，人性生仁义。仁义在客观则为法则，在主观则为吾性情。故性归于天，与理相合。天道即诚，生生不息，宇宙之本体也。至此儒教之天人合一观始大成。吾人从此可得见仁之观念矣"。②在王国维处，"诚"这一感性经验原则被直接阐释为"天道"，"生生不息"之仁体亦被理解为"宇宙本体"，

---

① 宗白华：《宗白华全集》（第2卷），安徽教育出版社1994年版。
② 王国维：《王国维文集》（下），中国文史出版社2007年版。

此正为蔡元培超越性价值论的真正旨归。

三、新时代弘扬中华美育精神价值

新时代加强美育工作，要坚持立德树人，扎根时代生活，遵循美育特点，弘扬中华美育精神，让祖国青年一代身心都健康成长。对于培养担当民族复兴大任的中国特色社会主义建设者和接班人，促进社会主义文化的繁荣兴盛，建设社会主义现代化强国，实现中华民族伟大复兴的中国梦具有重大的现实意义和深远的历史意义。

（一）弘扬中华美育精神，是伴随着建设社会主义现代化强国、实现中华民族伟大复兴的历史进程，促进人的全面发展和自由解放的时代命题

中华民族在 5000 年文明历史发展中，形成了崇尚天人合一的和谐之美，追求尽善尽美的崇高之美，重视礼乐教化的美的熏陶等等美育传统。1918 年，蔡元培怀着"美育代宗教"理想倡导成立中央美术学院的前身即国立北京美术学校的时候，正是中华民族危机和中国人民苦难日益深重的年代，是要通过美育唤起民众的觉醒，挽救民族的危亡。

18 世纪德国席勒提出"美育"这个概念的本义，是对人的感性与完整性的倡导。他在《美育书简》中这样写道："有健康的教育，有审视力的教育，有道德的教育，也有趣味和美的教育。最后一种教育的意图是，在尽可能的和谐之中培养我们的感性和精神的整体。"[1]20 世纪初，蔡元培、王国维、梁启超等人引入"美育"概念，激活了中华美育传统，为启蒙与救亡的现代中国注入了美的力量。

然而，美育的美好理想在帝国主义、封建主义、官僚资本主义压迫下的半殖民地半封建的旧中国是无法真正实现的。任何时代的美育总是与一定的社会基础和时代任务联系在一起的。马克思、恩格斯指出："忧心忡忡的穷人甚至对最美丽的景色都没有什么感觉。贩卖矿物的商人只看到矿物的商业价值，而看不到矿物的美和特性。他没有矿物学的感觉。"[2] 马克思、恩格斯在这里明确提出了美育的两个必要条件：第一，人要获得生产力和生产关系的解放，要从贫穷、从压迫中解放出来。第二，人要获得功利性的超越，要从对物质财富无限攫取的私欲中

---

[1] ［德］席勒：《审美教育书简》，冯至，范大灿译，上海人民出版社 2003 年版。
[2] ［德］卡尔•马克思：《1844 年经济学哲学》人民出版社 2014 年版。

超越出来。纵览历史，无论是5000年中华文明所积淀的优秀美育传统，还是现代"美育"概念引入后，一代先贤的积极倡导，都由于当时缺乏必要的社会基础而难以真正实现人的全面发展。经过新中国70多年筚路蓝缕的伟大奋斗，特别是改革开放40多年来波澜壮阔的以经济建设为中心的社会主义现代化建设，我们的物质生产力水平获得极大提高，我们有条件实现美育理想，而且也有必要实现美育理想。正像马克思在《1844年经济学哲学手稿》所说的"人也是按照美的规律来塑造的"①，实现中华民族伟大复兴的中国人也一定是按照美的规律塑造的具有形象美、语言美、行为美、心灵美的人。要提高人的思想境界和社会的文明程度，还需要进一步加强美育；培养德智体美劳全面发展的社会主义建设者和接班人，更要加强美育。我们要在实现2035年和2050年奋斗目标的历史进程中，以美育提升人民大众的审美素养和精神境界，培育深厚的家国情怀，激发全民族的创新活力和创造精神。

新时代美育工作要在人们对美好生活的追求中推动人的全面发展。党的十八大以来，美育工作得到党和国家的高度重视。习近平总书记强调加强美育工作，倡导弘扬中华美育精神，是中华民族从站起来、富起来走向强起来的新时代的庄严使命，是培养中国特色社会主义事业建设者和接班人的必然要求，是满足人民日益增长的美好生活需要的有力举措，是中国共产党"为中国人民谋幸福，为中华民族谋复兴"初心的体现。

（二）新时代弘扬中华美育精神，是按照美育规律，在潜移默化的美的熏陶之中，在鲜活的学习生活的实践体验之中，实现人的真正成长和全面发展的现实问题

美育诉诸人的感性和心灵，是一种引导人的生命不断成长完善的个性化教育，能够让受教育者建立起和这个世界美好的积极的审美情感联系，因为这种联系而感受到美、享受到美，并且愿意把所感受和所享受到的美传递与表达给这个世界。如果说人要受到法律的规范、道德的约束，那么美育是让人在追求美好的过程中把遵守法律、崇尚道德、追求高尚成为自觉，并在此基础上和这个意义上实现真正自由和全面发展。所以，美育必须在教育和生活的全方位全过程之中注入"美的要素"，让人在鲜活的、美好的社会生活实践中接受美的陶冶、展开美的创造。

---

① ［德］卡尔·马克思：《1844年经济学哲学》，人民出版社2014年版。

因此，要在人成长的各个阶段、各种空间都有美的熏陶，都有美的体验，在学校加强美育、在家庭重视美育、在全社会倡导美育。

学校加强美育，要着眼培养德智体美劳全面发展的社会主义建设者和接班人这一根本任务，建构与德育、智育、体育和劳动教育相融合的美育体系，在教学实践中，要挖掘各门课程中的美育资源，让学生感受到蕴含在各个学科中的客观规律之美、人文关怀之美、创造发明之美、探求真理之美；在校园文化中，要营造美的环境、创造美的氛围，让学生从校园的一砖一石、一草一木、一角一景中，都感受到美的影响和美的感染；在集体生活中，要突出对美好的向往和追求，让学生从教师的教导指导中、共青团组织生活和班集体活动中、同学交往交流中，感受到理解友爱之美、团结互助之美、乐群和谐之美、奉献崇高之美。在这一过程中特别要遵循美育特点，用实践体验的方法，用感受熏陶的方式，尊重学生的个性和主体性，激发学生的热情，追求潜移默化、润物无声的境界，绝不能用知识灌输的方式、用功利性引导的办法、行政性强制的手段。

家庭重视美育，要着眼孩子健全人格的培养，在孩子成长的每一步都要以家长的言行和每个家庭特有的方式，引导孩子分辨美与丑，珍爱美好事物，营造美好和谐的家庭氛围，培育孩子对形象美、语言美、行为美、心灵美的追求。在引导督促孩子学习的过程中，让孩子感受学习的兴趣之美、努力奋斗之美、进步成功之美；在规划孩子未来的过程中，让孩子感受确立志趣之美、树立志向之美、实现目标之美；在讨论和决定家庭事务的过程中，让孩子感受相互尊重之美、相互包容之美，良好家风之美；在日常家庭生活过程中，让孩子感受整洁优雅之美、勤俭持家之美、承担责任之美。引领孩子进入到天地自然和现实生活的更为广阔的美育大课堂之中，引导他们建构起自我与世界的美好联系。

全社会倡导美育，要把社会主义核心价值观融入社会生活的方方面面，大力建设美术馆、博物馆、文化艺术活动中心等具有重要美育作用的公共艺术空间，大力发展文化事业和文化产业，把文化生活和艺术生活融入百姓的日常生活中，开展丰富多彩的文化艺术活动，为人民提供优质丰富的精神食粮，不断满足人民群众对美好生活的向往和对真善美的追求。让人们在日常生活中，感受衣食住行中的美好；在城乡生活中，让人们能够在美丽乡村、美好城市和艺术社区中潜移默化地得到愉悦的美的陶冶，使所有的中国人都在美的生活中实现自我超越和全面发展，成为有品位、有内涵、有创造力的人。

（三）新时代弘扬中华美育精神，是要充分发挥艺术教育的独特优势，在浓厚的文化和艺术氛围中提高审美素养，陶冶高尚情操，塑造美好心灵，激发创新创造活力的重要课题

要加强美术教育和音乐、舞蹈与戏剧等其他门类的艺术教育，培养具有"大美之艺"的艺术家，为时代和人民创造传世之作，使广大人民在丰富多彩的文化艺术生活中不断提升审美素养、艺术品位、思想境界和创造活力。

艺术教育与鉴赏活动诉诸人的形象思维和情感体验，激发人的想象力和创造力，是美育的重要手段。要在各级各类学校和全社会大力开展以美育为导向的艺术教育课程和文化艺术活动，着眼于陶冶高尚情操、塑造美好心灵和激发创新创造活力，从根本上扭转艺术教育中的功利化、工具化、技术化倾向，创造浓厚的文化艺术氛围，使学校、社区和所有的公共场所都具有一种美育的场域力量，使人们在全部的社会生活中都能感受到美的滋养。

在中华民族从站起来、富起来走向强起来的新时代，人们对美的需求和美好生活的向往更加迫切。我们比以往任何历史时期都更有条件、更有信心做好美育工作，使全体受教育者和亿万中国人在浓厚的文化和艺术氛围中提高审美素养，陶冶高尚情操，塑造美好心灵，激发创新创造活力，实现全面发展，推动中华民族实现伟大复兴中国梦！

第二节　吴文化里的中华美育精神

吴文化作为中华优秀传统文化的重要分支，在历史的不同时期扮演不同的角色，相同的是一直都具有很重要的地位。从春秋战国的尚武，到秦汉唐宋的转型，吴地文化逐渐走向精雅，尤其是借着江南水乡的地域优势，较少战乱，经济重心转移，百姓相对安居乐业，到了明清时代更是成为"东南财富地"的国库，民国时期民族工商业顺势而为的异军突起，改革开放后苏南模式的乡镇企业崛起，焕发新活力。吴地无论在经济上还是文化上在中华文明发展进程中能够顺势而为、抓住机遇、锐意进取、改革创新，走向辉煌。这一切是和吴地文化中蕴含的中华美育精神分不开的。本章节将从中华美育精神视角，在吴文化中梳理萃取部分中

华美育精神展示：

一、海纳创新——吴文化的源头

（一）海纳

中国是一个多民族的国家，在民族问题上，中国有两个极大的优势：一是文化同源。二是海纳创新。正是这两大优势对中国美学的性质、精神、风貌产生了巨大的影响。中华民族以华夏族为主体而融合了诸多民族。这种融合开始于炎黄时代，夏朝作为中国第一个具有国家意义的政权，将这种融合提升到国家的高度。

中原周部族的始祖为中国远古时期的农神后稷，根据《史记·周本纪》记载，他的母亲姜嫄为帝喾元妃，而姜嫄的出身，是炎帝的后人，后稷父系是黄帝的曾孙，因此，周部族始祖的出身，既印证着黄帝、炎帝部落联姻的事实，同时又印证了他是"炎黄的后人"。带有传奇色彩的是，史记中为后稷安排的父亲不是帝喾，而是他的母亲姜嫄由于踩了巨人的脚印，才怀上后稷的，有意思的是，殷商的始祖母简狄，是帝喾的次妃，也是类似的经历，生下了殷商的始祖殷契。这个古老部族，周部族，商部族的名以上的父亲都是帝喾。除此以外，这位中国古代五帝之一的帝喾，还是中国古代另外两位帝，少昊和唐尧的父亲。为什么会出现这样颇具有传奇色彩和戏剧性的世系表呢？追根溯源，不难理解，中国远古时代的帝王清一色地都是黄帝的后人。这既印证着万事一系皆源于黄帝的传统观念，同时也把这一传统观念以世系的形式固定了下来。黄帝为姬姓，炎帝为姜姓，这位周部族始祖后稷不仅是传说中黄帝的后代，也顺理成章地拥有了姬姓姓氏。

黄帝时代，文字尚未成为历史的载体，今所见的黄帝的文献是经过世代口耳相传而流传下的传说，时间愈久，难免愈失其真。西汉司马迁正是根据这些从远古流传下来的传说，撰写了《史记》中《三皇本纪》《五帝本纪》篇。黄帝世系传承的历史依据，时至今日，已无法考证。然而在后世，黄帝却成了中华民族的人文始祖或人文初祖。炎帝和黄帝的故事，既构成了中华民族最早的英雄崇拜，同时也构成了中华民族传统文化的源头。

吴文化是本土文化与外来地域文化融汇、整合的产物。那时相对先进的周文化与处于低位文明状态的江南土著文化，经过泰伯以及历代吴王不断吸收外来文化的精华，最终融汇在一种高位文明的新的文化模式——句吴文化当中。句吴文明在融入中原文化的过程中，表明了它博采众长的包容性，开放性已经显现并在后来逐渐形成传统。这对后世的吴文化都产生了深远的影响。句吴文化在它的诞生和发展中，经历了三次大规模的与外来区域文化的融会与整合。商朝末年泰伯、仲雍的南下；19世吴王寿梦执政时，寿梦以及他的儿子季札出访考察，广泛地接触了中原文化。其后逃晋的楚臣申公巫臣南下帮助吴国，中原军事技术的渗入，终引起句吴文化与外来区域文化的第二次交融。这次中原文化与句吴文化间的交融，使得句吴国作为独立的军事力量登上了春秋政治舞台。第三次大规模接受外来文化是吴王阖闾时期。楚人伍子胥，伯嚭和齐人孙武的到来，一定程度上把楚文化和齐文化都带到了吴国。它既显示了中原文化和长江文化的融合，也反映了长江文化内部不同区域文化的融合。正是在这一传统指导下，句吴文化继续以开放和包容的姿态接受外来区域文化的融入。吴人言偃北学，成为孔子七十二门徒之一。言偃折射出吴文化博采众长的开放性特点，同时也表示句吴文化已经主动接受中原文化的影响，以一种开放和包容的精神，吸收着中原文化的积极因素，并以此充实句吴文化的内涵。对后世的吴地教育来说，言偃北学是开启了一代东南学风。

吴文化包容性特点，延续后世的历朝历代。在后世的3000多年里，一直没有改变，这为吴文化不断增添新的养料，同时，也在政治、经济、文化等领域极大地促进了地区的发展。

（二）创新

吴文化几千年来的发展繁盛除了自身的海纳包容性外，顺应时代发展，不断创新进取也是其中重要的原因。在历史进程中吴文化演进脉络与阶段性特征为春秋战国时期刚勇尚武，善于谋略；秦汉到宋元，文经并重，文化发生转型；明清时期，务实进取，多元发展；近现代，适应潮流，传承创新，民族工商业崛起，延展了繁荣；吴文化在当代轨迹则审时度势，率先开展苏南模式的乡镇企业发展，跨越发展，再次腾飞。

在吴文化中对古人先贤等事例中蕴含着非常多的具有创新精神和创业精神的元素，包括首创精神、冒险精神等要素。比如，泰伯奔吴的至德品质，其实也可以说是泰伯为解决当时父亲的困境而主动做出的选择，自己也成就了别样的人生。昆曲600年的流行跟采用中州调以后，全国推广不无关系，类似我们今天的普通话推广。薛福成故居的断脊设计是灵动变通的结果。徐霞客的人生阐述了那句"兴趣就是人生最好的老师",是其人生成就的起点。无锡寄畅园历时近500年同属一个姓氏——秦氏,没有随着世事变迁而更换园主人,相比之下苏州拙政园在400多年历史长河中沉浮不定,这和寄畅园主人秦氏家族的改园林为祠堂,合理规避了被抄没家产的风险远见有着直接关系。吴文化中类似这样的创新精神还很多,留给后人不尽的精神财富。

二、为政以德——泰伯的至德精神

在无锡惠山古镇映山湖正北,华孝子祠右前方,有一座祠堂,名至德祠,又称泰伯殿,主祀泰伯。泰伯为江南开发的肇始者,据《史记·吴太伯世家》记载,在公元前11世纪初的商末周初,周太王古公亶父欲传位于三子季历,长子泰伯、次子仲雍知父意,为避君位,从陕西岐山千里跋涉,南奔吴地,来到"荆蛮"之地,并依从土俗"文身断发,化而长之",在梅里建立句吴部落。在华夏东南,泰伯立句吴,开始了有文献记载的江南地区的早期开发。关于泰伯奔吴的史实,从司马迁开始,在后世不断得到丰富和演绎。在《汉书》《吴越春秋》中陆续演绎了"三以天下让"的具体情节。3000年前,周泰伯让王位奔吴,即吴文化的渊源,泰伯也成了吴文化的开山始祖,为吴地带来了中原的农耕文化、水利技术和文明礼仪,加速了吴地的早期发展,使无锡成为吴文化的重要发祥地。

《论语·为政》中子曰:"为政以德,譬如北辰,居其所而众星共之。"《论语泰伯第八》子曰:"泰伯可谓至德也矣,三以天下让,民无得而称焉。"孔子给予泰伯"至德"的称赞,体现了泰伯的三让天下的美德。"至德祠"体现了吴地后人对泰伯的追思与纪念。泰伯被推为吴地文明始祖,强调尊崇泰伯,以泰伯为典范,将其作为构建文明礼仪之邦的道德基础,可见无锡历朝历代修庙祭祀泰伯之原因。它不仅有助于弘扬吴文化的尚德精神,也满足了本埠民众的荣耀感和文化归属感,增强了乡土凝聚力。"至德祠"的"至德"二字,对其理解就不能仅停留在"礼让天下"。汤因比说:"较伟大的心灵超然物外,更伟大的心灵试图将人生变成某种比我们所经历的尘世生活要高级的东西,并把新的精神进步的种子播撒在大地上。"所以,我们说泰伯的"礼让天下"之德,固然因为符合儒家推崇的品德而得到了历朝历代的歌颂,但他真正的"至德"在于开创了古代江南文明,把进步的种子播撒在这片大地上。他跋涉3000多里,渡过长江,冒着千难万险来到荒蛮之地江南,不是隐逸世外,而是融入人民,和他们一起同甘共苦、胼手胝足，改变了这里原始的生存环境和方式，建立了句吴国，开创了新的文明，并使这种文明不断繁荣生长。吴文化独特的文化起源，以及通江近海的特殊地理位置，使它逐渐形成了灵动机智、开放包容、务实进取的自身特点，在中华文化的漫长的历史融合进程中，发挥了不可替代的重要作用。

三、以美和天——季子的审美理想

季札，又称公子札、延陵季子。春秋时王室成员，为吴王寿梦之四子，诸樊少弟，有辞国之贤。公元前 554 年，季札奉吴王余祭之命出使鲁、齐、晋、郑、卫五国。《左传·襄公二十九年》记载有他在鲁国欣赏周乐时所做的音乐评论，其中包括对诗乐风、雅、颂各章和吉礼所用祭祀乐舞的诸种议论。由于周平王东迁以后，西周文物逐渐丧失殆尽，鲁国留存的周天子所赐"周乐"及其乐章底本，便显得尤为珍贵。《左传》所记，表明鲁国乐工为季札奏"周乐"，其分类名目、先后次第和今本《诗经》类似。由《左传·襄公二十九年》有关季札论乐的文字记载来看，季札的评论是由"观周乐"而引发的，而季札"请观于周乐"，又同他劝告、批评鲁宗卿叔孙穆子"好善而不能择人""任其火政，不慎举"有关。似乎季札请求观赏周礼乐活动中诗章乐舞的背后动机，同他赏乐而观政、因乐而议政，讲述治国为邦的道理这一想法有关。《史记·吴泰伯世家第一》中也有季札观乐及相关的评述。

季札所述所论，真正称得上是一种带有浓厚文化色彩的音乐评论。据《左传》的记载，季札观周乐时所做种种评论，正是具备了这样一种品格。从整体上看，季札的音乐评论，是对诗乐演唱艺术表现形式（包括词曲等方面）的赞美，这是由季札论乐文献通篇的感叹、赞赏之辞"美哉"所体现出来的；对诗乐风格情感特征的评述，例如，"忧而不困""乐而不淫""哀而不愁""乐而不荒""怨而不言"等评语；对诗乐审美意象特征的评述，往往与对诗乐情感特征的描述交织在一起，例如，"渊乎""思而不惧""其细已甚""泱泱乎""沨沨乎""大而婉，险（俭）而易行""思深哉""忧之远""思而不贰""熙熙乎""直而不倨，曲而不屈，迩而不偪，远而不携，迁而不淫，复而不厌，哀而不愁，乐而不荒，用而不匮，广而不宣，施而不废，取而不贪，处而不底，行而不流"等评语；对诗乐演唱音乐形态特征的评述，往往与对诗乐审美意象特征的描述交织在一起。例如，"五声和，八风平，节有度，守有序""直而不倨，曲而不屈，迩而不逼，远而不携"等评语。有关诗章乐舞的艺术表现形态特征、风格情感特征、审美意象特征以及相互关系的评价中，始终贯穿着"和"（中和）的音乐审美观念。正是这一音乐审美观念使季札论乐本身成为一个综合性很强而难以分割的整体。

季札评论音乐时所运用的价值评判标准，可用"美"与"德"这两个范畴来概括。季札因感叹而发的"美哉"之语，是对诗乐艺术表现在审美直觉感受基础上的整体概括。季札使用"德"这个字眼来评价诗乐和乐舞，主要集中在对《雅》《颂》与用于祭祀的历代乐舞的评价中，乐工歌《魏》风歌时，季札所说"以德辅此，则明主也"，表述的是一种寄望。乐工歌《卫》风歌时季札赞"康叔、武公之德"；乐工歌《唐》风歌时季札赞尧之德（"令德"），都是将诗乐表现的"美"（如"渊乎！忧而不困者也"；"思深哉！……何忧之远也"）同圣贤之德联系起来给以审美观照。尤其是在对诗乐《雅》《颂》及《韶》《大夏》《韶箾》等祭祀乐舞的观赏中，季札的评论，更是将"德"作为音乐评论最主要的审美价值评价标准。特别是他对《韶箾》乐舞的评价"德至矣哉"一语，已完全代替了"美哉"的感叹，"德"本身已替代了"美"甚至涵盖了"美"。

季札对于音乐审美情感在音乐表现过程中情感性质的把握上，他所赞赏的是一种具有"和"的（中和）美学特征的情感表现。其特点是"适中"而并非否认对立事物构成的谐和这一古代审美观的合理内核。季札所说的"乐而不淫""怨而不言""曲而有直体""哀而不愁、乐而不荒"等诗乐表现的情感状态，不仅体现了审美中"和"的美感特征，也包含着艺术表现规律中的"含蓄"这类美感特征。《左传》所记季札音乐评论中的"乐而不荒"一语，与师旷"好乐无荒"的音乐观念相同；"乐而不淫""哀而不愁"则与后来孔子评价诗乐《关雎》情感特征的"乐而不淫，哀而不伤"的认识一致。从春秋音乐审美观产生的社会文化背景来看，季札论乐仍是以雅乐审美观作为其评价事物美丑的价值标准，而绝不是以俗乐"新声"的音乐审美观为其评价依据。他对音乐形态风格上"其细已甚"（犹若"烦手淫声"）这种过分的表现，显然是不赞赏的。因此，无论季札还是在其前后的师旷、孔子等人讲的"和"，在当时基本上是属于雅乐审美观范畴的。

中国美育传统具有独特品质，是追求通过个体超越实现群体经验共享，并上升至个人行为与社会国家、宇宙天地运行的融合如一，将"以美和天"作为最高审美理想。中国传统美育注重美对于个体涵养心性、体味人生方面的独立价值，但它更主张"独乐乐不若众乐乐",以"身修而后家齐,家齐而后国治,国治而后天下平"为目的,指向通过个体完善实现人与人、人与社会和谐的更高教育目标。同时传统美育还将这种和谐的审美理想延伸到宇宙天地层面,《尚书·尧典》中关于"典乐教胄子"的最终目的就是为了达到"神人以和";《乐记》曰:"乐者天地之和也,礼者天地之序也",建构出一种"天人合一"的审美境界,其最终审美理想是让个体从美的感发中达到与天地和谐相处的状态。

中国美育从古至今一直负有重要的社会功能,表现为将"明道经世"作为审美实践活动的价值目标。中国传统美育中的"乐教"思想可追溯到尧舜时代,《尚书·尧典》载"帝曰:夔!命汝典乐,教胄子,直而温,宽而栗,刚而无虐,简而无傲。"即是将音乐作为育人的重要手段。《左传·昭公二十一年》中阐述了"季子观乐"的内容,提出了乐美的社会功能取向及以乐观政的思想。季子早于孔子,到孔子时期,将"乐"与"礼"结合起来,立足乐教的基本理论发展成通过文学艺术来"明道"的美育话语体系。孔子提出的"志于道,据于德,依于仁,游于艺",[1] 就将"艺"作为"道"的实现方式。倡导建立礼乐制度并以此治理国家、完善社会体系,形成了"礼乐教化"传统美育观,并长期作为国家政策,通过兴盛文化艺术来辅行育德,促进人伦关系的稳定和社会整体的和谐。董仲舒最早提出了"礼乐教化"概念。他根据对汉初以来政治的思考,主张"更化",以"礼乐教化"为国家"适于治"之道;他继承发展了先秦儒家的美育观,以"德教"为中心,突出强调礼乐的"纯其美""安其情"等美育功能;在人性与礼乐教化关系问题上,主张"性有善质而未能为善""性非教化不成",[2] 从而为礼乐教化的美育观奠定了人性论基础;董仲舒吸取、融会了道家、阴阳五行家等相关思想,将"中和"提升为天地之道,主张"德莫大于和,而道莫正于中",[3] 在政治上提倡"以中和理天下",在人生修养上强调"以中和养其身",从而丰富了儒家"中和"论美学观念。基于儒家主体的中国传统美育思想,在发展中与道家玄学、佛教禅宗中的积极元素不断融合,并在理学、心学等学派的影响下深化拓展,逐渐渗透贯穿于古代政治和文化价值体系之中,演进凝练出以"中和"为核心的中华美育精神。

---

[1] 出自《论语·述而》。
[2] [西汉]董仲舒:《春秋繁露》,岳麓书社 2021 年版。
[3] 同上。

"中和"的教育目标逐层深入，分别为人本之和、人人之和、天人之和，组成循序渐进互为一体的完整教育系统。中华美育精神是中华民族审美与艺术传统在育人及应用层面的优秀特质，应积极予以传承和弘扬。

"明道经世"和"以美和天"构成了中华美育精神立地顶天的主体支撑，生动展现了中国美育传统的特色与魅力，是当前文艺事业和教育事业发展的深厚土壤与稳固根基。在全面推进文化强国的新时代背景下，以中华美育精神为依托，构建具有中国特色的美育学科和理论体系，具有重要的战略意义。

四、岩石之花——徐光启、徐霞客的科学精神

16世纪末，世界正在发生巨大变革，中国是许多西方人眼中的神秘古老的文明古国。17世纪西方进入文艺复兴时期，科技新时代曙光峥嵘初露，西方传教士进入中国，客观上带来了新的科学技术和思想，中西文化产生第一次交流。徐光启，明嘉靖年间生人，松江府。万历进士，官至明朝礼部尚书，徐光启在与西方传教士接触的过程中，了解到西方科学的发展进步，意识到近代科学的巨大作用。余秋雨称其为上海文明的肇始者，欧洲问题专家陈乐民认为其是一位开中西交流风气之先的人。

为了更好学习西方近代科学，徐光启不仅拜师传教士利玛窦，而且积极加入天主教，竭尽全力开启了他一生的事业：以科学的精神，学习、吸收、研究，全方位推广近代先进科技知识。徐光启的科学成就是全方位的，他是第一个把欧洲的先进科学知识介绍到中国的人，也是最早科学理解地圆说的中国人，更博采中西科技之长，在数学、历法、农学、军事等各方面都做出了巨大贡献。数学方面，徐光启和利玛窦合作翻译了《几何原本》的前6卷，首次提出将"几何"作为数学的专业名词使用，译本中的众多译名更是十分恰当，不仅在我国一直沿用至今，甚至直接影响了日本、朝鲜各国。他通过利玛窦口述，整理翻译《测量法义》，而且将《测量法义》与《周髀算经》《九章算术》等中国传统算学经典相互参照，编著《测量异同》《勾股义》等书籍。徐光启在天文历法方面的成就是，在历书中，他引进了圆形地球的概念，介绍了经度和纬度的概念。他根据第谷星表和中国传统星表，提供了第一个全天性星图，《崇祯历书》编译完成，此书是我国最早吸收西方先进天文学知识对中国传统历法进行改革的大型学术著作，奠定了中国近300年天文历法的基础。徐光启关注社稷民生，提出农业为富国之本，正兵为强国

之本。其著作《农政全书》初稿完成后 50 余万字，基本囊括了中国古代汉族农业生产和人民生活的各方面，是中国古代农业科学史上最完备的农业学百科全书。徐光启亲自进行了多项农业试验，在上海和天津建立农业试验田，积极推广甘薯种植，提出用垦荒和开发水利的方法来发展农业生产、救灾备荒，在实践基础上完成《甘薯疏》《农遗杂疏》《农书草稿》《泰西水法》等农学著述。徐光启特别注重火炮的制造，曾多方建议，不断上疏，希望能引进火炮制造技术，同时对火器在实践中的运用多有思考，撰写了《选练百字诀》《选练条格》《练艺条格》《束伍条格》《形名条格》《火攻要略》《制火药法》等各种我国近代较早的火药火器相关的条令和法典。

徐光启生于国家内忧外患之际，早年就胸怀富国强兵的救国理想。明末满族从山海关外屡次发动战争。他受命在通州编练新兵并汇编了《徐氏庖言》，"求精"和"责实"是徐光启军事思想的核心。他还引进并仿制西方火炮，为明朝抗金和抗倭斗争做出了重要贡献，他是中国军事技术史上提出火炮在战争中应用理论的第一人。中国的战争从此进入热兵器时代。

科学先驱徐光启以博大的胸怀、开放的心态，不断学习吸收先进科学知识，更为可贵的是，他融会古今，学贯中西，深刻认识到近代科学精神的内涵，试图以近代西方科学之长，弥补中国传统科技"只能言其法，不能言其义"的缺憾。他对中国传统的科技进行了全面的总结和理性的反思，并结合近代西方先进科学，在天文学、数学和农学等方面赢得了划时代成就，指示了中国传统科学朝着近代方向发展的道路。当代著名科学家竺可桢称赞他为"中国近代科学的先驱"。

中国晚明社会有过开放的萌动，西学东渐有过短暂的风景。意大利传教士利玛窦到达南京，他向人们介绍西方的天文、地理、历算、地图测绘等科学知识，引起了中国社会的关注，也激活了晚明社会的科学思想。当时东林书院十分活跃，东林党人所倡导经世致用的实证思想、知行合一的哲学理念，追求理想、敢于牺牲的精神深深地影响着另一位地理学家徐霞客。

徐霞客，本名徐弘祖，号霞客，一个名副其实的号。明代地理学家、文学家，他经 30 年考察撰写成了 60 万字地理名著《徐霞客游记》，被称为"千古奇人"。徐霞客出生于一个书香世家，继承了父亲"志行纯洁"和母亲"勤勉达观"的秉性，他曾经因为母亲身体不好而不敢外出游历，母亲知道后积极鼓励徐霞客放心远游。

徐霞客一生不求功名，只对大好河山有着炽热的追求，他游历了我国的云贵、苏皖、晋冀鲁豫等 21 个省市，走遍了大半个中国。徐霞客不仅仅游历了山水，完成了自己一生的梦想，而且把自己的所见所闻都记录下来，著成了《徐霞客游记》，为后世的地理研究做出了很大的贡献。

徐霞客每到一地，名山必登，名川必访，无论是目测山的高度、丈量洞的深度，还是探究江河的源头、地形的走势，他都是追本溯源，脚踏实地，30 年一贯如此。他在自然世界里寻找实证解答，积累第一手材料。他的考察日记严、细、深、实，堪称科学方法的宝典、科学态度的典范。梁启超评价中国实地调查的地理书当以《徐霞客游记》为第一部。游记的文字在当时也受到文人的追捧，当时的东林党领袖钱谦益称赞它是"世间真文字，大文字，奇文字"。徐霞客通过实地考察，证明长江的源头是金沙江，而不是《尚书》中记载的岷江。这是挑战权威，坚持真理的大胆推论。他深入考察丹霞地貌并做了详细记录，是中外历史上第一个系统考察丹霞地貌的专家。美国科学家甚至以"最卓越的地理地质学奠基者"来赞誉徐霞客。

徐霞客走出书斋，选择了反叛传统的人生道路，就是批判精神的初显。他尊重经典，但不迷信于典籍，敢于订正《大明一统志》等权威典籍；他尊重事实，但不满足于定论，认为"山川面目多为图经志籍所蒙"；他敬畏生灵，但不迷信神灵，敢于登山入洞惊动"神龙精怪"。他把科学、哲学、文学有机融合在一起，把自然科学研究从社会科学研究中分离出来，形成独立学科体系。

徐霞客科学精神的丰碑有三个支撑：奋斗意志、人文情怀和哲学实践。顽强的奋斗意志铸造了徐霞客科学精神的本质。徐霞客幼读诗书、饱览史志，深受儒家思想的浸染。他立足于格物、致知，专注于诚意、正心，有志于修身、齐家，虽然没有治国之心，却有走天下之志。徐霞客是一位野外地质调查的地理学家，他攀登过悬崖，潜入过深涧。雨夜丛林中，他靠野果充腹。断路绝壁前，他胼手胝足而行。他逢险必探，遇洞必入，五次遇劫。徐霞客考察的成果，是生命的代价。科学精神不能没有人文滋养。三十功名，万里遐征，广博而深厚的人文情怀是徐霞客最原始、最本真的情感底色，这种情怀体现在他对人与自我、人与自然、人与社会三大矛盾关系的处理中。人与自我的关系，是徐霞客人文情怀的起点。他的先祖北宋末年落户江阴，几百年来家境平安。徐霞客 15 岁就藏身书楼，遍览四书五经，尤好图经志籍。以高士为伍，与贤德为友，注定了徐霞客的人生不落俗套，开启了一场说走就走的人生模式，但他志在天下，创造了那个时代知识分子的新活法。人与自然的关系，是徐霞客人文情怀的亮点。一部游记，遍地开花；满篇文字，到处生绿。他用最精美的文字，描摹最奇妙的世界，表达最深沉的情感。尊重天人关系，追求文化意蕴，崇尚自然法则，遵从客观规律，成为徐霞客一生的遵循。人与社会的关系，是徐霞客人文情怀的高点。《游记》是科学巨著，也是调研笔记，记录了众生百相，宛如明朝版的《清明上河图》。他有佛缘圣心，到过许多佛教圣地、道教名山，出入佛道。最让人动容的是徐霞客与静闻和尚的友谊。静闻一路随行，佛心相吸，生死相托。湘江遇盗，静闻和尚，挺身而出，身受刀伤，一病不起。二人相约，徐霞客继续前行，静闻原地等候。待徐霞客返回时，方知静闻已长辞人世。他悲痛难已，遵从静闻的遗愿，背上他的骨灰，历时一年护送到静闻生前向往的鸡足山悉檀寺安放。这种生死情谊感天动地。

徐霞客的考察成果也是哲学成果，是实践哲学的生动展示。他的哲学思想体现在实践中。他试图在山形地貌的本原中发现特殊的因子、共同的要素。他与西方"科学哲学之祖"、古希腊科学家、哲学家泰勒斯一样，同为钟情山水的行走者，都是古代朴素唯物主义的代表人物。徐霞客的科学精神是我们应有的文化自信。

五、经世致用的东林精神

吴地崇文重教的民风历经历史的积淀，逐渐形成了一种极为浓郁的文化氛围。正是在这样的氛围中，宋代以及以后，吴地兴办了若干知名天下的书院。书院的设立，说明当地民众对知识和教育的渴求超出官学能够满足的程度。而书院的运行及著名学者的讲学活动，在客观上提升了吴地的教育水平，促进了吴地与其他地区的文化交流，为吴地人才的培养做出了重要的贡献。最关键的是，吴地书院的设立，能够积淀为一种办学传统和求学传统，积淀为一种润物细无声的文化语境，它在思想、文化、教育等多方面的诸多探索，为吴地教育的发展，打下了扎实的基础。在宋代成规模成建制地举办官学的背景下，还陆续有私立书院建立，其中最有名的当数东林书院。东林书院的创始人杨时，就是成语典故"程门立雪"的主角，虽是福建人，但他和吴地关系紧密，他在无锡亲自创办了著名的东林书院，并在该书院中讲学历时18年之久，吴地学子受其恩泽者不计其数。

东林书院位于江苏无锡老城区的东门，是北宋著名理学家程颢、程颐嫡传弟子杨时在无锡讲学时所创立的，也称"龟山书院"，它被视为江南理学的传播中心。

明万历年间东林书院获重建，以此为中心，形成了明代思想史、政治史上影响很大的"东林学派"，东林书院也一度成为全国舆论中心。东林学派创始人顾宪成所书"风声雨声读书声声声入耳，家事国事天下事事事关心"，正是东林学者秉持的治学处事宗旨。东林学派在理学盛行的时代，开创了求实务本，躬行立教的新型伦理观。他们经世致用的思想和学风，顺应了当时社会情势，广为天下有识之士所接受和拥护。

东林党人作为一个学派，在政治、经济、文化等方面都有其明确的主张：在政治上，他们要求改革朝政，主张"政事归于六部，公论付之言官"，改变宦官专权乱政的局面，进而提出开放地方政权，"惠商恤民"，重视工商业，发展地方经济的建议；在文化制度上，他们抨击科举制度的弊端，主张"选贤与能，破格用人，革新吏治"，在民本立场上，提出了"立国益民"的"天下之是非，自当听之天下"的主张。这些革新思想和主张，充分反映了新兴市民阶层要求自由发展经济、文化的呼声，是吴地也是中国早期启蒙思想的先驱。

东林精神是留给后人的宝贵的精神财富，从实事求是的"经世致用"思想，到胸怀天下的"风雨读书声，家国天下事"的境界，再到顾炎武的"天下兴亡，匹夫有责"的责任，东林精神所承载的以天下为己任的道义感，早已成为后人追求道德完善的楷模，也是吴文化千百年来优秀传统的重要体现。

苏轼曾经说过：博观而约取，厚积而薄发。[①] 崇文重教的血脉代代相承，今天的江南仍然书声琅琅。历久形成的崇文重教传统，使江南收获了文化的昌盛和辉煌，教育事业的蓬勃发展更为江南经济发展提供了不竭的精神动力。在这片钟灵毓秀的土地上，崇文重教的血脉一以贯之，薪火相传，桃李芬芳。

六、乐善和美的锡商精神

（一）富好行其德的范蠡

2000 多年来，人们一直封范蠡为商业鼻祖，其中的原因除了其宝贵的经济思想外，还有很重要的原因是范蠡能够"富好行其德"。"富好行其德"是司马迁给予范蠡的高度评价。

范蠡能够三致千金赢得天下之利，依靠的就是他睿智的头脑，他不因一时之

① ［宋］苏轼：《苏轼文集·稼说送张琥》，岳麓书社 2000 年版。

利而喜，不为不义之财而惑，遇到机遇全力争取，遇到危机不悲不急，算得清，行得正，看得远，这就是范蠡经商的智慧。范蠡的经商思想非常活络，哪里有商机，哪里就有范蠡。一旦范蠡发现可以赚钱的方法，他就一定要想方法做成，比如，陶山时范蠡，不仅经营盐，还同时经营着粮食、丝绸、家畜、车马等多样的经营项目，赚钱水到渠成。范蠡的活络不仅体现在经营的多样上，同时也体现在可以顺应天时，做到"贵出如珠玉，贱取如粪土"，始终在天时面前保持主动。

商人逐利，历史上向有"无奸不商"的说法。范蠡却不然，他舍弃了越国的高官厚禄，在五湖、齐、陶艰苦创业，孜孜不倦地从事农业、畜牧业、水产养殖业、商业都取得了巨大的成功，其目的不在于赚钱，而在于实现其自我价值。即向世人表明，它不仅能帮助越王勾践打败吴国，而且能亲自从事经济活动经营致富，正是基于这种考虑，他不为金钱所累，所以三致千金，又三次散尽其财。更可贵的是，范蠡从不搞垄断，慷慨地指导别人养鱼、制陶、耕种、制盐，司马迁深为范蠡这种超然物外的境界所折服，称其为富而好行其德。

用诚信来谋取天下之利，范蠡经商，以诚取信，以德经商，在整个经商过程中，范蠡十分注重天时地利人和的作用，而要得到人和，就必须在经济交往日常交往中讲信用，讲诚信。范蠡力劝经商的人要讲信誉，讲信用，要走正道，注重为商之德。范蠡从讲信用诚信出发，要求"务完物"，讲求商品质量。他在总结的经商致富要领 12 条中，特别要求经商者要"勤快节俭，谨慎负责，规矩方正，价格讲明，不负于人，富行其德……"，在《理财致富 12 则》中提出："能接纳，礼文接待，交观者众，能整顿，货物齐整，夺人心目。能倡率，公平以律，亲感自生。"在整个《陶朱公商训》中范蠡突出了经商之要义，在于信用，在于诚信。

在"天下熙熙皆为利来，天下攘攘皆为利往"的世道中，范蠡卓尔不俗，在商海中举起了诚信大旗，因此，他既得天时地利又得人和，发展了生产，拓展市场，得以"居无几何，赀累巨万""十九年中三致千金"。范蠡成为天下大富翁，他"人富而仁义附"，充分体现了中国传统道德推崇的"仓廪实而知礼节，衣食足而知荣辱"，范蠡经商，以诚信获取大成功。范蠡富甲天下，富行其德，越富越讲道德仁义，"十九年中三致千金，再分散与贫交疏昆弟"，用今天的话说，就是跟老百姓走共同富裕的路，范蠡这种人格魅力，这种讲诚信富而好德忧国忧民的精神，永远值得人们赞扬和提倡。

在中国传统思想中要求一个人"达则兼济天下，穷则独善其身"，而范蠡将"三致千金"的家资散于"知友乡党"，再分散与"贫交疏昆弟"，慷慨地资助社会，资助他人。当然他经商也确实为了赚钱，但他赚钱不是单纯为了自己而是为了周济他人，赞助社会，实属超然物外"富而好行其德"的高尚行为，为此，一向秉笔直书的史学家司马迁也不无感慨地油然而生敬意，他画龙点睛，笔下生花一个好字，其崇高思想超脱精神光彩熠熠，跃然纸上，这种富而好行其德精神，不但为后人塑造了仗义疏财的美好形象，也独领了商家巨子的一代风骚。

在范蠡整个经商致富过程中，总是以德为先，勤劳致富，正当经营致富之后，却又散尽其财，帮助贫穷百姓，脱贫致富，富行其德，注重为商之道。

中国传统道德源远流长，博大精深，其中仁、爱、忠、孝、诚实、守信、奉献、和平以及艰苦奋斗、不屈不挠、坚守正义、追求真理等优秀的内容是我们民族世世代代积累的精神财富，更是我们民族发展绵延不绝的动力源泉。范蠡曾是"修德以安人""修德以治国""修德以经商"。他一生不追求为官仕途，不贪荣华富贵，只是为了通过不断奋斗去实现人生理想的追求，在帮助越王勾践灭吴称霸，实现了第一个人生理想后，又审时度势凭着对"兔死狗烹，敌国灭，谋臣亡"的客观规律的超人智慧把握，急流勇退，用治国治军之策，去实现他的第二个人生理想，纵观范蠡对人生的选择，范蠡是个忠于事业的典型，在那个重官轻商的时代，作为一个上将军相国能辞官经商，并亲自繁育五畜，范蠡的这一举动源于坚定的人生信念和高尚的德行。

范蠡"富而好行其德"的商圣之魂，跨越了春秋战国时空，融入了中华民族兼济天下的精神影响，成为后世吴地工商文化精神的源流，影响着代代吴地工商企业家，后世的工商巨子大多以诚信精神聚集着财富后，以赤子之心对故乡的公益事业大力支持，兴办教育、资助公益、修路铺桥，造福桑梓。

（二）开放纳善的锡商

无锡实业家在发家致富过程中，一方面注重操守，理想高远，精忠报国，另一方面也表现出无锡人特有的柔韧灵动和通达善变，聪慧灵动的性格特征在市场竞争中有着充分的显露。

正是这种灵活机智的敏感和应对作风，让无锡人能够快速抓住难得的历史机遇，造就了近代以来激动人心的两次经济飞跃，一次是 19 世纪末 20 世纪初，民族工业的崛起，使无锡成为中国民族工商业的重要发祥地；一次是 20 世纪 80 年代，无锡乡镇企业的快速发展，使无锡一举成为中国改革开放过程中一个耀眼的亮点。两次飞跃，极大地提升了无锡的城市地位和经济实力，强化了无锡在全国经济发展格局中举足轻重的地位。

开放纳善，不断创新，是吴地工商文化的一个基本特点，也是无锡工商业快速崛起，不断发展的内在动力。无锡社会的近代化标志之一就是它的"少保守性"和"开放性"。在开放中主动吸纳外部的资金、技术和人才等资源，主动接轨上海。民族企业家一方面合力抗击外国资本，另一方面又大度地接纳外地来锡创业的企业家，形成一个既开放又相互竞争的局面。外地人来无锡投资从不受限制和排挤，常州横林人许韬莼经商致富后在当地打算投资缫丝企业，因处处受阻，只得去苏州租厂经营，但仍然受到种种制约，最后才转到无锡，顺利开办了振艺缫丝厂。无锡以它开放的心胸和姿态赢得了经济的快速发展。

近代以来，无锡的实业家普遍表现出勇于开拓，敢为人先的创新精神。无锡工商企业的发展立足于制度创新、管理创新和技术创新。早在 20 世纪初，国内许多企业还陷于封建家庭式管理时，荣氏企业已大胆引进先进的董事会制度，投资者只有重大决策投票权，而无法直接干涉企业的经营管理。这样，既保证了董事权益，也有效规避了董事干政。

与传统的儒家文化中轻视工商的观念不同，重视工商，义利兼顾成为吴地文化的重要内涵，这点在无锡尤为明显。近代无锡的工商实业家怀抱"实业救国""富民强国"的理想追求，同时又继承了吴文化"尚德"的传统，在发展企业的同时，积极回报社会，做到义利并举，实现"趋利"与"向善"的双向互动。在获得一定的资本后，无锡的工商家首先考虑的是创办教育。他们投资兴办了各级各类工人子弟学校、职业学校、小学、中学乃至大学数百家，为海内外培养了无数优秀人才。他们还热心社会公益事业。无锡的路灯、桥梁、图书馆、医院大多是由他们修建新办的。锡山顶上的龙光塔是祝兰舫夫妇出资修葺的；崇安寺钟楼、东林书院是由荣氏兄弟出资修缮的；横跨蠡湖之上的宝界双桥、春梅绽放的梅园等都是当年实业家们奉献社会，造福民众的真实体现。

历朝历代的建制中，无锡只是一个小县，或属于常州府，或属于苏州府，卑微的政治身份和重要的经济枢纽地位形成了难以调和的矛盾，也使无锡凸显出与众不同的民风和挣脱行政束缚的征兆。一方面，相对北方而言，历史上吴地较少战争动乱，也较少受到政治斗争的影响，政治敏感度较低，而对经济利益、生活质量的关注度较高。另一方面，无锡城市规模较小，政治地位不够显赫，难以形成独立的、具有辐射力的文化，而精明和务实勤勉的民风，能够提供其施展才华的平台也只有经济活动。可以说，活跃的经济活动带动了城市的发展，带给人们实际可感的经济利益。而这些利益的获得，促使人民更加看重经济活动，更加趋于务实。

由此务本求实、经世致用成为无锡工商文化的重要价值取向。无锡大多数工商实业家虽然也接受传统文化教育，但面对当时国家、民族积贫积弱的状况，无愧无悔地把创办和经营工商实业，作为救国富民的正途。他们讲实用，兴实业，办实事，重实效，脚踏实地将工商实业做实做好做强，体现了一种新的价值取向。无锡实业家的务本务实风格还体现在对实业的选择上，虽然无锡工商业百业纷呈，但是两大支柱产业却集中在粮食加工和纺织这两大行业上。这两大产业恰好对应着人类生存的两个基本需求——吃与穿。

七、大美至公红色情怀

（一）红色资本家的荣毅仁

荣毅仁，自幼聪颖好学，走上了继承父业、实业报国的道路。抗日战争胜利后，荣毅仁回到无锡，主持茂新一厂的重建和茂新二厂的修复工作。荣德生称赞说："停劫十年，至今复业，四儿全力促成。"新中国成立后，荣毅仁审时度势，顺应潮流，至1955年年底，荣毅仁将其领导下的荣氏企业全部与国家实行公私合营，使荣氏企业得以持续发展，同时对私营工商业的社会主义改造起到了带头示范作用，"红色资本家"的称呼也由此而来。

"文革"结束后，荣毅仁作为中国现代工商业者的代表重新走上政坛。从1978年当选为第五届全国政协副主席，先后担任全国人大常委会副委员长、国家副主席，成为卓越的国家领导人和独具魅力的社会活动家。从实业家到上海市副市长，再到"中信"的创办者、共和国副主席。荣毅仁一生成功地进行了多次角色转换，始终屹立于时代的潮头。荣氏家族也成为中国近代提及率最高的家族。荣氏兄弟，荣毅仁为代表的荣氏家族，凭着务实进取，开拓创新的精神，大力发展工商业，提倡实业救国，实业报国，缔造着家族的百年传奇，也使家族荣耀集身。

（二）歌唱祖国的红色情怀——王莘

王莘，无锡荡口镇人。他自幼受民间音乐的熏陶，酷爱音乐，学会了吹笛子和拉二胡。由于家境，他没能上中学，14 岁的王莘来到上海，做店员，替顾客送货。受日本人刁难，让年少的王莘心底埋下了对日本侵略者的仇恨。要不想让别人欺负，就得自己强大。从此，他开始自发地参加一些群众性的抗日救亡歌咏活动。就是在那段时间，王莘结识了左翼进步音乐家冼星海等人，成为一名进步青年。1938年，王莘终于实现了到延安鲁迅艺术学院学习音乐的愿望，跟冼星海等老师学习作曲。当冼星海写出大型声乐套曲《黄河大合唱》在"鲁艺"排练、演出时，王莘担任其中《河边对口曲》中王老七的领唱。1939 年 7 月 7 日晚上庆祝华北联大成立的那场演出，成了王莘一辈子抹不去的记忆。那天演唱的时候，台下的其他观众也不时送上雷鸣般的掌声。从那个时候起，王莘渐渐明白了一首好歌可以唱得让人热血沸腾，也可以听得令人激情澎湃，也可以让人拥有无限的勇气和力量！演出结束之后，华北联大的师生就陆续开赴敌后战场，王莘也接到任务，即将离开延安。离开之前，王莘来向冼星海告别，冼星海送给王莘一支活动铅笔，并希望其用这支笔写出鼓舞人心的音乐作品。而王莘从收到冼星海赠送的那支活动铅笔之后，心里种下了一个梦想，一个写一首好歌的梦想。他创作的《战斗生产》《愉快的劳动》等歌曲受到普遍欢迎。解放战争时期，小歌剧《宝山参军》和歌曲《前进的号响》《团结起来庄稼汉》等作品，记录了中国人民和解放军在共产党领导下，为建立新中国而殊死战斗的英雄形象和革命豪情。

1950 年 9 月，国庆一周年前夕，正在北京出差的王莘来到天安门广场。那天，天安门广场上，锣鼓喧天，鲜花如海，一队队少年儿童敲着鼓、吹着号、唱着《少先队队歌》，迈着整齐的步伐正在练习队列，准备接受国庆检阅。看着高高飘扬的五星红旗、朝气蓬勃的孩子们，想着新中国日新月异的变化，王莘顿时心潮澎湃，心里豪情万丈，嘴里情不自禁地开始哼起了歌词："五星红旗迎风飘扬，胜利歌声多么响亮。"一首振奋人心的《歌唱祖国》从此诞生。

（三）革命的播种者"常州三杰"

常州三杰瞿秋白、恽代英、张太雷是中国共产党早期主要领导人之一，伟大的马克思主义者，卓越的无产阶级革命家、理论家和宣传家，中国革命文学事业的重要奠基人。100 年前，三位青年为革命"播火"的足迹遍布全国。恽代英一生留下近 300 万字的著述，涵盖了哲学、政治、经济、军事、文化、教育等各个领域，在今天仍然启发着新一代的青年。"常州三杰"革命精神的主要内涵包括信仰至上、对党忠诚，慨然担当、敢于斗争，勤奋求知、矢志兴邦，心系人民、鞠躬尽瘁，胸襟坦荡、从严自省。在新时代赓续"常州三杰"革命精神血脉，一腔赤诚的爱国精神，百折不挠的求知精神，心系人民的家国情怀。

（四）大地回春的四千四万精神

20 世纪 70 年代中期，无锡县将供销人员千方百计、艰苦奋斗的做法和精神，提炼为"踏遍千山万水、吃尽千辛万苦、说尽千言万语、历经千难万险"的"四千四万"精神。当年"四千四万"精神不仅在企业中流传，更扩散于整个社会，是哺育发展的一种精神。1978 年 11 月 15 日，《人民日报》发表了记者袁养和的调查文章《起家的"秘诀"》，称赞"四千四万"是无锡县社队工业起家的法宝。1986 年 2 月 21 日，《无锡县报》对先进供销人员表彰大会的报道中提到"你们为完成重要的供销任务，想了千方百计，走遍千山万水，说尽千言万语，历尽千辛万苦，保证千车万船物资运回来，促使千家万户富起来"。1990 年《半月谈》杂志中写道："无锡县乡镇企业经过长年磨炼，已逐步形成了'四千四万'的顽强精神。"1993 年 2 月 23 日，《解放军报》头版报道："无锡市乡镇企业有一种'四千四万'精神。"同天，《人民日报》头版"今日谈"专栏以《"四千四万"精神》为题，转载了该文。

位于无锡的中国乡镇企业博物馆馆内"四千四万精神之光"的展厅，以四组雕塑场景，再现了当时人们飘蓬万里、久历风尘的奋斗足迹和热血激情。事实上，无论是起源于浙南温州一带的"四千"精神，还是起源于苏南地区广为传扬的"四千四万"精神，这份"精神刚需"并非某个时期所独有，也不会一成不变，其意义在于影响了一个时代的奋斗航向。在江苏，受惠于"四千四万"精神的地方有很多。20 世纪 70 年代末 80 年代初，随着乡镇企业的破土而出，被称为"苏南五虎"的无锡、张家港、江阴、常熟、武进等地一大批农民供销员应运而生。他们外出闯荡、联结购销，一边采购原料、推销产品，一边建立协作基地、引进"星期天工程师"，为乡镇企业的崛起立下奇功，为早期"苏南模式"的形成奠定了牢固基础。

"四千四万"精神的实践，乡镇企业的诞生和发展，归根到底就是冲破了"僵化的模式"并与之挑战的一场改革，极大地促进了生产要素的优化组合、社会生产力的空前发展。而迅速发展的乡镇企业，也为苦苦求索剩余劳动力出路的无锡农村提供了有效的途径，无锡乡镇企业发展最快的时期，也是无锡农村劳动力转移最快的时期。同时，进入 20 世纪 80 年代，无锡市以乡镇企业为主体的农村经济迅速发展，资金积累加快，给小城镇建设提供了大量资金，农村剩余劳动力向小城镇转移，商业开始加快发展，小城镇的经济功能不断扩大，在"四千四万"精神的感召下，全社会形成了创新创业的浓厚氛围，培养和锻炼了一大批优秀的农民企业家。改革开放 40 多年以来，"四千四万"精神不断聚合蒸腾，成为推动江苏发展的强劲动力和力量源泉。进入新时代，"四千四万"精神也在与时俱进。

八、惠山祠堂里的家国情

中国美学精神的核心是家国情怀，家国情怀属于本根意识。华夏文明在漫长的历史演变过程中逐渐积淀了"家国"观念，儒家的"修身齐家治国平天下"也体现了孟子的"国之本在家"的观点。中国人最大的情怀就是"家国情怀"，家是国的缩影，"家风"在一定程度上体现的是"国风"，即社会风气。人之本在哪里？首先追溯到家，也就是父母。中华民族对血缘关系的高度重视成为儒家"家国一体"观的来源，儒家经典《大学》云："欲治其国者，先齐其家。"作为本根意识的家国意识与国家意识是相通的，只不过家国意识更多地体现为认祖归宗的意识；国家意识则凸显国家主权意识。较之国家意识，家国意识更重情，因而通常称之为家国情怀。

惠山古镇祠堂群组成的家族文化形成了独特的惠山祠堂文化，而惠山祠堂文化正是家国同构理念的真实体现。家族文化中最重要的呈现方式之一就是家训。惠山祠堂文化中江南世家望族的经典家训、家学，形成良好家风的传承载体，其巨大的教化力量促使江南人才辈出，成就斐然。人之祖犹如树之根，水之源，祠堂乃家族祭祖之所，也是家族文化的物质载体。

祠堂中常常珍藏有历代宗亲之间口耳相传的"族规"和"家训"，其间不仅凝聚着中华民族传统文化的精髓，也汇聚了百姓人家千锤百炼得来的生活智慧和经验。宗谱、族规、族训（家训），是构成谱牒文化的核心内容。它们被保存于祠堂之中，为历代所珍视，是族群文化的重要凭证、家族文化灵魂之所在，也是地方民俗文化重要的文字佐证。有学者认为，祠堂与国史、地方志共同构成了中国古代三大主流文化，而祠堂正是宗谱编修、珍藏的重地，惠山祠堂所存资料自然也不例外。惠山祠堂群既是历史文化的宝库，也是一座"中华谱牒文化的博物馆"。

家风是一个家族代代相传沿袭下来的体现家族成员精神风貌、道德品质、审美格调和整体气质的家族文化风格。家风的形成往往是，一个家族之链上某一个人物出类拔萃深孚众望而为家族其他成员所宗仰追慕，其懿行嘉言便成为家风之源，再经过家族子孙代代接力式恪守祖训，流风余韵，代代不绝，就形成了一个家族鲜明的道德风貌和审美风范。家风往往体现在有德望的祖先定下的家训家规中，这些家训家规在中国有着诸多的名称："家规""家矩""家训"等等，若一言以蔽之，就是"家教"。无形的家风必须依赖有形的家教而得以流传并发扬光大。每个家族都有不同的族规家训。

钱氏先祖是五代十国时期的吴越王钱镠。钱镠本人爱读书，也要求子孙必须读诗书，并立下了《武肃王遗训》，规定"家富提携宗族，置义塾与公田"。作为中国第一家训的《钱氏家训》，分别以个人、家庭、社会、国家来劝诫子孙。钱氏一族仅在近现代就出现了十几个院士，可见其家训的影响之深远。

家风、家谱、祠堂不仅维系了一个家族的亲情，更潜移默化地起到了不可忽视的教化作用，发扬传承"孝悌忠信，礼义廉耻"中华民族优秀文化。历史上族人违法乱纪、族人不和、小的纠纷，在族内都得到了纠正。家族文化对促进社会安定，建立和谐社会有很大的促进作用。江南一直以来是望族聚集之地，举家族之力，兴学重教，是江南许多望族世家久远的传统。

钱镠后代流散各处，但各地的钱氏都设有义田、义庄，并明文规定其中部分作为贫困子弟的教育费用。大量的义庄义学，保证了钱氏子孙无论贫富贵贱都能平等享有受教育的机会。国学大师钱穆，科学家钱伟长都曾经获得过义庄的提携资助。在无锡东部的鸿声镇七房桥村，村中多为钱姓聚族而居。这就是无锡的七房桥钱氏家族。在这个小村落里，却走出了钱穆与钱伟长叔侄两个世界级的文化名人。钱穆是我国近代最著名的历史学家，国学大师。钱伟长是钱穆的侄子，是我国最著名的物理学家之一。钱氏家族中人才出众，与当地义庄的扶持大有关系。比如，钱穆先生弟子严耕望所著的《怎样学历史——严耕望的治史三书》一文，其中讲到了钱穆12岁丧父，家徒四壁，只有寡母及兄弟四人，仰仗本族怀海义庄抚恤为生。

（2）先忧后乐——范仲淹的家国情怀

北宋范仲淹出任苏州知州，置地建宅，风水先生测算这是块贵地，范氏后人将公卿辈出，范仲淹将地捐出建学，创办了地方官办学府——府学，并下设县学。这所学府是当时地方官办规模最大的学府，号称东南学宫之首，对江南地区教育的发展影响十分深远。聘请胡瑗为苏州府学的教授，采取了一种分斋教学的制度和方法。"苏湖教学法"其实质就是因材施教。胡瑗提倡教师言传身教，主张以丰富的教学内容、新颖的教学方法来教授学生，感染学生。"苏湖教学法"和胡瑗的"明体达用"的教育思想密切关联，在办学过程中广受学生欢迎。

范仲淹捐宅建学的同时，建议朝廷，建天下之学，育天下之才。宋仁宗采纳了这个建议，于是全国各州各县都以苏州府学为样板，开始大办学校，人才也随即涌现。在宋代，包括浙江与江南一带在内的两浙路，共有县学 80 所，为全国范围内数量最多的一路。可见，吴地的县学规模已经达到一个较高水平。作为政府推动的一项重要举措，吴地府学与县学的纷纷建立，使吴地教育的大规模发展成为可能。

在中国古代的环境文化中，体现国权意义的概念还有"社稷"。按字面意义，"社"是土地神，"稷"是谷神，这是中华民族远古时期创立的两种祭祀，体现出中华民族对于土地的崇拜。这个概念在实际使用中，更多地成为"国权"的代名词。"社稷"与"江山""河山"一样，寄寓着中华民族浓浓的家国情怀，显示出中国神圣领土丝毫不容侵犯的坚强意志。值得特别指出的是，中华民族的家国情怀指向"天下情怀"。

在中国古籍中，"天下"是一个常用的概念，大多数情况下，它与"中国"相当。谈到"天下"时，中国古代总是将它与"公""太平"联系在一起，表现出非常可贵的平等、友爱、和平理念。《老子》曰："修之于天下，其德乃普。"《礼记》引录孔子的话，提出"大道之行也，天下为公"。二者都强调人与人之间、诸侯国与诸侯国之间、诸侯国与中央政权之间的相处，要友爱，要互利，重在公平。宋代大儒张载将"天下"概念从空间扩展到时间，提出"为万世开太平"命题，体现出广阔的胸襟与深远的眼光。"太平"有两义，一是人与自然之间和谐，其中含有生态平衡的意思，用今天的话来说，就是生态与文明的共生。二是人与人之间和谐，它是人类命运共同体的来源之一。中国美学精神虽然孕育、产生于中国古代社会，但它在当今社会仍然有着强大的生命力。有责任感的中国文艺家理应弘扬中国美学精神，为中华民族的繁荣富强，为实现中华民族的伟大复兴而贡献力量。

九、天人合一的吴地园林

提起中国私家园林当属吴地园林，粉墙黛瓦，小桥流水，杏花春雨，亭台楼榭，这一切构成了吴地园林的独具魅力。在园林的方寸天地之间，有着园林主人的人生追求，积淀着江南人的处世智慧和生活哲学。吴地园林艺术所追求的"虽由人作，宛自天开"的艺术境界是中国园林艺术的最高境界，而园林所展示出的天人合一思想则是指导吴地园林建筑建设的中坚思想，是自然环境和社会有机思想的巧妙结合和物质、精神双重体现。吴地园林建筑以物质寓精神，以有限寓无限，构建一个个以哲理为命脉的精美的文化教育环境，意在给人以无穷的意会和联想，达到"忘其美之所在，复又与美同在"的化境。

吴地园林建筑发源于华夏大地先人对保存生命的企求和对自然环境的审美选择，自然之中隐藏着反映基本特征的两大属性。一是整体有机性——任何自然环境均是由相互联系的特质构成的，以及山石、林木、溪流的相互依存。二是片段的完整性——自然环境中任何自然均有其独立的造型，如假山的岩石、森林的树木等。而园林建筑即是以有机整体布局为特点，追求自然和谐之美，师法自然，源于自然，从自然的隐藏中获得灵感与启迪。

吴地园林布局自由，以表现山水景色的天然之美为主，少见人工雕琢的迹象。但是，它绝非简单的利用或模仿这些简单要素的原始状态，而是有意识地加以改造、调整、加工和剪裁，从而创造出精练、概括的自然和典型化的自然。古典园林中的假山造景，集中了天下名山圣景，加以自然界高度的概括和提炼，意在力求神似。进而以合乎逻辑的思维在历来的园林设计中以求得"师法自然""融于自然""顺应自然""表现自然"，这也是中国古典园林体现"天人合一"民族文化的所在。吴地园林通过自然景观的表现，赋予自然以文化的内涵和审美的观照；注重自然、取法自然，表现人与自然相通相融的意境和画家源于自然、融于自然的人生韵致。天人合一，即人与自然的亲和，是山水画的基础，也是中国人对于园林建造的理解。

吴地园林创作，高度重视人和自然的亲和，使游人触景生情，达到情景交融，这就是中国传统艺术所追求的最高艺术境界——从有限到无限，再由无限而归于有限，达到物我两忘，自我感情、意趣的自然抒发。天人合一宇宙观、人化的自然、自然的人化在中国园林创作设计中得到了淋漓尽致的发挥与展示。

以吴地园林为代表的中国古典私园，绝非简单的居住游玩场所，它的空间布置，建筑形式，色彩姿态，甚至气味的处理，无不隐喻着中国古代士大夫的美学情趣和人生态度。以往人们谈论中国历史上园林兴盛的思想基础，大多强调受道家和佛教的影响，认为园林是士人隐逸避世的直接产物。其实，以孔孟为代表的儒家学说对园林产生和发展所起的作用，丝毫不逊于释道两家。儒家在提倡修身、齐家、治国平天下等积极入世的人生哲学的同时，也倡导依山恋水怡情养寿。苏州的"怡园"，是清代名士顾文斌出于"怡性养寿"的目的修造的，其实是遵循孔子的"智者乐水，仁者乐山，智者乐，仁者寿"[1]的原则，就是认为湖光山色不仅能给人以乐趣，还能怡神助寿。北宋苏舜钦修建沧浪亭，取意"沧浪之水清兮，可以濯吾缨；沧浪之水浊兮，可以濯吾足"[2]，感叹官场沉浮，倾心园林。

通过园林生活感受亲近大自然后的真趣，一种无拘无束和物我两忘的真趣。其实这种感觉，几千年前的孔子已经体验到了："暮春者，春服既成，冠者五六人，童子六七人，浴乎沂，风乎舞雩，咏而归。"[3]正是在孔夫子精神感召下，几千年来，出游之风长盛不衰，终于演变成写意化山水宅园。

吴地私家园林始终保持着"虽由人作，宛自天开"的天然化风范。这或许和中国士大夫独特的内省式思维模式有关。我们的古人习惯于"内省"和主动体验的心态，使得他们无意于破坏自然万物生成的形态和规律，他们总是试图以自身适应自然，而不是硬性改变自然界，不是将自然万物当作对立面来征服。因此追求浑然天成的园林风格就成为历史的必然。宋代陆九渊解释孟子的"万物皆备于我矣"。这是指天地日月、山川草木等自然万物，其精神与人类是一致的，双方有着息息相通的关系。这种思想表现在苏州拙政园中，凿深池，就是"临深使人志清"；有峻岭，因为"登高使人意远"。至于亭台楼阁等建筑物，则尽量减少，尽量藏匿，生怕破坏浑然天成的情趣，影响人与自然的交流。吴中园林的叠山凿水，就是要以有限的材料表现自然山水，造成"一峰则太华千寻，一勺则江湖万里"

---

① 出自《论语·雍也》。
② ［先秦］佚名：《沧浪歌》。
③ 出自《论语·先进》。

的峥嵘幽远，以便居园之人经常亲近他们，揣摩它们。园林中还充分发挥"君子比德"的手法，以耸立的湖石表示志在幽栖，以碧绿的荷叶表示志趣高洁，修竹、青松、红梅在各地园林中都屡见不鲜，借以标榜主人品德修养的高尚和风度学识的不俗。

明代的王献臣以晋人潘岳《闲居赋》"灌园鬻蔬，以供朝夕之膳……此亦拙者之为政也"作为理论依据建拙政园。清代任兰生回归故里后建退思园，取意《左传》中"进思尽忠，退思补过"之意。退思园的名字就寄托着园主人"独善其身"思想，表面上看是退思补过，实则拥有山林的闲适。身居朝廷的官员，在家乡建园，也是独善其身的手段，一旦有了私园，就有了退路，进亦可，退也行，随时都能泰然自若地看待官场得失。由此看来，园居生活一样是可以积极入世的，园林与儒家主张并不矛盾。

当然，道家的清静无为和佛教的静观冥想渗透在园林修造中，隐秘幽静，也成为中国古典园林的鲜明特征。中国人常把宅园称作"后花园"，不论是官宦富商，还是文人学子，都不约而同地热衷高墙深院的园林格局，一致采用围墙、房舍等建筑使园林位于宅后或者宅侧，与外界隔绝。而之所以采用后园的形式，就是为力使园林保持安静，求得心理上的恬逸。

中国人"天人合一"的宇宙观决定了园林形式和园林风格，必然是采用天然的，或"虽由人作，宛自天开"的园林式样，却不是硬性的雕琢，过于人工化的形式。人们常把江南古典园林比作无声诗画，这一诗情画意是通过艺术化了的自然山水体现的。古典园林的发展，本来就和中国山水诗画的演进息息相通，互相促进。比如，魏晋时期人们钟情山水促成了山水诗画的崛起和兴盛，反过来，山水诗画的意境和手法又推动了古典园林的艺术化进程。唐宋时期，山水画花鸟画的全盛，促使古典园林的发展。元明时期，从元四家到明四家，可以说是文人画家高人辈出，对当地园林修造有所渗透和影响，何况很多园林主人本身就是画家或者诗人。

小中见大或者以小见大，是中国人独特的以有限表无限的艺术法则。用有限的物质材料表现大自然的万千气象，又于无限中回归有限。他们的意趣不是一往不返，而是回旋往复的。拙政园中的小沧浪占地几亩，旁边的"意远台"高仅寻丈，然而文徵明一旦登台，竟有万里长江之想：闲登万里台，旷然心目清，木落秋更远，长江天际明……

不过，古人不会向无尽宇宙做无限制的追求，总是从无边世界回到万物，回归自我，回到自己的宅园，因此才会有"纳千顷之汪洋，收四时之烂漫"的园林，这就是小中见大、大中见小的功效。因是因地制宜，借指借景方法。借景的方式有很多，远借，无锡寄畅园中远借惠山风光；邻借，园林中各种洞门花窗，把一墙之隔的景物或明或暗地披露出来；沧浪亭的看山楼，居中可窥见不远处的山峦晴雨变幻，属于仰借。耦园东花园中的双照楼，登楼俯瞰，园内园外景色近在眼前，属于俯借。应四季借景的应时而借。还有各种借声、借影、借色、借味等，园林景观都是在虚实的变化中产生。讲究对比的同时，还须强调呼应。尤其是在中国人心中，园林中的一切都是有生命、有感情的，因此在结构布局时，就重视顾盼生姿和传递情感。呼应的方式很多：网师园假山与建筑不分主次，并肩而立。狮子林探幽洞门内，湖石左倾，翠竹右侧相向而来。

园林景观都是在虚虚实实的变化中产生，虚实相生的手法，最主要的效果就是令观者在心理上增加距离感，扩大空间感，对于吴地宅园尤其适用。留园"石林小院"，网师园的冷泉亭都是以虚代实。虚实相生还常常通过象征产生作用。在中国人的心目中，园林中的一切都是有生命、有情感的，所以在结构布局时，就重视并充分表现景物之间的感情联系。因此才会有所谓的梅兰竹菊"四君子"的称号，才会有米芾、倪瓒等人的"石痴""石颠"行为，才会有李渔那样节衣缩食用于赏花的癫狂。

唯有淡雅含蓄的风格，是吴地士大夫园林最为明显的标志，粉墙黛瓦，赭色门窗，似乎是在表现主人淡泊高雅的情怀。含蓄深沉，浸润着士大夫对人生的回顾情绪、静观默想的习性，以及隐逸遁世的情结。李渔主张园林围墙采用乱石，无须修凿，不管方圆大小随意垒成即可，从中能窥见文人崇尚自然质朴的风尚。

审视吴地园林，探究园林文化与吴人生活的关系，考察园林艺术给予吴人的审美启迪，分析园林建筑和吴人精神品格的联系，还需慢慢体悟，因为园林并非简单的花木、山水或建筑，它是一种江南的诗意生活。

十、世情俗趣的通俗文学

明代中晚期出现新的资本主义生产关系萌芽，在这一社会基础之上，美学的发展也出现了相应的变化，具体表现为冲破儒学禁锢，走向轻雅正、倡通俗、崇性灵、逐意趣、尚激情、纵享乐等与正统观念相悖的新潮流。适应这一变化的俗文学——戏曲与小说展示的美学凸显。

　　戏曲与小说都有广泛的欣赏群体，都属于俗文艺，它们进入美学的视野，体现了明清以来新美学观念与价值的孕育。明代中后期美学新变的萌生，与当时社会血脉相连。简言之，中晚明时期，由于经济发展、商业繁荣、城市兴起，催生出雏形的市民社会，市民阶层的文化逐渐占据显著位置，由此给整个社会吹来一股清新之风，促成审美趣味通俗化、娱乐化的近代转型。

　　市民阶层容易接受的是通俗文艺，从题材内容上来看，通俗指的是文艺再现的生活往往是百姓日常人生。从语言形式上来看，多用白话，这是因为市民阶层受教育不多，对文言接受存在困难，在这种需求下，戏曲、小说等通俗性艺术样式受到青睐。不仅如此，艺术对市民阶层而言，其意义和作用也与精英理念大不相同。读小说听戏，也不是为了受教育，而是对闲暇时光的打发和日常生活的享受。正是在这种氛围中，不同于正统观念的新美学旨趣逐渐诞生，通俗化取向浮出历史地表。

　　然而，仅仅是市民阶层喜爱，还不足以完全扭转社会的审美风尚，在这一过程中，文人的力量是不可忽视的因素。明代中晚期，社会人口激增，但科举名额并没有随之做大幅度调整，这就使当时的科举考试成了千军万马过独木桥，能中举者十分有限。这种看不到前途的科举制度使很多士子放弃通过科举改变命运的生存方式，改投他业，于是经商和转成职业文人都成为他们的选择。历史的书写是由文人知识分子完成的，因而在书写过程中，他们会自觉不自觉地依照自己所处处境来审视和思考世界，并将自身所处群体的行为合法化和崇高化。当文人市民化，成为商人或职业文人，他们也会很自然地为商人和通俗艺术辩护，提高其社会和文化地位。这种走向世俗人生，不再关注庙堂观念的代言人，最有力的倡导者便是李贽。在美学上，他主张真心真情，提倡"童心"。由美学而文学，在李贽看来，《拜月亭》《西厢记》是真文，是能夺天地之"化工"。这两部戏都在才子佳人模式中表现出追求自由的婚姻和爱情，反对封建礼法，反对等级制度等观念，又都属于通俗文艺。李贽对它们的肯定是对通俗文艺的肯定，也是对反封建解放意义的肯定，同时还是对民间及其审美趣味的肯定。明清文人在小说和戏曲这两种通俗艺术样式里发掘出艺术发展的新路径，不仅促进了小说戏曲在创作上前所未有的繁荣，共同表征了美学的近代性。

　　小说四大名著中的三部，《三国演义》《水浒传》《西游记》，明前或口头流传或部分形诸文字，但都成熟于明人之手。在明清文人的笔下，"情"是本体，是构成天地人"三才"的基质。天地有情，故而生万物，万物有情，故能生生不息。"戏曲小说最美处，正在于对情的书写"。汤显祖叹《牡丹亭》："情不知所起，一往而深。生者可以死，死可以生。生而不可与死，死而不可复生者，皆非情之至也。"杜丽娘为情死，又为情复生，是《牡丹亭》最为生动之处。李渔也认为，戏曲之美在于情。但明清文人视野中的情，是日常生活中的私情，是世俗人生的儿女情长，是爱情，也是激情，甚至是自然情欲。这种情，带有强烈的个性解放色彩，一定程度上是对封建礼教的挑战。

明人对"真"的思考，也是由人及文。在历史演义类作品里，这种真是指事真，即以历史事件为依托，在此基础上敷衍，有据可查。如《三国演义》，实写帝王实事，真实可考。在虚构类作品里，这种真是指理真，是指作家的想象要符合人情常理。世情类作品自不必言，本就是对日常生活的书写，自然会以符合人情世态为准。即使是像《西游记》这种神魔小说，神魔妖怪的生活情态也与现实生活相类。例如，阴间崔判官的营私舞弊，如来佛的亲戚为非作歹，猪八戒好色贪吃，唐僧胆小怕事、懦弱啰唆等，都是在作家构建的奇幻世界中曲尽人情世态。金圣叹夸赞《西厢记》是"天地妙文"，并非《西厢记》真由天地创造，而是自然真实，看不出雕琢的痕迹。西湖散人评《红楼梦》："善善恶恶，教忠作孝，不失诗人温柔敦厚本旨。"词显旨微是春秋笔法的另一种表述，温柔敦厚是儒家诗教规范之一，这都是用正统诗学观念解读俗文艺。

冯梦龙"三言"代表了明代拟话本的成就。他说，天地万物无非一个情字。"三言"重点描写江南地区市民阶层的生活画面，反映资本主义萌芽以后，从社会生活、礼仪习俗到思想意识各方面所发生的深刻变化。"三言"里最脍炙人口的篇章大多是讲述爱情故事的，那些渴望自由、追求真爱的女主人公，绽放着那个时代人性解放的光芒。《杜十娘怒沉百宝箱》是其中最优秀的一篇。

明末清初文学批评家金圣叹先生批注过《西厢记》和《水浒传》，在他眼里可与《庄子》《离骚》《史记》《杜诗》等量齐观，它们是最能代表中国传统文化精髓的六才子书。提出的"六才子书"之说，使小说戏曲与传统经传诗歌并驾齐驱，金圣叹受推崇为中国白话文学运动的先驱。

十一、天下二泉的美学价值

（一）惠山茶会

在锡惠名胜区有座"天下第二泉"，泉亭上坐落着祭祀唐代"茶圣"陆羽的"陆子祠"。祠堂屏门上有漆画"陆羽品茶图"，两壁屏书陆羽的《慧山寺记》，其中全面介绍了惠山寺，是现存最早详细介绍惠山景色的文献。安史之乱时，陆羽在吴地避乱，隐居山间，采茶觅泉，评茶品水。"天下第二泉"，因他的评赏而命之，故此泉又名"陆子泉"。宜兴著名的"阳羡茶"当年也是经陆羽认定为"芬芳冠世"可以上贡给皇帝。与陆羽在无锡推动茶文化密切相关的是对泉文化开发。煮茶之水的上品是泉水，惠山山中泉眼众多，除最负盛名的二泉外，还有松泉、罗汉泉等，这些泉水被统称为九龙十三泉。唐代以后二泉水扬名天下，出现经此处运至各地的盛况。到了宋代，宋徽宗将二泉水列入贡品，苏东坡咏有"独携天上小团月，来试人间第二泉"之名句。

中唐之后，饮茶之风日盛，惠山泉为达官贵人所青睐。宋代唐庚《斗茶记》记载，晚唐宰相李德裕喜爱饮用惠山泉水，地方官员特意设置驿站，千里迢迢运送惠山泉水至长安。惠山泉名扬天下，四方茶客前来汲取泉水，关于二泉煮茶的诗篇、画作数不胜数。文徵明次子文嘉的《二泉图卷》，描绘了明代吴地雅士游惠山、赏二泉的情景。从图中可以看到，明中晚期二泉的形制跟现在相似，分为上池、中池、下池，泉池旁边建有二泉亭。

明末书画家项圣谟的《琴泉图轴》展现了储存泉水的方式。图中有大小水缸、水罐，上面盖着竹编盖子。惠山泉因宜茶而极受欢迎，成为馈赠的珍贵礼品，人们不远千里将泉水运输出去，为此总结出不少运输保鲜的方法。宋代李昭玘《记白鹤泉》云："惠山当二浙之冲，士大夫往来者贮以罂瓶，以箬封竹络，渍小石其中，犯重江，涉千里，而达京师。"宋人"渍小石其中"，通过放置小石在水中来保持泉水新鲜。周辉《清波杂志》中记载了一种沙洗保鲜法，用细沙将水过滤一下，去掉其尘污杂味，号称"拆洗惠山泉"。

在历代文人茶会中，围绕惠山竹炉展开的茶会雅集绵延百余年，留下了大量诗文、书画。竹茶炉不仅是煮茶之器，更是文人寄寓情感的载体，具有丰富的文化内涵。

竹炉相传为明初惠山寺住持性海法师与无锡文人、画家王绂合作创制而成，后邀众人围炉煮茗，王绂特此绘图赋诗。之后文人雅士陆续唱和，其中不乏邵宝、祝允明、唐寅等吴地名士。吴门画派创始人沈周所绘《碧山吟社图卷》是惠山雅集的生动写照。明成化年间，秦旭于惠山倡建"碧山吟社"，吟社成员纵情山水，品茗赋诗，风雅至极，引得时人追慕称颂。碧山吟社成立时沈周虽未莅临，但亦有所耳闻，并应秦家之邀为"梁溪十老"绘像留念。画卷前半部分是二泉亭、泉池与茂林修竹，后半部分则是正在吟诗行乐的诸老。

明代丁云鹏《煮茶图轴》描绘了文人在玉兰树下烹茶的场景。画中主人公盘腿坐于榻上，左手掐指，低头望着煮茶的竹炉。一老妪、一男仆在旁伺候。榻前方桌上摆放着成套茶具和盆景。画中竹炉整体为上圆下方形，与典籍中"圆上而方下"的描述一致。此图设色秀丽，线条繁复，为铁画银钩的精品。

竹炉煮茶不仅是文人雅事，也影响了宫廷饮茶风尚。乾隆第一次下江南时，到无锡惠山听松庵竹炉山房烹茶，对竹茶炉十分喜爱，命吴地竹工仿制携带回京。据清宫档案记载，乾隆陆续向苏州、江宁织造订了20多件竹茶炉，置于各处茶舍。他还写了一首《仿惠山听松庵制竹垆成诗以咏之》记述仿制竹炉的过程。

如果说3000多年前泰伯入吴是吴地文明的滥觞，那么唐代以陆羽为代表的文人在此地的文化活动则是文明的提升，使它走向精雅、内敛。

（二）二泉书院

在二泉下，紧靠惠山寺的听松坊，有一座二泉书院，是明代无锡人邵宝创建的，他在此讲学。邵宝病逝后二泉书院改为祭祀他的"邵宝祠"。二泉书院南侧坐落着祭祀明东林党领袖顾宪成的"顾端文公祠"，附近坐落着祭祀另一位明东林党领袖高攀龙的"高忠宪公祠"。

古代书院讲究在山水形胜的地方选址，以助于涵养气质，陶冶性情，启迪文思。拥有青山甘泉，钟灵毓秀的惠山自然成了古人读书、建书院的风水宝地，自古以来就有不少文人士子在此读书著述讲学。唐代名相无锡人李绅，愚公谷园主邹迪光、寄畅园主秦耀，都曾在惠山读书或讲学。南宋诗人、藏书家尤袤，在惠山筑有锡麓书堂、万卷楼，后建遂初书院，到了明代邵宝在此先后创建了尚德书院、二泉书院（又名邵宝书院）。纪念理学家朱熹的紫阳书院、秦少游后裔秦旭等人创建的碧山吟社等书院、诗社都建立于此。

这些书院中二泉书院与东林书院是有直接传承关系的。邵宝是无锡书院教育的先驱人物，二泉书院也被后人称为"东林先声"。顾宪成著名的对联"风声雨声读书声声声入耳，家事国事天下事事事关心"，也是在"二泉书院"写下的。出于对邵宝的敬重和对书院、惠山、二泉的情有独钟，在顾宪成去世后翌年，其后人就在二泉书院南侧择地建祠。

同时顾宪成、高攀龙主持的明代东林书院作为无锡影响最大的书院，它的出现不是孤立的，而是根植于此地深厚的书院文化的积淀和传承与创新。书院文化的发达与明代江南地区的经济文化背景紧密相关。吴地在文化教育上有很大优势，苏、锡、常地区出现了众多的文化世族和状元。顾、高等东林主要领袖与骨干也都出于本地的文化望族，顾宪成家族本身就是理学世家。宋代以来，无锡出了五名状元，宜兴出了两名状元，而进士更是不可胜举。

在无锡东林书院里，珍藏着乾隆钦赐的"六科三解元"和"一榜九进士"两块匾额，这是用以表彰无锡历来人文荟萃，学风昌盛。崇文重教是吴地文明后来居上，人才辈出，领先于时代的内在因素。惠山祠堂中祭祀的邵宝、顾宪成、高攀龙等高瞻远瞩的先贤，正是为表彰他们对教育事业和吴文化的传承与拓展做出的杰出贡献。

（三）《二泉映月》

时光流转，到了近代百年，有一首以泉命名的音乐名扬天下，那就是《二泉映月》。《二泉映月》是著名民间艺人阿炳（原名华彦钧）所创，此曲1950年由杨荫浏、曹安和采录、收集。作为一首享誉海内外的二胡独奏曲，有其深刻音乐文化价值。音乐是一种追求"美"的学科，《二泉映月》整个作品中音乐形象正好契合了中国传统道家文化思想：凝重而不失刚劲、大气而不失细腻。阿炳的父亲华清和是一名道士，擅长各种乐器。阿炳从小便跟随父亲学习各种乐器以及音乐技艺，并在12岁时子承父业，成了无锡雷尊殿的当家道士。《二泉映月》所表达出洒脱、淡然的音乐思想，与他自身的生活态度以及当时所处的社会背景息息相关。在杨荫浏先生《阿炳小传》中曾记到："他是纯粹靠演奏来维持生活，却从来没有做出向世人乞讨的样子。叫他演奏他才演奏，人家给他报酬，他并不道谢，他不争多嫌少。即使不给他钱，他也一样高兴地奏唱着。"正是这种自我生活态度的反射，才使得《二泉映月》不是如乐曲字面所表达的意义，其更具有深邃的内涵意义。

1950 年夏天，杨荫浏以及曹安和来到无锡采录阿炳的音乐。在阿炳演奏完曲目后，杨问其曲目名称，阿炳告诉他只是随心所拉，没有取名。杨得知阿炳只是在惠山亭上演奏，杨起名《二泉映月》。其为了避与广东《三潭印月》重复"印"字，加上无锡有一个名叫映山湖的地——所以用了"映"字。从《二泉映月》的取名上来看，阿炳是如此"朴实"。而在音乐旋律上，《二泉映月》被称为"依心曲"，从其所处的文化背景以及文化素养来看，其创作中并未受到先进音乐思想的影响，甚至阿炳本人根本没有接触过西洋理论体系，这些音乐创作素材都是他在长期生活环境以及走街串巷编创即兴歌曲中逐渐积累形成的。在乐曲演奏方面，《二泉映月》的音乐表现力，给人以音乐旋律好似若断若续、若有若无，张弛有度、收放自如之感，表达出道家音乐中"大音希声"的音乐观念。因此，无论是从中国社会的文化内涵中，还是音乐的创作上都体现出阿炳的"无为"的态度。

自从被"茶圣"陆羽评为"天下第二"之后，这里便成为文人雅士品茶论道之地。苏轼"独携天上小团月，来试人间第二泉"的逸兴，文徵明《惠山茶会图》青绿笔墨中的雅趣，赵孟頫挥毫写就"天下第二泉"的潇洒……惠山茶会成为一个独特的文化符号，绵延千年，远播海外。

十二、倪云林的诗意人生

中国古代绘画史中，元代画家倪云林是"逸品"的代表人物。对于自己的艺术创作，他在《答张藻仲书》中有一段著名的论述：图写景物曲折能尽状其妙趣，盖我则不能之。若草草点染，遗其骊黄牝牡之形色，则又非所以为图之意。仆之所谓画者，不过逸笔草草，不求形似，聊以自娱耳。倪云林的意思是说，在别人眼里，作画要能画什么像什么，在他看来，画画也就是自娱自乐的工具而已，谈什么像与不像？他明确地将绘画区分为：精微描写景物外在形貌与"逸笔草草"表现景物内在神采为两种类型，以及娱目（"图写景物"）与娱心（"聊以自娱"）两种功能上。而正是对"娱心"的强调，绘画成为他表达思想、呈现生命困境、寻求解脱的一种手段，从而使他的绘画语言具有了独特的艺术韵味，也使他的艺术形象背后隐藏了深刻的思想和智慧。因此，以"逸品为上"，显示了中国古代文人画重品的基本特征。这一特征的形成，基于这样的理论基础："可见"世界艺术形象的塑造，可以通过固定的技术性操作完成，如怎样用毛笔勾勒山石是有基本程式的，而"不可见"世界艺术形象的创造，综合了艺术家无形的智慧和人品境界，如用同样的程式或不用程式画出山石之外的意味，即画出了有文化内涵、品格境界的山石，让人看后能有所思、有所忆。这样一来，山石就不再是山石本身，而被附加了山水之外的文化意蕴。它还有一个传统的因果论证，即"人品既高，气韵不得不至"，或画（书）如其人，因为心正则笔正。

早在东晋，画家顾恺之就提出了人物画的"以形写神"原则。他认为，人物外貌形态的描写是为表现人的内在精神服务的，而人物内在精神的传达，关键在点睛。三国时期著名人才学家刘劭《人物志•九征第一》中也有类似的陈述："夫色见于貌，所谓征神；征神见貌，则情发于目。"而画家能以眼睛为人物精神传达的窗口，在于其能穿透外在的表象，从而进一步掌握和提取内在的抽象之神，这就是"迁想妙得"。"迁想妙得"是画家"以形写神"的具体方法。顾恺之"以形写神"原则的产生，与当时的玄学、人物品鉴和佛学重神的基本立场关系密切。如"瞻形得神"是当时人物品鉴的主要方法。《抱朴子•清鉴》云："区别臧否，瞻形得神。"从政治性转到审美性则是当时人物品鉴的特点。这些改变与六朝文士在混乱黑暗的社会环境中挣扎，追求精神自由的时代特点有关，也体现了当时的形神问题紧扣人的生命，是对人存在本质的觉醒与辨析。正是这种重视，使人的精神成为一种可以超越形体躯干而与天地之道冥合的主体，逐渐具有了独立的审美价值。由此也带来了绘画领域的转变：人物画要求画家忽略人的外在的形貌肖似，转而追求内在精神面貌的表现；山水画要求画家将注意力转到如何把握、表现山水之神上来，如宗炳提出的"以形媚道"。这种变化显示了顾恺之人物画"以形写神"原则在山水画领域的延伸。

就宗炳而言，由于受当时玄学"以玄对山水"风气的影响以及自身的佛学素养，使他对山水之神的理解，主要指向引发自然界中山石、树木、溪流等微妙变化的、精神性的内在动力。他认为，山水的精神具有超越物质实在（形）的能动性，而且不依赖物质实在而独立存在。

魏晋文士把欣赏自然山水之美与体验人生存在结合起来，他们向外发现了自然之美，向内发现了自我的独立人格。对他们来说，从精神层面理解山水之神很自然，这明显有别于先秦以来儒家将自然山水作为道德精神的比拟、象征而加以欣赏的做法。在魏晋人眼中，自然山水有一种特殊的美，宗炳在《山水序》中提出了"以形写形、以色貌色"的类比法，他说：且夫昆仑山之大，瞳子之小，迫目以寸，则其形莫睹；迥以数里，则可围于寸眸。诚由去之稍阔，则其见弥小。今张绢素以远瑛，则昆阆之形，可围于方尺之内。竖划三寸，当千仞之高，横墨数尺，体百里之迥。是以观画图者，徒患类之不巧，不以制小而累其似，此自然之势。

这段话的意思是说，画山水的时候，要远观（"迥以数里"），太近了，就难以准确把握山石、溪流、树木之间的恰当比例（"其形莫睹"）。如果画面上山水各元素之间的比例准确（类之巧），那么，竖画三寸，可当千仞之高；横画数尺，能体现百里之远。所以看画的人，只担心自然山水与绢（纸）上山水之间的相似程度，而不担心画面的尺寸大小问题，这是自然而然的趋势。换句话说，画家如果能在绢（纸）上表现出山水、树木、屋宇等物体之间恰当的比例关系，那么观看者就能从中获得类似于游览真山水的审美体验。宗炳同时代的画家王微在《叙画》中，也提到了类似于西方透视法的"以形写形，以色貌色"画法，然而这种方法并不追求形色的逼真、肖似，而是特别强调要表现山水之俱会。

十三、文学里的诗意江南

在国人心中，江南代表着风雅诗意，代表着繁华富庶，拥有着最高的评价，在其他地方评价它的好，总要用一句"塞上江南""小江南""胜江南"这样的词语来形容，足见江南在国人心中的地位。白居易在 70 多岁洛阳履道坊老家的时候，无比怀念青年时在苏杭做官的日子，写下来无限深情的《忆江南》三首"江南好，风景旧曾谙，日出江花红胜火，春来江水绿如蓝，能不忆江南？"回忆江南的美好，还有青春的岁月如同江南一样美好。

江南，从来都是文学的高地。历史上，文人墨客围绕"江南"这一话题曾经留下过无数的诗词歌赋、动人故事和优美传奇，从某种意义上说，是文学成就了风雅诗意的江南。江南得天独厚的自然环境和经济人文背景，深刻影响了江南人的精神韵。诗性的文化，风雅的文学，遂成为江南文化最典型的特征之一。山清水秀，人杰地灵，正是这些赋予了江南以浓郁的诗情画意，为后人构筑起了一个唯美的诗性时空。

江南的美很大程度上得益于文学作品，千里莺啼，桃红柳绿，杏花春雨，映日莲红，枕河人家，梅影横斜，风情无限，令人陶醉痴迷。"草长莺飞二月天，拂堤杨柳醉春烟""接天莲叶无穷碧，映日荷花别样红""二十四桥明月夜，玉人何处教吹箫""江南雪，轻素剪云端，琼树忽惊春意早，梅花偏觉晓香寒，冷

影襯清欢"，诗词里浸润着春夏秋冬的江南。即便是一腔愁绪，在江南也能幻化
出无限的美感。吴地人蒋捷，乘船经过吴江时，怀着一腔羁旅的春愁，写下了那
首著名的《一剪梅》："流光容易把人抛，红了樱桃，绿了芭蕉。"后世的人们
早已不在乎诗人的羁旅之愁，而把"红了樱桃，绿了芭蕉"咀嚼成了名句。

在江南，山水是文学的起兴，也是文学抒情的对象，更是借物咏叹、抒发自
我的渠道。中国的传统美学与古代文论，都清晰地揭示了人的文学活动与自然的
关系，一方面自然景物是文学家创作的源泉与诱因；另一方面，在创作中作者又
极为重视主体情感与客体景物的融会，讲究心物交应、物我交融。正如古人所云：
"人生一世，草木一秋"①，寥寥数语，便将个体生命汇入了自然活态的流动过程，
在自然之道中获取了心灵的感悟和创作的启迪，从而转化为文学之道。在优秀的
文学作品中，主体的"人"，与客体"山水"常常是灵犀相通的，是物我交融，
甚至是有情感交流，美好的大自然是人类情感转化为文学的最好催化剂。江南美
丽的自然给予文学家寥廓的思维空间，也给他们以简单纯粹而又千回百转的美感，
是闲看庭花云卷云舒的淡然，使之能够以涵天负地的胸襟对生命价值进行思考和
追问，也使他们将江南作为可以栖身的读书圣地和安抚心灵的精神家园。

江南和水乡，密不可分。水，是江南最灵动的眼神，也是江南最鲜亮的名片。
江南的美景，一旦没有了水的浸润，也就失去了那一缕灵气。词人笔下的江南之
所以温情动人，也是因为有了水："叶上初阳干宿雨，水面清圆，一一风荷举。"
到了荷叶田田的季节，故事似乎更多：有人索性在荷花深处酣眠："月色苍凉，东
方将白，客方散去。吾辈纵舟酣睡于十里荷花之中，香气怡人，清梦甚惬。"而
如果只闻其声不见其人，似乎更让人神往："荷叶荷裙相映色，闻歌不见采莲人。""采
莲南塘秋，莲花过人头，低头弄莲子，莲子清如水。"古往今来，多少才子俊彦
迷醉于江南的杏花春雨，烟雨迷蒙，陶然忘我。江南灵秀的山水不仅滋养了多情
浪漫的情怀，也成为文人墨客心灵的乐土。最能代表江南样貌的西湖，自然是文
人墨客的最宠，西子般美丽的西湖在诗人笔下总有无限的风情：袁宏道说它"山
色如娥，花光如颊，温风如酒，波纹如绫"，张岱说它"吾辈纵舟，酣睡于十里
荷花之中，香气怡人，清梦甚惬"。柳永笔下的杭州，富丽之美更是无可比拟：

----

① 出自《增广贤文》。

"东南形胜，三吴都会，钱塘自古繁华。烟柳画桥，风帘翠幕，参差十万人家。"山水就这样在无数文人墨客的笔下，被文学渲染成了诗。

"忆郎郎不至，仰首望飞鸿。鸿飞满西洲，望郎上青楼。楼高望不见，尽日栏杆头。栏杆十二曲，垂手明如玉。"可以说江南全部的美丽与精神气质，都在《西洲曲》这种如泣如诉的浅斟低唱中展示。《西洲曲》是中国诗性精神的一个基调，所有关于江南的诗文、绘画、音乐、传说，所有关于江南的人生、童年、爱情、梦幻，都可以从这里找出最初原因。中国民族之所以有人性，跟她有上林繁花般的锦绣江南，以及无数徜徉于山光水色中的诗人有很大关系。中国民族的审美精神，正是在一唱三叹的江南抒情组诗中成长起来的。如果说《西洲曲》是中国第一纯诗，那么屈尊次席的就该是张若虚的《春江花月夜》：

春江潮水连海平，海上明月共潮生。滟滟随波千万里，何处春江无月明。江流宛转绕芳甸，月照花林皆似霰。空里流霜不觉飞，汀上白沙看不见。

大唐扬州。扬子江畔。明月一轮，春色平分。这种如梦如幻，分不清有我无我、天上人间的锦绣宇宙，比起战场上的马革裹尸，比起朝廷上的腥风血雨，不是更适合渺小而短暂的人生来居留吗？江南的幸福生活是属于诗人与佳人的，秦淮河的灯影桨声引出无数爱情故事。

江南从晋代开始就与文人的词采风流融为一体，王羲之的《兰亭集序》与王勃的《滕王阁序》，都是这种美好结合的证明。但这在中古时代毕竟只是一种珍稀机遇，绝大多数时间和绝大多数文人都是没有这种福分的。凭借文人自身的力量过上幸福生活，在"红袖添香夜读书"和"小红低唱我吹箫"中，找到了最好的心平气和的生活方式。"天下三分明月夜，二分无赖是扬州。"在这里占据城市中心的是诗歌与艺术，所以在有井水处传唱的，是像杜牧、柳永、唐伯虎、徐渭这些白衣卿相人的诗篇，以及扬州八怪这些人的绘画。江南留下的诗性回忆，一到江南就不再想家，或者要卜居此地做永久计，这是中国诗人最寻常的人生选择。江南自古是游子的栖居地，在这里待久了就很难再习惯其他地方。在扬州过惯了快乐生活的杜牧，一回到长安杜曲老家，首先就产生了"始觉空门意味长"的感受。

第五章　吴文化美育目标

第一节　吴文化美育目标

　　美育的价值目标为理想人格的养成，即自由而全面发展的人格。终极目标体现在具体活动中，具体化为阶段性的教育目标，也就是在美育和理想人格之间寻找一座桥梁，以吴文化为桥梁，寻找吴文化与审美教育的内在关联，获得审美价值，探寻审美路径，实现美育目标。以"梳理吴文化知识，培育理想人格"为主要思路，具体以中华优秀传统文化教育为灵魂和主线，深入挖掘吴文化蕴含的美育元素，运用现代语言技术介绍吴文化及文化内涵，富润精神，提升文化自信以文育人。

　　新时代的发展给人们创造了无比丰富的物质财富，因此也极大地刺激欲望只顾眼前利益，人类赖以生存的环境也随着物质的极度丰富而恶化，人的幸福指数非但没有上升反而下降，于是人们试图通过各种方式寻求心灵的安宁。特别是对于生活在现代工业化城市中的人来说，原本我们每个人都能够享受得到的那种良好的生态环境中的生命乐趣似乎成了奢侈，毕竟人的心灵与自然是相通的，人类虽然已经远离自然很久了，但是心灵深处终究还留存对自然的一份痴迷。人类需要与大自然做朋友，从中获得某种慰藉和解脱，自然界是人类永久的精神家园和心灵驿站，人的内心渴望这种"诗意的栖息"，没有诗意的生活如同没有鸟鸣的春天一样让人感到窒息。

一、寻常生活发现诗意

　　"诗意的栖息"追求的是精神的快感、生活的诗意化，它超越了物质主义，物质需要不是唯一，"诗意"是一种境界，一种悠然和闲适，充满了生活的意味，显示着人的自由本质。当今人类生活质量的改善和提高，经济杠杆的调节和刺激，靠科技手段的应用不只是满足人们的物质需求，同时也能够带给人高层次的精神需求。如诗意的园林生活，哪怕没有园林，绿色的庭院亦可；赏一曲《牡丹亭》，生活的惬意从此开始。

吴文化里的美育精神在于，人们能够通过吴文化学会在"寻常的生活"中发现心中的"诗和远方"。"诗和远方"是人们所向往的，憧憬着，等有钱等有闲，一定要是远方，其实不然，诗意生活原本在于一份心境。比如，美食，《红楼梦》里贵族们日常饮食的精雅饮食是诗意，但不是所有人能够实现的。而南京的一道美食鸭血粉丝，是用鸭杂烹制而成的，用原本富人不屑的鸭子下脚料做成美食，红遍大江南北，这就是寻常生活中的诗意。吴地人根据四季时鲜，用精巧的心思，过着细碎绵密精致的日子，不在贫富，不在贵贱，这就是吴文化带来的魅力。江南饮食于简朴中展示精雅，简单的食材，精湛的工艺，诗意的菜名，寻常人亦能拥有的诗意生活，从文化角度来说，简单、平衡、自然的食物不仅有饮食上的重大意义，也是一种借此明志、渴望与自然和谐的态度，以此向往田园生活。

江南自然环境优越，物华天宝，尤其是在东晋以来南迁，江南缙绅阶层明显增多，商贾阶层亦快速兴起，对生活提出更高要求，并引领社会，逐渐形成了江南文化的诗性特色。在衣食方面，表现为"食不厌精"，追求超越"饱腹"之外的精细与风雅。南宋周密的《武林旧事》和清初叶梦《阅世编·宴会》，都对江南缙绅人家宴客的豪奢有过详尽描述，不仅一次宴席菜品多达百道以上，道道美味；更主要的碗碟器具之精致，菜肴果品摆放之考究，都必须满足口腹的同时也要满足审美，堪称生活与艺术的完美结合。江南真正具有代表性的诗意生活，以李渔为代表。李渔既是著名戏剧家，也酷爱美食，但丰俭有度。《闲情偶寄》卷五记载，他最爱食蟹，视蟹为"物中至美""无一物可以上之"，故每年早早储钱以备秋日食蟹之需。在蟹的选择和吃法；李渔还根据《本草纲目》"米能养脾，面能养心"的理念，亲定"一日三餐，二米一面"之食谱，并融合南北，独创面条吃法；发明了"五香面""八珍面"。李渔的这种"食不厌精"的生活态度，在江南具有普遍意义，也带动了民间的生活品质追求。历史上，许多江南名人雅士都兼美食家与烹饪高手于一身。

如长期为官江南、文名天下的苏东坡就是烹调高手。而"携来天上小团月，来试人间第二泉"的绝句更是脍炙人口。陆羽、张岱都谙熟茶的制作、保管、冲泡和饮用方法，对煮茶之水和瓷器也都有极高要求。在这些精心体味的茶道茶经中，渗透着士大夫阶层的生活逸趣和诗性追求。

江南审美生活，可以说是中国历史上最精致的古典生活方式。远离政治中心的江南，士人受到的异化程度较轻，对生活的审美需求没有被残酷现实剥夺殆尽，从而在现实生活中，这种追求诗性的文化作为中国人文精神的标志。

在许多历史文献和笔记中，都可窥见江南人对游乐的热衷，因为气候宜人，所以无论清明踏青，还是中秋赏月，都被江南人演绎到极致，表现出极大的生活意趣。这种玩乐，并非简单的"游"或"玩"，而更注重"乐"，即注重给人带来愉悦的生命体验，投射其中的意趣雅韵正是诗性文化的重要由来。如果转入江南的那些"咫尺之内再造乾坤"的园林，江南人的诗性追求则更加显露无遗。这些园林早已超越了日常生活之需，被打造得充满诗意和雅趣。叠石垒山，掘土成池，古木奇花，亭台楼榭，临水戏台，可谓美轮美奂，诗意盎然。环境不仅要美，更要雅，还要辅以楹联诗画和昆曲，无不突出"雅"的主旨。园林是固态的诗，鲜活的画，而昆曲则是可听可看可赏的艺术，在园林里宜坐，宜行，宜游，宜赏，也宜思。

由于自然环境优越、物产丰饶和日常起居的用心，江南人的审美意识日渐细敏，因此，体现在日常生活的点点滴滴，最能折射出文化的诗性意味。

二、实用艺术两相融合

明代苏州人计成是造园高手，在他看来，"造景如同壶中日月"，他的《园治》是中国古代唯一的一本园林著作。《园治》凝练地总结了江南园林造园的主旨要领，同时也把江南人的诗性追求推向了极致。繁盛于江南的各种富于审美情趣的事物，晚明时，被苏州名士文震亨一概纳入"长物"之列，记录在了《长物志》中。文震亨虽将"长物"说成可有可无的"多余之物"，但正是从这些事物上，更能深刻投射出江南生活的人文雅趣，其中积淀着江南文人的精神追求和审美意趣。《长物志》就像一口取之不尽的古井，源源不断为后辈提供着园林设计、居室设计的理念与灵感。它以12卷的篇幅，罗列了近270个条目，大到庭园修造、叠石垒山，小至文具茶器，一瓯一盏，一吊扇坠，在深究细磨的笔致中，生活中的一切细枝末节，原来旨趣竟然如此不同，原来可以拿捏得如此精到雅致。"红袖添香夜读书"的美妙意境，需要精致的文房四宝，更需要一只精美的香炉；宾朋聚会，一壶茶，一桌友，畅叙欢愉还需要与之相宜的雅致茶具；一份闲适悠然的心情，则离不开雅致庭院，竹影扶苏、寒梅暗香……，那许多生活中原本平淡庸常的时光，在江南文人那里竟然定格为一种艺术的范式；而那些充满人生睿智与趣味的追求，也早已深入人心血脉，浸润成这片土地上特有的文脉遗传。得天独厚的自然环境孕育了江南人敏感细腻的心灵，培育了对生活品质的孜孜追求和对细节精益求精的审美趣味。从容而优雅的生活，闲适而冲淡的精神，对美的敏感与追求，是成就江南精美手工艺的文化之源。从苏州玉雕、扬州漆器、宜兴紫砂、惠山泥塑，到东阳木雕、南浔湖笔、龙泉青瓷、泾县宣纸……，江南可圈可点的工艺名品数不清也说不尽，而这一切与江南的传统和文化精神有着深刻的关系。

江南人的诗意生活和经验，以及对生活品质的追求，更多来自智慧与灵性，也来江南人自身对生活的善察善纳和萃取提升。在当下日渐功利又不乏俗气的商业化消费时代，江南文化的诗性诉求可以促进人们超越世俗功利的桎梏，提升品位与情趣，优化生活完善自我，为重拾华夏民族优美的人文传统提供了可以参照的范式。《浮生六记》是少有的一部以抒情散文笔法写就的回忆录，亦清代普通下层文人的一部自传，有"小《红楼梦》"之称，作者是苏州人沈复。陈芸，《浮生六记》女主角，沈复的爱妻，林语堂先生慷慨点赞的"中国文学史上最可爱的女人"。沈家本不是豪门大户，两人因家庭矛盾和误会被逐出家门后四处漂泊、寄人篱下，但是陈芸一样可以把日子过成诗。此书前两卷《闺房记乐》和《闲情记趣》是最有情味和色彩的精华部分。她温润善良，文化修养极高，既可畅谈文学书画，也能强辩腐乳卤瓜；又有一双玲珑巧手，既能栽培盆景、静室焚香，"枫叶竹枝，乱草荆棘"经过她的创造，都成了艺术品，"或绿竹一竿，配以枸杞数粒，几茎细草，伴以荆棘两枝"也都"另有世外之趣"。她也能采集蚕丝织出五彩线衣，丈夫失业期间还强支病体10天绣完一部《心经》，赚钱家用。又精通厨艺，"芸善不费之烹庖，瓜蔬鱼虾，一经芸手，便有意外味"。连日常的泡茶也独出心裁，"夏月，荷花初开时，芸用小囊撮茶叶少许，置花心，明早取出，烹天泉水（雨水）泡之，香韵尤绝。"为丈夫与二三知己小酌而准备的"便当"餐具都要讲究"两寸的白瓷碟六只，中间放一个，周边摆五个，状若梅花；盒盖上有形如花蒂的提柄，摆在桌上，像一朵墨梅。打开盖子，各样小菜和精致的食物像盛在花瓣之中"。她聪慧灵巧，以草虫为饰，装于草木土石之中，使得插花盆景看起来活灵活现、以假乱真；以屏风为影，植以豆苗花卉，使得窗牖看起来生机勃发、妙趣横生。

对生活细节的考究，显示出江南人精神、审美层面的追求，它超越了基本生存之需，而充满了"更好""更美"的精细雅致取向，也强化了精神享受的内涵，从而使生活趋于诗化、艺术化。在杏花春雨、粉墙黛瓦、荷叶田田的诗意生活中，实用和艺术在江南两相融合，达到了一种天然和谐的境界。

第二节　吴文化美育功能

美育的功能，即其对培养人有什么样的价值、作用、意义？我们的教育是培养学生德、智、体、美、劳五育并举。美育的功能就可以分为社会功能、个体功能、教育功能、疗愈功能等几方面。

首先要明确，美育的功能不同于美育的目的和效果。美育的目的或任务，是人们对它的一种主观期待和设定，属于"想要美育做什么"的问题；美育的效果也主要反映"实际上做成了什么"的问题；而美育的功能则应客观地反映"美育能做什么"的问题，是美育本质的外在体现和集中表露。

一、社会功能

在当代社会中，美育具有重要意义。大学生审美素质是当代社会发展的动力以及可持续发展的依托，美育可以弥补当代社会发展中人文精神的失落，平衡与柔化科技的理性与机械性。美育的社会性功能指的是它能够在何种程度上对社会发挥何种性质的作用。

（一）吴文化审美教育为当代社会发展提供动力

在21世纪，人文素质则是社会的动力源，指导我们应用知识为社会谋利的方向。审美素质是人文素质里重要的素质之一。具有审美素质的人，往往心灵美好，情感丰富、精神境界高远，会将其知识益化，使之合于人类理想，益于人类社会发展，塑造一个美好的世界。吴文化审美教育的任务就是将吴地文化知识内化为良好的审美素养，使之利于人的品德修养和境界提升。依据立德树人的根本任务，以文育人，引导学生感受儒雅精致的吴文化特色，理解吴文化所蕴含的精神和气质，提高学生的审美素质，树立文化自信。

（二）美育能够使科学与人文、感性与理性、真与善和谐统一

美育在理论和实践两方面找到科学精神与人文精神在全面素质教育中的契合

点，即理性与情感的结合，逻辑思维与形象思维的结合。审美意识虽是以直觉的感受形式呈现山来的，但它本身是感性认识与理性认识相统一的意识形态。通过精雅吴文化的传播与传承，促使养成高尚情操，提升文化品位，提高审美能力，懂得如何做人、做事、思维，如何成为 21 世纪优秀公民。

（三）美育促使青年学生心智潜能的发挥

如感受能力、判断能力、评价能力、分析能力、创造能力等，使其发挥全部才能和力量，服务于社会。有助于学生思考吴文化的继承和创新问题，为将来更好地融入吴地社会奠定基础，使学生在今后职业生涯中适应社会发展，不断塑造调整、提高自我。

（四）审美教育可以弥补当代社会发展中的人文精神的失落，制衡当代社会的非人文的负面影响

在当代社会科技发展迅速，但科技理性失衡导致了一系列全球性的危害——类自我生存的恶果，人文精神被忽视的负面影响必须引起我们高度的重视，富有审美素质的人不仅知道怎样运用科技知识，而且能运用这些知识去追求符合人性的价值，能够清除现代高科技对人类生存构成破坏性、毁灭性的一面，使之更好地为人类服务。

二、个体功能

美育的个体性功能则是指教育对象个体发展能够产生的实际影响。美育的社会性功能与个体性功能在功能发挥的机制方面是互为前提的，社会性功能的实现实际上是个体审美素质的外化，社会性功能的发挥，要以个体性功能的实现为其前提。没有美育对个体的培养，任何美育的社会性功能都会成为一句空话。同时，美育个体性功能的发挥，又以其社会性功能的实现为前提。也就是说，个体性功能的实现，不能脱离社会性功能去空谈；社会性功能也需要以个体性功能为其实现的中介。大学生的美育的个体性功能内涵丰富，可以概括为对于个体的生存性和个体的发展性两大功能，生存性功能主要是适应和改造性功能；发展性功能主要是塑造和提升功能。

（一）个体生产性功能

个体生产性功能，主要是指通过改造使个体审美素质结构适应社会的功能。通过赋予个体以正确的审美情趣、审美需要、审美判断标准以及审美理想等，使

教育对象的审美素质与社会发展相适应。因为人类个体要生存，首先要服从生存的原则，服从客观规律。虽然这些审美观念、审美行为规范看起来似乎是约束个体的异己的东西，然而却正是这些异己的东西，才能够使个体社会化，在社会性即现实性的生活中生存下去，同时也由于具有充分的社会性，个体才能得到社会的最大帮助，才能最大限度地得到自身的发展。

当今社会多元化的传播度透明度越来越高，对大学生审美素质结构和顺应能力提出更高的要求。学生部分审美认识带有很大的片面性，缺乏相应的价值判断和选择能力。美育就是要通过各种方式，把学生的审美认识和审美行为引导到符合社会发展要求的正确方向上去。具体来说，就是要通过一系列的教育措施，促进大学生的知行转化。所谓知行转化有两个过程：教育者先要把外在的社会审美要求转化为受教育者的内在的个人审美意识；再由受教育者将个人审美意识、审美动机转化为外在行为和行为习惯。

（二）个体发展性功能

个体发展性功能，主要是指对个体审美素质结构的发展起作用的功能。通过对个体社会人格的塑造和对个体审美素质结构的缺失要素的培养，指导个体人格的发展和精神完善化，从而促进个体的全面健康发展。人的全面发展，应该包括两层具体含义：一是指唤醒自然历史进程赋予人的各种素质（审美素质是其中重要的内容）潜能，特别是人之为人的潜能，使之获得最充分的发展，就会表现为人格的完善。二是指人的对象性关系的全面形成和个人的社会关系的高度丰富，也就是人的社会化。人的对象性关系的全面形成，是指人通过包括审美活动在内的行为，建立于世界的多种多样的关系，全面地展示自己的本质的完满性。当代学生的美育要切实了解教育对象的审美需要和审美动机、审美判断标准和审美理想，深入研究教育对象，分析其审美素质结构中存在的缺陷，因材施教，提高针对性，才能取得较好效果，才能促进大学生人格与精神的完善。

三、教育功能

审美教育的教育性功能有两大方面：一是它本身的教育价值属性。二是指审美教育对其他教育子系统的作用。审美教育的教育性功能，是其本质的外在集中表现，是整个教育活动精神本质的实现。

（一）审美教育的导向功能

审美教育的导向功能，表现为根据国家或社会的一定需要而对受教育者的审美意识进行引导，并对偏离设定目标的意识和行为进行纠正的功能。导向功能集中体现了审美教育的目的性、超越性的根本属性，是审美教育的根本功能，具有其他任何专业教育无法替代的功能。导向功能具体表现在对于审美价值观的引导。

随着人的审美经验的不断发展和丰富，审美需求也在不断增长，其审美趣味、审美情感、审美理性、审美理想等也得到发展，审美教育的审美价值观导向，就是指通过审美教育，帮助当代大学生确立社会主义审美价值观，形成正确的审美理想，并通过这种审美价值原则、审美理想来观察和认识社会，从而指导他们的审美实践活动。

（二）开发创新功能

是指通过美育，有可能最大限度地调动大学生的主观能动性和最大限度地发掘人的内在潜能，从而激发大学生的创新能力。当下国家倡导大学生创新创业，美育作为富有成效的教学模式，尊重和鼓励学生，在培养创新人才方面有自己独特的功能。美育有利于大学生创新意识的培养。创新意识包括敢于创新，有创新信心、毅力等品格，特别是要有追求真理和坚持真理的精神。审美主要是借助自然和社会生活中的美好事物，去发展学生的审美理想、审美感觉和审美想象力，培养学生平和的胸襟、良好的心境及较强的自我控制力、强烈的责任感和使命感的创新人格，把潜在的创新能力转化为现实的创新能力。

审美活动可以开阔人的心胸，培养人良好的心态。经过长期审美教育的创新主体，容易形成一种审美的人生态度、审美的心胸，总是用一种超脱旷达的心态，用一种自然率真的人格美，去面对一切，关注人类的命运、关注弱者和他人。从而，大大地增强了创新主体的心理调适能力、克服了创新主体的心理障碍，保持了创新主体的心理健康。

（三）审美教育的促进功能

上面所说审美教育的导向功能、开发创新功能，都是审美教育本身的教育价值属性，现在所说的促进功能，是指它的第二种教育性功能——对德育、智育等的促进作用，也是第一种教育性功能的体现和落实。

通过审美教育，能够提高高校德育教学的成效。德育及精神教育之必需的核心内容，是向受教育者输送正确人生价值观的信息，帮助他们在自己头脑中确立正确人生价值尺度，而德育的最高要求和最大成功也莫过于正确人生价值观的建立以及错误人生价值观的转变。人生的价值和意义却只能在具体的、活生生的生活感受中"自下而上"提炼出来。因此，道德教育也应当是"自下而上"，即从丰富的生活到生活的概括，富有形象、情感和理性的教育。要使受教育者从中充分感受到生活的存在、实质及动人之处，感受到个人发展对自己的人生和社会的意义，感受到人类在生存中的相互依存、相互关怀、相互帮助的价值，从而引导受教育者从中逐步提炼出积极的有益社会发展的人生价值观。而具有这种特性的教育就是审美教育。

四、疗愈功能

"疗愈"的概念广泛存在于多个学科领域，内容宽泛，既指从不健康的状态中恢复健康，也指增强健康理念，摒弃不健康的意识。目前修订出版的汉语官方释义工具书中暂未收录"疗愈"一词，早期在医学类的文献资料中提到了这一词组，意为"治愈"。据考究，与这一概念含义最为接近的是日本文化中的"愈し"，指的是"能够帮助现代人的心灵得到慰藉的人、事和物"。在德语释义中，这一概念被释义为"完整性"，而后"疗愈"一词的含义愈加具体化，不仅指向情绪的纾解，还表现了意识的进步、思想的升华和自我认知的觉醒过程，这一现代化的概念在我国也得到广泛的传播和应用。如今的"疗愈"更加侧重于实现人类身心"健康"的完整性，指所有平衡人类身体与心灵健康状态，解除内心忧愁的行动。

"文化疗愈"是指文化形态对人的身体和精神的健康发展起到的促进与服务的功能。主要表现在用具体的表现形式对人的负面情绪起到一定的纾解作用，提升对现状和自我的满意感；虽然学界对于"文化疗愈功能"这一概念并未有明确的界定，但是相关学科领域，如心理学、教育学和人类学等学科领域都有对文化疗愈价值的探讨和研究。文化疗愈，即文化的心灵疗愈功能，一般指人类通过文化实现健康的功理学、教育学和人类学等学科领域都有对文化心灵疗愈价值的探讨和研究。具体表现为人通过文化中的具体表现形式达到恢复或保持内心或精神的平衡、排除忧愁、舒缓情绪的功能。

原本当下激烈的社会竞争与快节奏的生活，使得焦虑和抑郁成为人们的普遍性情绪，使人们对心理建设方面的诉求变得更为普遍迫切。在这样的背景下，文化如何发挥情绪疗愈功能，在处理情绪困扰等方面运用到更广泛的社会层面，发挥抚慰人心作用值得思考。吴文化中具有心灵疗愈功能价值元素可能抚慰、疗愈当下青年学生群体的精神与灵魂，使其以崛起的青年姿态担当国之重任。

全国政协委员、北京画院院长吴洪亮曾在全国两会上提出《疫情之下应充分发挥艺术的疗愈功能》建议，指出需要通过艺术项目缓解民众的紧张感，利用一些课程让大家了解如何通过艺术的方式进行自我调节。国内进行绘画艺术治疗理论研究与临床实践的博士孟沛欣，也是国内提出并运用艺术治疗的第一人，提出艺术是直指人心、服务人心的，艺术作为介质是有效的教育和疗愈手段。广东外语外贸大学开设一门《中国传统文化与心灵疗愈》在线课程，对中国传统文化中所包含的心灵疗愈价值进行阐发。历史学家许倬云在《十日谈：当今世界的格局与人类未来》中谈到知识引导读书是为生命，读书是为自己"求心之所安"。"天行健，君子以自强不息"，只有不息的自强，才是真正的健康和健全。在美国，一些博物馆正在将艺术疗愈视为自己的新方向，提供定期的线上艺术疗愈项目、艺术作品的清单、培训志愿者教授艺术疗愈的技巧，将博物馆视为给人们带来关怀的地方。

当代文学评论家谢有顺认为中国文化中有一种痛苦的自我消解机制，当人们面临心灵问题时，习惯用文学、诗歌来安慰自己，拯救自己。北京大学哲学系教授楼宇烈认为，中国文化强调自救和自律，靠自己来救自己。专家学者从宏观上对中国传统文化中所具有的疗愈特质进行了肯定。由此可见，中国传统文化的疗愈功能早已被人们认识并实践，提高精神免疫力，以促进正常人格发展。"阅读疗愈"对天生具有保护隐私意识的中国人来说，是遭遇心理危机和人生困境时最适宜、便捷的选择。那些蕴含于传统文化之中的阅读疗愈元素作为"书药"成分，数千年以来一直在潜移默化中作用于人们的精神世界，使人们因汲取了富含具有疗愈作用的文化而滋养出了自强不息、注重人格修养的民族特性。利用阅读进行自我疗愈，是对传统文化的再次慢火煎熬，让药性进一步发挥，以促进精神境界的提升，身心痛苦的消解。这里提出的阅读疗愈是指通过阅读缓解心理上的压力，舒缓情绪，达到心灵修复的目的。

吴文化内容具有心灵疗愈功能的元素很多，比如，通过吴文化不同历史时期变革，尤其是历史上发生动荡时期社会的变化，吴文化精神内涵在历史进程中演进脉络与阶段性特征。比如，借助吴地园林文学作品的游观活动过程和体验，具有疗愈意义，"在行走中疗愈、在游历中成长"，选取历代游观诗词，挖掘游观主体在游观活动过程中的机体反应与情感倾向，进而探察游观活动调节个体心理状态、促进身心平衡发展的疗愈功能。借助吴地文献纪录片"疗愈"历史伤痕的功能，即以直观、整体的视角探寻历史真相与知识，学会以历史的视野来面对重大困境的情感教育。借助茶文化来抚慰青年学生内心，化解不良的情绪，把茶艺美、茶道理、茶禅悟融入其中，领悟中华茶道提倡"感恩、包容、分享、结缘"，让其压力和负面情绪得到释放。江南饮食于简朴中展示精雅，简单的食材，精湛的工艺，诗意的菜名，寻常人亦能拥有的诗意生活，从文化角度来说，简单、平衡、自然的食物不仅有饮食上的重大意义，也是一种借此明志、渴望与自然和谐的态度，以此向往田园生活。

通过吴文化中的具有心灵疗愈功能的元素，探索一种能够通过更加舒缓温和的、不同于专业心理治疗的方式，通过"疗愈"概念建立一种模式，建立帮助青年学生应对不良情绪问题的模式，让青年学生与中国传统文化的重要思想建立起生命化的连接，探讨获得平等感、自由感、自适感、幸福感、平和感的方法，帮助青年学生缓解心理压力，提高获得幸福的能力。正是通过这种利用文化元素重新梳理并组织创造生成一个符合自己愿望的秩序与世界的方式在对其生命进行着一次重构，这种重新构建的行为使得世界能够摆脱矛盾并且获得满足。这种需求的满足使得受众能够获得身心的平衡与满足以达到对自我的认同，从而获得愉悦的人生体验。这种宣泄与重构过程当中不断地增强个体的感受能力与认知能力，增强个人对自我的认同感，从而达到精神的满足和人格的完善，也正是在文化体验中发挥了疗愈的作用。

第六章 吴文化美育的实践路径

就审美教育的整体实施过程而言，审美教育途径的分类可以主要分为两大类：显性教育路径和隐性教育路径，而这两类内部又有多种路径的组合。

第一节 吴文化美育显性教育路径

一、显性教育路径的概念和特点

显性教育路径又称正规课程体系，通常指在学校中有相对固定的教材、课时和教师的教育渠道，包括专门的审美教育理论课程（公共艺术教育）、其他学科教学课程和实践类课程，是审美教育主要的教育路径。在课程实施过程中，首先要明确，审美教育课程具有与其学科不同的特点。

一是在教育目标方面，它的教育目的绝不是上上课（进行简单的艺术技巧传授）、搞搞文化艺术活动那么简单，而是一个综合性很强的体系，它以教学的组织保障为基础，以课堂教学为核心，以课外文化艺术活动为辅助，以提高学生的审美能力与创美能力为目标。从理论上讲，这是一个有着丰富内涵与外延、目的明确、脉络清晰的组织系统，也只有把艺术教育各方面的工作纳入到这个统一的整体系统之中，使之在一个大的背景下展开并相互协调，才能取得理想的教育效果。

二是在对学习主体的尊重方面具有其他学科无法相比的高度。审美教育要能走进学生的心灵，就必须以学生为本，考虑到学生的内在需要，提高学生内心的参与程度。如果没有对学生的充分了解与尊重，就不能取得应有的效果。

三是教育内容和学习活动的计划与安排，既要考虑认知的因素，更要通过情感、行动的体验去实现。

所以审美教育绝非仅靠直接的讲授就能奏效，而应认同更多的学习方式和途径，需要正规的显性课程和非正规的隐性课程、综合课程、实践课程等多管齐下才能奏效。

二、显性教育路径之一：吴文化课程教学

习近平同志在党的十九大报告中指出"深入挖掘中华优秀传统文化蕴含的思想观念、人文精神、道德规范"。弘扬优秀传统文化，是我们坚定文化自信的核心。吴文化作为中国传统文化的一个重要分支领域，将美育纳入吴文化研究框架，把吴文化核心价值与美育关系结合起来，符合我国高度重视在传统文化中寻求美育价值的传统。探析吴文化中美育价值及审美路径，在领略吴文化之美中筑牢文化自信是美育课程改革策略。美育的价值目标为理想人格的养成，即自由而全面发展的人格。终极目标体现在具体活动中，具体化为阶段性的教育目标，也就是在美育和理想人格之间寻找一座桥梁，通过吴文化这个桥梁，寻找吴文化与审美教育的内在关联，获得审美价值，探寻审美路径，实现美育目标。

2020 年 10 月中共中央办公厅、国务院办公厅印发了《关于全面加强和改进新时代学校美育工作的意见》（以下简称意见），2022 年 11 月教育部《高等学校公共艺术课程指导纲要》（以下简称纲要）一文为高校美育及公共艺术课程开设指明了方向：

公共艺术课程是我国高等教育课程体系的重要组成部分，是学校艺术教育工作的中心环节，是实施美育的主要途径，具有很强的意识形态属性，对于引导学生树立正确的历史观、民族观、国家观、文化观，提高学生的审美和人文素养，培养创新精神和实践能力，塑造健全人格，具有不可替代的价值和作用。为促进高等学校艺术教育工作健康开展，在总结高等学校公共艺术课程建设和教育教学改革经验的基础上，制定本纲要。本纲要适用于全日制本科高等学校，专科院校可参照执行。

一、指导思想

以习近平新时代中国特色社会主义思想为指导，坚持社会主义办学方向，坚持马克思主义指导地位，坚持用明德引领风尚，弘扬中华优秀传统文化、革命文化、社会主义先进文化，把美育纳入高等学校人才培养全过程，提升高等学校公共艺术课程的育人成效，促进大学生自觉增强文化主体意识，强化文化担当。

二、工作原则

——坚持育人导向。以社会主义核心价值观为引领，弘扬中华美育精神，遵循美育特点，充分发挥公共艺术课程的育人价值，以美育人、以美化人、以美培元，培养德智体美劳全面发展的社会主义建设者和接班人。

——坚持面向全体。高等学校应面向全体学生开设公共艺术课程，搭建丰富多彩的艺术实践活动平台，完善面向人人的高等学校美育育人机制，让所有在校大学生都享有接受美育的机会。

——坚持改革创新。全面深化高等学校美育综合改革，加强各学科的有机融合，整合美育资源，补齐发展短板，强化实践体验，强化全员全过程全方位育人，完善评价机制，加强美育的社会资源供给，推动基本公共文化服务项目为学校美育服务。

三、课程目标

构建面向人人的课堂教学和艺术实践活动相结合的公共艺术课程体系，将公共艺术课程纳入各专业本科人才培养方案，学生修满公共艺术课程2个学分方能毕业。加大课程建设力度，以审美和人文素养培养为核心，以创新能力培育为重点，着力提升文化理解、审美感知、艺术表现、创意实践等核心素养，形成"一校一品""一校多品"高等学校公共艺术教育新局面。

基于以上主旨，以"梳理吴文化知识，融合课程思政，创新美育课程，培育理想人格"为主要思路，以吴文化课程为依托，进行了美育改革。

（一）总体思路

从中华优秀传统文化重要分支——吴文化中的审美价值出发，基于吴文化的核心价值和美学基础，把吴文化按照美学形式进行梳理，之后通过对吴文化中具有审美价值元素按照自然美、艺术美、社会美分类展开分析并筛选，确定培育以人格培养为旨归的美育内容，进而将课程内容主要锁定在吴文化中美育价值上，最后从校内与校外实践两方面进行，探求传承途径与未来发展方向，实现美育终极价值目标——理想人格。

（二）具体内容：

1. 吴文化中以理想人格为旨归的美育目标确定

吴文化作为文化素质课程，在美育方面应体现的是润物无声式教育，为此设定课程美育目标为：

（1）人生价值目标：课程将紧紧依据立德树人的根本任务，以文育人，引导学生感受儒雅精致的吴文化特色，理解吴文化所蕴含的精神和气质，提高学生的审美素质，树立文化自信。

（2）公民意识目标：通过精雅吴文化的传播与传承，促使学生养成高尚情操，提升文化品位，提高审美能力，懂得如何做人、做事、思维，如何成为 21 世纪优秀公民。

（3）职业精神目标：有助于学生思考吴文化的继承和创新问题，为将来更好地融入吴地社会奠定基础，使学生在今后职业生涯中适应社会发展，不断塑造调整、提高自我。

2. 吴文化中以人格培养为旨归的美育内容确定

人人向往的"诗意地栖居"，实际上就是审美的生存，以审美能力在实践中游走。吴文化中无论是自然美、艺术美还是社会美都具有得天独厚的优势。探寻吴文化中美育的内容紧紧围绕审美力培养这一核心目标来设计和建构。对以人格养成为旨归的美育内容而言，涉及四方面：审美知识教育，审美情感教育，审美态度教育和审美行为教育。吴地审美知识教育包括了吴地音乐、吴门画派、吴地书法等美学知识，是审美活动的基础及润滑剂；审美情感教育则是培养受教育者的美感，是学会审美生存的前提；审美态度教育是相对实用、科学态度而言的，纯粹为了满足理想和情趣；审美行为教育或称为审美实践，在审美鉴赏与创造中提升审美力。

（1）吴文化核心价值对时代变革影响研究

通过吴文化不同历史时期变革，分析吴文化的精神内涵。在历史进程中吴文化演进脉络与阶段性特征。春秋战国时期尚武；秦汉到宋元，文经并重，文化转型；明清务实进取，多元发展；近现代适应潮流，传承创新，民族工商业崛起，延展繁荣；当代审时度势，率先开展苏南模式，再次腾飞。

（2）吴文化中审美形态分类梳理

按照美学中常见的自然美、艺术美、社会美三种审美形式，对吴文化中物质、非物质文化形态进行梳理。吴文化地处太湖流域，风光秀美，江南诗性文化大多以自然美形式呈现，通过自然美陶冶性情，获得审美享受；吴文化中具有艺术美形式的非遗很多，如惠山泥人、紫砂等，这些既有物质审美享受，又拥有制作技艺非遗传承的美感；吴文化中人杰地灵的社会美具有重要价值。

3. 吴文化中以人格养成为旨归的美育形态

美育形态从大方面来说，包括自然环境和社会环境的美育，后者又包括家庭、学校、社会美育。其中学校美育是对学生进行系统审美教育的关键所在。利用吴文化传统底蕴和校园文化潜移默化影响学生积极向上、宽容大气的人格特质。

《意见》中还指出：

二、不断完善课程和教材体系

4. 树立学科融合理念。加强美育与德育、智育、体育、劳动教育相融合，充分挖掘和运用各学科蕴含的体现中华美育精神与民族审美特质的心灵美、礼乐美、语言美、行为美、科学美、秩序美、健康美、勤劳美、艺术美等丰富美育资源。有机整合相关学科的美育内容，推进课程教学、社会实践和校园文化建设深度融合，大力开展以美育为主题的跨学科教育教学和课外校外实践活动。

5. 完善课程设置。职业教育将艺术课程与专业课程有机结合，强化实践，开设体现职业教育特点的拓展性艺术课程。高等教育阶段开设以审美和人文素养培养为核心、以创新能力培育为重点、以中华优秀传统文化传承发展和艺术经典教育为主要内容的公共艺术课程。

6. 科学定位课程目标。职业教育强化艺术实践，培养具有审美修养的高素质技术技能人才，引导学生完善人格修养，增强文化创新意识。高等教育阶段强化学生文化主体意识，培养具有崇高审美追求、高尚人格修养的高素质人才。

四、课程设置

公共艺术课程包括美学和艺术史论类、艺术鉴赏和评论类、艺术体验和实践类等三种类型课程。

美学和艺术史论类可开设艺术导论、美学概论、中西方美术史、中西方音乐史、文艺理论等课程；艺术鉴赏和评论类可开设音乐、美术、影视、戏剧戏曲、舞蹈、书法、设计等的鉴赏和评论类课程；艺术体验和实践类可开设艺术相关学科的体验和实践活动类课程，艺术体验和实践活动要尽可能满足学生的不同兴趣和需求。职业院校要将艺术课程与专业课程有机结合，强化实践，开设体现职业教育特色的拓展性艺术课程。公共艺术课程设置要体现完整性、连贯性、系统性，符合人才培养定位和要求，不能因人设课。

根据文美融合原则，吴文化课程宗旨是运用现代语言技术介绍吴文化及文化内涵，富润学生精神，提升学生文化自信，达到以文化人，以美育人的目的。课程根据"三教改革"方针和"金课"标准，所选内容及形式满足学生的文化普及审美需求，确定了课程主旋律为精雅课程内容发现"诗和远方"，"精"即精选课程内容；"雅"即将美学与文化内容相结合，以美的方式展示给学生；通过精雅吴文化学会在当下的生活中发现心中的"诗和远方"。

根据不同学习对象合理设计课程模式。由于课程学习对象为校内、校外学生及社会学习者不同的类别，教学设计根据学生实际认知水平和接受能力，同时结合在线开放课程教学的特征与需求进行，精心设计的教学设计既能满足校内学生SPOC（Small Private Online Course）学习，符合职业教育规律要求，又能满足社会学习者MOOC（Massive Open Online Courses）学习，符合通识教育文化普及特点。校内开设SPOC，采用翻转课堂与移动课堂相结合的教学模式，拓展课堂教学内容，延伸课堂教学空间。

课程开设模式有三种，第一种面向校外学习者开设MOOC模式，线上完成学习、测试、讨论，成绩合格获得证书或者学分。面向校内采用基于SPOC的学习模式，采用线上线下混合式学习模式，有两种情况，第二种是针对部分文化需求比较高的商科专业，比如，旅游、艺术设计、营销等专业，以翻转课堂为主教学模式，为其专业培养需求打下坚实文化基础。第三种是针对需要文化普及型的学生，采用线上线下混合式教学，实地考察观摩等。其中线下实践教学方式拓展课程内容，延伸课堂空间，切身感受到传统文化的魅力。具体实施方式移动课堂最具特色。移动课堂是充分发挥地域优势，将课堂移到名人故居、历史遗迹、博物馆等场所，把历史上的文化同鲜活的文化现象联系起来，引起真正心灵的碰撞。这种三种课程模式能够同时满足不同人群对课程学习不同需求，完成弘扬吴文化的目标。

在线开放课程吴文化并完成全部在线资源建设，通过中国大学MOOC平台和"学银在线"平台面向全国高校学生及社会学习者推广。2019年立项为"十三五"江苏省级在线开放课程、2022年立项为"十四五"江苏省级在线精品开放课程。通过几年的在线开放课程面向社会推广，得到了全国校内外学生广泛接受和好评，也得到了其他同行院校的认可和称赞。在结合教授实践、课题研究成果、学生评价、相关院校反馈的建议之后，完成了新形态立体化教材《吴文化教程》校本教材的编写，并由中国人民大学出版社出版。

总之，作为实施当代学生美育主要手段的公共艺术教育在稳步地发展着。在实施过程中，我们一定要注意其自身的特点，一定要有学科意识，它以提高学生的艺术修养、审美素养与人文修养为目的，不同于培养专门艺术人才的专业艺术教育；在教育理念、教学目的、教学内容、教学方法、师资与教材、组织与管理、后勤保障等理论与实践方面都应有自身的特征。

（三）文美融合保障机制

1. 成立专门机构，强化制度保障

成立吴文化美育教学名师工坊，亦是学校"双带头人"教师支部书记工作室项目，通过基层党建和教学科研的双融双促，立德树人、文美融合、以美润心、以文育人。

2. 青蓝同心同辉，强化人员保障

吴文化美育工坊由卓雅教育学院公共艺术教研室牵头，教研室主任负责总体思路设计；公艺教研室全体成员负责具体实施，包括校外教学实践；相关计算机专业技术人员负责吴文化在线开放课程的技术支持；每学期邀请国内著名文化学者、专家教授做相关的吴文化及美育内容讲座。

3. 加强经费投入，确定硬件保障

吴文化美育工坊有专门工作场所和工坊标识牌，配备公共设备设施和办公设备；有吴文化、美育等相关图书近百种，订阅《美育》《江南文化研究》《吴文化研究》等专业期刊 3 种。同时图书馆有百万册藏书、专业数字资源库及学科服务群，为教师教研提供便利条件。工坊依托的中华传统文化教学团队、吴文化课程思政名师团队及相关课程建设项目，有相关配套资金，专项经费主要用于吴文化美育工坊包括科研、资源建设、专项培训、活动开展等。

三、显性教育路径之二：课外艺术文化活动

（一）融社团

除传统课堂教学外，课外文化艺术活动作为公共艺术教育的第二课堂，在大学生艺术教育中也发挥着重要作用，其内容包括学术讲座、各种艺术演出及展览等。学术讲座作为公共艺术教育的内容之一，它可以开阔学生的视野，能让学生了解最前沿的问题与信息，从而对学生产生很大影响，在公共艺术教育中发挥着不对替代的作用。学校可创造条件，聘请著名学者来学校举办学术讲座。这种活动可定期、有计划地进行。在美育的大视野中，这种活动就具有审美教育的性质，它是课堂艺术教学成果的展示，又是课堂教学的延伸，应当按照公共艺术教育的理念来组织。

比如，学校里大学生舞蹈团以吴文化"芳馨天下锡商群"章节内容为灵感设计的原创舞蹈剧《风雨锡商》，立足无锡、服务江苏、辐射长三角，培养学生德智体美全面发展，具有良好的人文素质和道德修养，培养学生感受美、表现美、鉴赏美、创造美的能力，提升学生的艺术修养。

通过组织学生开展中华优秀传统文化经典诵读系列活动，激发学生对中华经典的热爱，从中汲取智慧力量，厚植爱国情怀，丰盈精神世界、坚定理想信念、助推文化自信自强。指导天风汉韵社团组织"二十四节气"系列活动等，组织文化名人或者学者在校园里开展传统文化系列讲座。

（二）校内外实践教学

校内实践也是美育课程改革的一部分，成蹊园非遗工作坊中学生跟着非遗惠山泥人传承人喻湘莲大师，体验惠山泥人具有的艺术美；天风汉韵社的学生根据传统节日，展示传统文化；汉服社学生展示中华汉服美学。在成蹊茶园学生自己采茶，制茶，泡茶，"新火试新茶，成蹊好年华"是学生为新茶设计的广告文案，充满了文化感，尽享茶艺之美。实践教学能够拓展课程内容，延伸课堂空间，切身感受到传统文化的美学魅力，达到审美教育的目的。

无锡人杰地灵、人才辈出，具有独特的地域文化资源优势，这些文化精神正可以美育元素实践教学资源。根据吴文化课程内容安排，设置四条实践教学线索，分别为家风家训、文化名人故居、锡商文化、运河文化。教学方法上采用项目任务式及参观体验式。组织学生分别按照四条线索，实地探索考察，完成任务，达到美育目的。

（1）"家风家训"线为《吴文化》课程"慎终追远祠堂群"单元实践内容，组织学生参观惠山古镇祠堂群，探寻祠堂文化对于中国家庭凝聚力的作用；阅读《钱氏家训》等望族家训，认清现在社会"小家""大家""国家"的关系；讨论传统家训家风在今天辩证价值；通过对名门望族家训敬慕达到教育学生要传承良好家风塑造人格的目的。

（2）"名人故居"线为吴文化课程"书香悠远吴地教育"单元实践内容，组织学生参观东林书院，深刻了解东林学风；传承东林精神；理解东林学风、精神在江南思想文化中的价值及后世的影响。参观秦邦宪故居、钱钟书故居、顾毓琇纪念馆等，通过学生参观、体验、讨论、思考、教师点拨，理解吴地名人的爱国思想和人文情怀；从先贤成长与成才的经历中汲取能量，树立正确的学习观、成才观。

（3）"锡商文化"线为吴文化课程"芳馨天下锡商魂"单元实践内容，通过参观中国民族工商业博物馆、锡商旧址、荣巷古镇等，了解锡商六大家族内容，掌握锡商的义利兼顾、智慧灵动精神对于吴地后世发展的积极意义；领悟锡商精神，达到传承锡商精神的目的。

（4）"运河文化"线为吴文化课程"枕河人家古运河"单元实践内容，通过参观南长古运河，学生能够进一步理清古运河无锡段五大码头及清名桥的文化脉络及运河文化价值，领悟运河文化在苏南经济发展中的价值。

（三）融双创

此外，融合双创也是文美融合又一重要形式。课程立项为"专创融合"项目，基于大学生创新创业对文化的需要，从吴文化中汲取营养，通过文化育人树立正确的世界观、人生观、价值观和创业观，形成积极的人格，面对挑战敢于拼搏、攻坚克难，德才兼备。通过在吴文化中对古人先贤等事例中提炼具有创新精神和创业精神的元素，培养学生具有开创性个性，包括首创精神、冒险精神、创业能力、管理技能等要素。这在促进大学生健全人格的习成、创新意识的培育、文化资源的产品化等方面能够起到积极的文化支撑作用。吴文化中智慧对培育大学生创新意识有很好的启迪，激发大学生创新创业热情，推动大学生形成创新思维，提升创新创业文化软实力，推动双创文化高质量发展，为创新提供良好的文化土壤。

四、显性教育路径之三：其他学科课堂教学中的渗透

审美教育是一种渗透在所有教育之中的教育，那么，所有课程都应把发现和传播本学科的审美价值纳入到教学任务之中，充实新的内容，把审美教育与哲学、伦理学、美学、社会学、文化学、心理学、历史学、建筑学、工业设计、计算机技术等学科联系起来，结合各专业的特点，完善知识网络结构的系统性，把眼光从狭窄的知识层面移向更广阔的知识空间。在大学生中开展审美教育，是学校各个学科专业、各个教育环节共同的责任，也是在学科专业教育中创造美的教育境界的共同追求。当代大学生审美教育要主动向学校教育各领域渗透，尤其要渗入学校教育的各类课程的教学之中。特别是对于理工科院校的学生，由于学科特点，这些学生在专业学习中主要以工程技术为研究对象，以抽象思维为主要研究内容。而审美活动以形象思维为特征，可以为想象力的发展提供广阔的空间。但是，非美育学科的课堂教学审美化，是实施学校审美教育的一个重要的途径。

各科教学对审美教育的作用主要表现在以下几方面：

（1）系统的文化知识和专业知识的学习是提高大学生理性能力的重要途径，可以为审美教育提供必要的工具性前提。

（2）各门课程本身含着许多重要的价值或审美教育的内容。比如，从科学公式的简捷性、包容性和对称性上，可以感受到美的存在。一个公式或一个计算，从谜面向最深处的谜底演进，真像一首画成线谱的歌曲，可以读出智慧，读出深刻，读出人类的伟大，读出科学家孜孜求索的特有韵律；还比如，体育当中的审美因素，其一，强壮的体质，常通过健美的形式表现出来。诸如匀称的肌肉、灵活的动作、较好的协调能力都是符合美的原则的。体育常常是按照美的标准，主要是人体美的标准来进行的。而凡是符合美的规律的运动，都有助于身体的健康和体质的增强，有助于塑造美的人体。其二，对美的追求是体育运动的动力之一。面对运动着的有示范意义的健美形象，受教育者会产生一种非常强烈的情感体验，激起一种积极追随的冲动，等等。这里关键的问题是，各专业的教师应当能够在教学过程中发现并充分利用这种美的资源。

（3）全体教师的审美育人职责。三全育人中"全员育人"，由于高校的各门课程都具有一定的美育功能，所以全体教师也都负有美育职责。因此，全体教师应注意以下几点：教师要注意形象美。具有美好形象的教师出现在学生面前，学生愿意接受，并促进学生仪表整洁、乐观向上。教师要不断塑造衣着、气质、性格、情趣等方面的美；衣着美是指教师装束打扮得体，衣着要协调、大方、合适、整洁，符合年龄特点。这样的教师给学生诚实朴素、干净利落、柔和明快的感觉，让学生感到亲切；气质美是指教师风度的内在表现美，包括质朴无华、高雅端庄、蕴藉深沉、风度翩翩等。这样的教师给学生以值得信赖、自信自强、学识渊博的感觉，让学生感到佩服；性格美是指教师的处事原则公正、办事态度认真、活动方式合理。

这样的教师具有亲和力，很受学生的欢迎和喜爱；情趣美是指教师对高雅事物或高雅活动的喜爱、追求和专注。这样的教师为学生树立了榜样，使学生精神生活丰富，精力充沛，乐观开朗，奋发向上。

第二节　吴文化美育的隐性教育路径

一、隐性课程的概念和特征

隐性课程主要是指非正规课程体系。隐性课程的概念发端于美国教育家杜威的课程概念。他把学生在学校中的整体学习分成三部分：主学习（又叫直接学习），是指通过正规课程的学习直接获得知识和技能；副学习（又叫相关学习），是由主学习而联想到有关知识和技能；附学习（又叫间接学习），指比较概括的理想、态度及道德习惯的学习，这些学习是被逐渐习得的，一经习得将被持久保持，影响人的终生。关于隐性课程（又称潜课程）的概念界定，不同的研究者有不同的看法。一般认为，隐性课程"是指这样一些教育实践及成果，它们在学校政策、课程计划上没有明确规定，然而又是学校经验中常规的、有效的一部分"。我国有学者把隐性课程概括地界定为"学校环境中以间接的、内隐的方式呈现的课程"，事实上，它是一种具有广泛内涵的可以对学生产生重要作用的环境信息，主要由学校和班级生活中由学校所传递的未加明确的规范、价值观、信念和行为方式，学校及班级中长期形成的制度和非制度的文化因素组成。它广泛存在于学校的各个组织之中，融合于学校的整体文化之中。

虽然对隐性课程概念的界定不尽相同，但对它的描述还是有相对共性的地方。

二、隐性教育路径之一：校园文化环境建设

校园文化环境亦是隐性审美教育实施的主要途径，其隐性育人功能不可低估。高校校园文化环境属于社会主体文化的亚文化，是指附着于学校这个载体，并通过学校来反映和传播的各种文化现象，它反映和包含了学校的历史传统、校风校纪、个性特征、校园环境、学术水平、校容校貌、教学和管理制度、全校师生普遍遵循和认同的价值观念和行为准则等，是高校师生在特定环境中创造的一种与社会与时代密切相关，具有校园特色的人文氛围、校园精神和生活环境，也是文

化在校园范围内的具体表现和反映。校园文化与审美教育有共同的培养任务和目标。校园文化主要以学生掌握知识、培养个性、健全人格、陶冶情操和发展能力为中心任务，而审美教育是要学生按照美的规律欣赏和创造，让他们对于美好事物的感觉逐渐丰富完善起来，通过审美实践陶冶情操、美化心灵、丰富精神生活，使他们的素质得到全面发展。校园文化环境和审美教育任务的共同性，决定了两者结合的可能性，使校园文化的审美教育功能成为现实。

（三）校园人文景观

校园内的人文景观一般都具有很深的文化底蕴，它们往往与特定的人和历史事件相联系。主要有以下几种类型：

（1）校园留下过许多知名人士和著名专家、教授工作、学习的地方。不仅知名人士是校园的宝贵资源，他们的思想和精神也是校园文化的重要内容，他们生活、学习的场所体现着他们的精神品格。我们通过对这些场所、遗物的瞻仰，可以感受到他们崇高的精神品格和人格魅力，获得精神上的熏陶。

（2）校园博物馆、陈列馆和纪念馆。尤其是一些办学历史悠久的学校，学校自身的历史就是一种重要的教育资源。学生对学校的成长历史的了解，对学校重大历史事件的参与和认识，对学校著名英雄人物的了解，无疑会加深对学校的情感，从而深刻理解学校的办学理念和精神，从而树立学生的学习奋斗精神。

（3）校友纪念林是已毕业校友表达对母校情感的一种方式。高校都有自己的校友纪念林，这种情感的表达方式容易让在校学生接受并对学校文化理念产生认同。校友林促进了学校和学生的内在沟通，使学生获得对校园内在精神的认同和体验，不仅有利于学生的内在精神品质的塑造，同样也使得学校的文化实质在每一届学生中得到传承。

因此，我们应重视校园生态环境的教育功能。这种教育资源对人的教育往往是潜移默化的，且同时又是极具震撼力的。

（一）校园文化环境的审美教育功能

高校校园文化环境的审美教育功能，主要是指校园文化通过文化活动、物质和精神环境及其所营造的文化氛围对学生产生影响，陶冶他们的情操，净化他们的心灵，让他们受到美的教益，培养他们形成健全的审美心理结构，从而实现完美的人格和灵魂的塑造，促进学生的全面发展。校园文化环境审美化是一种无形的环境力量，它通过一种氛围的营造，对学生进行潜在的隐性的教育，在不知不觉中内化为学生的道德、情感、意志和行为，具有显著的春风化雨的审美教育功能。这种独特的感染和陶冶作用是课堂教学所不能替代的，而且这种功能具有全方位的效应，主要表现在以下几方面：

1. 审美导向功能

教育与引导功能是高校校园文化环境审美化的核心功能。所谓审美导向功能，是指校园文化环境审美化对学生的学习、成长和进步具有一种方向明确的引导作用。审美教育充分体现着美学的人文精神，以对于人生真谛的思索、追踪和破解为使命，表现出对人类命运的终极关怀，对存在价值的不断追问，对生命意义的最高阐释，因而校园文化的审美化必然对大学生的进步提供有力的人文导向。校园文化环境审美化就是要帮助学生确立代表先进文化前进方向的社会主义主导价值观、审美观，发挥其导向功能，把学生的文化认同、道德情感、价值观念导向以真善美为核心内涵的价值范畴之中，最终实现按照美的规律来建造这一马克思主义的审美境界。

2. 审美凝聚作用

校园审美文化氛围的长期熏陶、感染，可培养大学生新的学校群体意识、新的文化认同意识、新的归属意识。随着这种群体观念的逐步形成，青年学生会用这种群体的利益、群体的行为准则来约束、规范自己的一言一行、一举一动，就会形成巨大的向心力和无形的凝聚力，从各方面把大家团结起来，从而树立起一种学校群体共同追求的审美价值取向和精神风貌。通过底蕴深厚、健康向上、丰富多彩的校园审美文化，将大学生的兴趣爱好、青春活力集中于人格的完善、学业的完成和素质的提高上，使学生产生对集体的向心力，愿意和学校同呼吸共命运，对创建和谐校园具有突出的作用。

3. 审美陶冶功能

审美教育是一种潜移默化的过程，校园文化环境的审美功能是通过一种氛围的营造，使生活于其中的人，通过对美的感受、文化价值的摄取、人生意蕴的体验，在潜移默化的影响和感染下，培养人的审美爱好，提高人的审美情趣，进而陶冶情操，规范行为，指导人生。所以说校园文化环境的陶冶作用是一种无形的环境力量，对学生进行潜在的隐性的教育，在不知不觉中内化为学生的道德、情感、意志和行为。墨子说："染于苍则苍，染于黄则黄。"① 在一个深厚人文底蕴的校园审美文化环境中，耳濡目染，学生的身心会受到熏陶和影响，能力和素质会得到培养和提高。校园文化审美教育效应是通过身临其境、潜移默化的过程将审美价值内化为师生的心理认同，从而有意或无意地诱导和影响着师生们按照美的规律去塑造自我、完善自我，产生一种入兰之室、久而自芳的特殊功效，这种独特的感染和陶冶作用是课堂教学所不能替代的。

4. 审美意识的培养功能

善于发现、感受美的能力，并不是与生俱来的，它需要在后天的审美实践中不断地得到锻炼。校园文化环境以其内容的丰富性、生动性、艺术性和创造性而吸引着广大学生，从而引导他们提高审美能力，完善美感心理构成。通过校园文化活动积极引导学生树立正确、进步、高尚的审美观，这是校园审美功能的重要内容。审美观是世界观、人生观的重要组成部分，是关于美、美感、美的创造等问题的基本观点，是从审美角度对客观事物判断和评价的原则体系，它主要包括审美趣味、审美标准、审美理想等。

5. 审美创造功能

认识世界是为了改造世界，大学校园文化环境的审美教育功能不只是培养学生欣赏美的能力，不只是完善他们的美感心理和强化他们的审美意识，更重要的是要引导他们进行审美创造。丰富多彩的校园文化活动，为大学生进行审美创造活动提供了纵横驰骋的广阔舞台。大学生是人生最富创造才能的时期，他们写诗、作画是创造，朗诵、辩论、演出是创造，参加实践、服务社会是创造，各种各样的校园文化活动都能体现出大学生的审美创造力。校园文化环境是大学生共同创造和拥有的文化环境，他们积极地参与、创造，不仅使校园文化环境生机盎然，而且丰富了他们的生活，为他们提供了施展才华、增长知识、启迪思想、净化心灵、开阔视野、锻炼能力的机会。可以说，丰富的校园文化环境体现了审美教育功能的多样性，蕴含着开发大学生的智能、启发学生的能动性、开发学生的创造精神的特殊功能。

---

① 出自《墨子·所染》。

（二）加强校园文化环境建设，营造良好的审美环境

1. 改善物质环境形态，建设优美校园

在现代公共艺术教育视野中，学校建设与校园环境是开展审美教育的最重要的物质环境。它们以其文化特征构成校园的物质文化景观，显示在校园空间中，反映着一定群体的精神风貌、审美情趣、价值趋向。同时它作为学校为"育人"而建设的场所，集中反映着教育实施者的教育目的与价值取向。环境的作用是不可忽视的，学生在与其反复"对话"中不断得到塑造，潜移默化地接受审美教育，从而达到对其审美观、价值观、人生观的影响。正因为学校建设与校园环境作为校园物质文化景观是具有文化的强制力量而对学生产生影响的，所以理想的校园本身就应是一个美的、艺术的博物馆，校园的基础建设、环境设施，大到校园整体规划、楼房设计、教室与宿舍的安排，小到校园内的一草一木、一砖一瓦，都要表现出艺术匠心，体现出无尽的艺术韵味与高雅的情趣，使整个校园成为艺术品，学生在这种艺术环境中可以受到潜移默化的艺术熏陶，从而从另一个维度拓展审美教育的实施空间。优美的校园物质环境能对学生产生持久的、潜移默化的教育影响，引起学生思想情感、审美观念的变化。

2. 促进校园人际关系的和谐

建立良好的人际关系，是校园文化建设的一个不可或缺的重要环节。我们所说的人际关系，是指校园内的师生之间、教师之间、学生之间、学校行政管理人员与师生之间在思想、学习、生活等方面的交往和联系。这种交往和联系的和谐与否，直接影响到学校发展建设的全局。和谐的人际关系往往表现为互相信任、互相理解、互相支持、互相尊重，从而形成一种心情舒畅、积极向上、乐于奉献的精神状态。按照"美是和谐"的美学观点，这种和谐的人际关系是一种社会美的具体体现，或者说是一种人际关系的审美化。形成和谐的校园人际关系，一个有效的途径就是实施审美教育。

德国诗人和戏剧家席勒认为，审美教育的目的，不是单纯地促进某一种心理功能的发展，而是通过在内心中达到审美状态而使各种心理功能达到和谐，即通过审美教育，使受教育者具有和谐的心理状态与人格状态。[①] 这种和谐的状态，是

---

① ［德］席勒：《审美教育书简》，冯至，范大灿译，上海人民出版社 2003 年版。

处理好人际关系十分重要的因素。而审美关系是一种情感关系，也可以说是一种爱的关系，美育过程中人与人之间的沟通和理解是爱的体现，也充分体现了中国传统文化和审美持有的功能与性质。

3. 促进良好心理环境的形成

心理环境与物理环境一起构成完整的校园环境。心理环境指人际环境、校风、学风和教风以及各类文化艺术活动氛围等人文因素。实施审美教育，能增强人的自我调节能力，形成良好的心理环境。审美教育的实质是情感教育。情感是审美心理中最活跃的因素。人的思想素质、文化素质、身心素质、审美素质的提高，都与情感的体验等心理因素有关。优雅的校园环境氛围能消除个体心理上的种种不协调、不和谐感，促进身体和精神以及心理功能之间的和谐发展，使学生体验到人生的乐趣与生命的完美，从而保持健康的心态。

4. 要大力开展各种校园文化活动，努力营造一种格调高雅、健康向上、科学文明的校园文化氛围

高校社团文化活动是校园文化活动的主体，建设和发展高校社团文化，不仅可以繁荣高校校园文化，而且可以提高高校校园文化的品位。要大力开展社团活动，鼓励和支持学生成立艺术类、体育类、科技类等各种社团，制定相应的管理办法，鼓励开展各种活动，丰富学生的课余文化生活。

三、隐性教育路径之二：图书馆审美教育功能

高校图书馆是利用文献资源来传递知识信息的文化教育机构，其独特的文化神韵和优美的环境深深吸引着莘莘学子，是实施当代大学生审美教育的重要基地。

（一）塑造美的阅览环境，创造美的氛围

随着高校教学水平的不断提高和办学规模的不断扩大，高校图书馆的规模和档次也不断提高。努力营造图书馆建筑环境、设施等的艺术氛围和审美意境已成为共识。例如，馆舍环境要整齐而清洁，种植赏心悦目的花草，给人以青春活力和美的享受；安置名人塑像或画像，建立与学校传统育人环境，造成审美教育的良好氛围。有关的纪念碑等，激励大学生的奋斗精神。总之，要按照美的规律来优化。

（二）积累全面的资料，建立、完备文献体系

信息、资料的积累，是高校图书馆审美教育的物质基础。高校图书馆要注重

知识创新成果的收集、积累工作。应通过各种技术手段和途径收集各种类型的知识信息，扩充知识信息资源，建立起完备的专业知识库，使高校图书馆存储的知识文献更加系统有序，便于大学生读者利用，满足他们日益丰富的求知欲望和审美需求。

（三）图书馆管理人员的双重育人角色

高校图书馆通过文献积累，具有了潜在的审美教育功能，而要把这种潜在的审美教育功能转化成现实的审美教育功能，归根到底是靠管理人员的努力。管理人员要努力按照美的规律，塑造自己的职业形象，为人师表；还要按照美的规律，对学生阅读活动进行合理引导，并且把审美教育渗透到为读者服务工作之中，渗透到学生们的心灵之中。

（四）加速图书馆网络进程，促进大学生全面发展

信息技术的应用和普及，带来了高校图书馆审美教育的新形式。以计算机为核心的图书馆工作现代化将使高校图书馆成为"信息高速公路"中的一员，实现信息资源共享。大学生读者可以通过网络系统多渠道、更快捷地吸收文献知识，获得审美信。另外，建立多媒体视听中心，已成为高校图书馆现代化的发展方向，它必将使高校图书馆的审美教育功能得到更加淋漓尽致的发挥。

综上所述，教育途径的选择，既要反映时代特征及审美教育的任务、内容、方针、原则和要求，又要符合大学生的审美心理特征，还要考虑到学校的现实条件以及教育者自身能力和素质等方面。由于受教育者的审美素质形成的过程是复杂的，大学生审美教育途径也不可能是单一化的，而应该是多样化的。为此，在当代大学生审美教育途径的选择上，应采取多种渠道，并注重各种渠道的相互渗透，才能切实提高审美教育的实效性，真正实现审美教育的目标。

第三节　吴文化美育建议

在新时代，党中央和教育部对于高校美育做了高屋建瓴的顶层设计，指出要传承好中华优秀传统文化，弘扬中华美育精神，增强民族文化自信，这为高校美育的发展指明了发展方向。面对新时代，迎接新挑战，发展新机遇，凝练吴文化价值，萃取美学精神，把吴文化的智慧以美育呈现世人，拓展与丰富目前从中华

优秀传统文化角度的美育内容。先文化自省进而自强，将更明晰新时代如何通过建构具有实效性的使人冲破"人的危机"，解放人的精神生命，建构理想人格，实现人的自由"诗意地栖居"。对解决当代青年学生的生存状况，乃至未来的人性完整，追求人的审美生存提供有益的参考和启示，实现吴文化的创造性转化和创新性发展，青蓝同心同辉，互通有无，锐意进取，开创文美融合润初心的新局面，正是突出中国文化自信的表现。面对新挑战，关于吴文化美育还需思考几个问题：

一、依托地域优势，融合"双创"育人

依据立德树人的根本任务，利用吴地文化优势，挖掘创新创业精神，思考吴地文化继承创新问题，提升学生文化品味，和谐内心，以文育人，树立文化自信，为更好地融入吴地社会奠定基础。促进文美融合，致力于吴文化的核心价值和审美元素融合研究，创新美育思路，根据社会美设置四条文化主题实践线："家风家训""名人故居""锡商文化""运河文化"，培育学生审美素养和文化素养的结合，以文育美，文美融合，坚定文化自信，自觉肩负文化使命，坚持创造性转化、创新性发展，传承中华优秀传统文化。

二、以美浸润初心，多维服务社会

多渠道、多途径开展服务社会形式，如吴文化课程以在线开放课程形式呈现，共享范围广泛，通过国内外有知名度影响力的平台推广，受众范围广泛。进行经验分享交流，提供讲座等形式，对接社区教育，开展各文化色公益活动，进社区、进古镇、进校园，"微讲坛"服务，提升社科普及可读性、可视性和交互性。艺术社团展演可以面向全社会，在地方大型艺术文化节上展演。针对助力乡村振兴等主题，开展各种文化振兴活动。借助科技手段，与新兴媒体深度融合，多角度提供社区教育服务筹建文化数字资源平台，及时更新展示江南文化最新研究资讯，服务除学校师生外还可面向社会服务包括政府、文化机构、学者、专业和普通观众、各个年龄层次的学生等不同受众，为文旅项目开发、文创产品设计、商务活动等方面提供文化智慧上的支撑，提供灵感，具有一定的借鉴意义，在推动文化普及中发挥示范引领作用。

三、文美融合概念广多元开发规范化

文美融合是个非常广泛的命题，既需要多样化又需要规范化，这样构建专属美育课程体系和美育资源联建共享平台显得重要；还需要通过认识和实践更多地

探寻吴文化中美育多元化载体，如作为教师言传身教的特殊载体；与其他学科交叉美学渗透等复合式载体。力求避开课程思政中常见误区，从属于德育等。这些都是在未来美育中需要重点思考、探寻与实践的内容。

总之，吴文化精雅而广博，在新时代大范围推广吴文化是突出中国文化自信的表现。对吴文化全面梳理，凝练吴文化精神，萃取课程思政精华，实现吴文化的创造性转化和创新性发展，最终实现以文化人，以美育人，知行合一，美美与共。

参考文献

[1] 马克思，恩格斯．马克思恩格斯全集：第 3 卷 ［M］．北京：人民出版社，1960.

[2] 卡尔·马克思．1844 年经济学哲学 ［M］．北京：人民出版社，2014.

[3] 卡尔·马克思，弗里德里希·恩格斯．德意志意识形态 ［M］．上海：上海辞书出版社，2023.

[4] 席勒．美育书简（中德双语版）［M］．北京：社会科学文献出版社，2022.

[5] 席勒．席勒文集 ［M］．朱雁冰，钱春绮，张玉书，等，译．北京：人民文学出版社，2005.

[6] 赫伯特．审美之维［M］．马尔库塞，李小兵，译．桂林：广西师范大学出版社，2001.

[7] 黑格尔．美学 ［M］．北京：北京大学出版社，2017.

[8] 席勒．审美教育书简 ［M］．上海：上海人民出版社，2003.

[9] 爱因斯坦．爱因斯坦文集·论科学［M］．冯至，范大灿，译．北京：商务印书馆，2010.

[10] 阿里宁娜．美育 ［M］．刘伦振，张谦，译．北京：教育科学出版社，1989.

[11] 苏霍姆林斯基．苏霍姆林斯基选集 ［M］．北京：教育科学出版社，2001.

[12] 苏霍姆林斯基．教育的艺术 ［M］．肖勇，译．长沙：湖南教育出版社，1983.

[13] 乌申斯基．人是教育的对象：上册．［M］．北京：人民教育出版社，2007.

[14] 车尔尼雪夫斯基．艺术与现实的审美关系 ［M］．北京：人民文学出版社，2022.

[15] 狄德罗 . 绘画论 [M]. 陈占元，译 . 南宁：广西师范大学出版社，2002.

[16] 奥古斯特·罗丹 . 罗丹艺术论 [M]. 北京：中央编译出版社，2023.

[17] 伊曼努尔·康德 . 判断力批判 [M]. 上海：中西书局，2022.

[18] 车尔尼雪夫斯基 . 生活与美学 [M]. 周扬，译 . 北京：人民文学出版社，1959.

[19] ［苏］列宁 . 列宁全集：第 25 卷 [M]. 北京：人民文学出版社，1988，117.

[20] 伊曼努尔·康德 . 判断力批判 [M]. 上海：中西书局，2022.

[21] 高尔基 . 母亲 [M]. 北京：旅游教育出版社，2018.

[22] 海德格尔 . 人，诗意地栖居：超译海德格尔 [M]. 北京：北京时代华文书局，2017.

[23] 礼记·乐记 [M]. 北京：人民文学出版社，1986.

[24] 孔子·论语 [M]. 长沙 . 岳麓书社出版社，2021.

[25] 孟子·孟子 [M]. 北京：清华大学出版社，2017.

[26] 孟子·孟子 [M]. 北京：清华大学出版社，2017.

[27] 董仲舒 . 春秋繁露 [M]. 长沙：岳麓书社，2021.

[28] 嵇康 . 古文观止 [M]. 上海 . 中华书局出版，2008.

[29] 西董仲舒 . 春秋繁露 [M]. 长沙：岳麓书社，2021.

[30] 郭熙 . 林泉高致 [M]. 南京：江苏凤凰文艺出版社，2015.

[31] 朱长文 . 续书断 [M]. 南京：江苏美术出版社，2009.

[32] 屈守元 . 韩愈全集校注 . 送高闲上人序 [M]. 成都：四川大学出版社，1996.

[33] 苏轼 . 苏轼文集 [M]. 长沙：岳麓书社，2000.

[34] 王守仁 . 王文成公全书 [M]. 北京：中华书局，2015.

[35] 王夫之 . 姜斋诗话 [M]. 上海：上海古籍出版社，2012.

[36] 张潮 . 幽梦影 [M]. 上海：中华书局 .2008.

[37] 王国维 . 王国维文集：下册 [M]. 中国文史出版社，2007.

[38] 蔡元培 . 美学文选 [M]. 北京：北京大学出版社，1983.

[39] 蔡元培 . 蔡元培美育论集 [M]. 长沙：湖南教育出版社，1987.

[40] 鲁迅. 鲁迅全集：第 1 卷 [M]. 北京：人民文学出版社，2005：203.

[41] 梁启超. 美术与科学 [M]// 朗绍君、水中天. 二十世纪中国美术文选. 上海：上海书画出版社，1999：97.

[42] 朱光潜. 文艺与道德有何关系？ [J]. 中山文化教育馆季刊，1936：3-2.

[43] 朱光潜. 朱光潜美学文集 [M]. 上海：上海文艺出版社，1982.

[44] 宗白华. 中国艺术意境之诞生 [M]. 上海：上海人民出版社，2022.

[45] 宗白华. 宗白华全集：第 2 卷 [M]. 合肥：安徽教育出版社，1994.

[46] 宗白华. 美学的散步 [M]. 北京：人民文学出版社，2022.

[47] 夏丏尊. 夏丏尊谈教育 [M]. 沈阳. 辽宁人民出版社，2021.

[48] 李泽厚. 中国美学史 [M]. 合肥：安徽文艺出版社，1999.

[49] 李泽厚. 美学四讲 [M]. 天津：天津社会科学院出版社，2001.

[50] 蒋孔阳. 美学新论 [M]. 北京：人民文学出版社，1993.

[51] 高平叔. 蔡元培美育论集 [M]. 长沙：湖南教育出版社，1987.

[52] 曾繁仁. 现代美育理论 [M]. 郑州：河南人民出版社，2006.

[53] 曾繁仁. 中西交流对话中的审美与艺术教育 [M]. 济南：山东大学出版社，2004.

[54] 曾繁仁. 生态存在论美学论稿 [M]. 长春：吉林大学出版社，2003.

[55] 曾繁仁. 走向二十一世纪的审美教育 [M]. 西安：陕西师范大学出版社，2000.

[56] 赵伶俐. 大美育实验研究 [M]. 重庆：西南师范大学出版社，1996.

[57] 赵伶俐. 审美化教育原理与实践 [M]. 长春：吉林人民出版社，2000.

[58] 赵伶俐. 高校美育——美的人生设计与创造 [M]. 重庆：西南师范大学出版社，1995.

[59] 杜卫. 美育论 [M]. 北京：教育科学出版社，2000.

[60] 杜卫. 美育学概论 [M]. 北京：高等教育出版社，1997.

[61] 李范. 美育的现代使命 [M]. 北京：北京师范大学出版社，1998.

[62] 冉祥华. 美育与创造力 [M]. 郑州：河南人民出版社，2004.

[63] 王岗峰. 美育与美学 [M]. 厦门：厦门大学出版社，1999.

[64] 梅宝树. 面向新世纪的美育与素质教育 [M]. 北京：人民出版社，2004.

[65] 王朝闻．审美谈 [M]．北京：人民出版社，2009.

[69] 何静．美学与审美实践 [M]．北京：解放军文艺出版社，2002.

[70] 徐恒醇．生态美学 [M]．西安：陕西人民教育出版社，2000.

[71] 宋桂友．吴文化教程 [M]．苏州：苏州大学出版社，2023.

[72] 王卫平．江南文化概论 [M]．苏州：苏州大学出版社，2023.

[73] 庄若江．江苏地方文化史．无锡卷 [M]．南京：江苏人民出版社，2021.

[74] 曹伟明．青绿江南 [M]．上海：上海人民出版社，2023.

[75] 唐力行．江南文化百科全书 [M]．上海：上海锦绣文章出版社，2021.

[76] 李洲芳．吴地拾遗 [M]．苏州：苏州古吴轩出版社，2021.

[77] 汪春劼．无锡——一座江南水城的百年回望 [M]．增订版．上海：同济大学出版社，2021.

[78] 邹赜韬．江南烟火有滋有味的百年民间饮食 [M]．上海：上海社会科学院出版社，2023.

[79] 徐静．吴文化概说 [M]．苏州：苏州大学出版社，2013.

[80] 王卫平．江南文化与江南社会研究 [M]．北京：群言出版社，2005.

[81] 庄若江．吴文化内涵的现代解读 [M]．北京：中国文史出版社，2014.

[82] 庄若江．工商脉动与城市文化 [M]．北京：光明日报出版社，2015.

[83] 无锡史志办公室．无锡惠山志 [G].北京：方志出版社，2010：40.

[84] 陆羽．游惠山寺记 [G]// 无锡市园林管理局．梁溪古园：无锡古典园林史料辑录．北京：方志出版社，2007：7-9.

[85] 王仁辅．无锡志 [M]// 王立人．无锡文库·第一辑·第一册．南京：凤凰出版社，2011：53，60.

[86] 安作璋．中国运河文化史 [M]．济南：山东教育出版社，2001.

[87] 陈元晖．中国近代教育史资料汇编 [M].上海：上海教育出版社，2007：4.

[88] 陈建翔．有一种美，叫教育：教育美学思想录 [M].成都：四川教育出版社，2006.

[89] 彭吉象．艺术学概论 [M].北京：北大出版社，2006.

[90] 现代汉语词典 [M].上海：商务印书馆，2017.

[91] 杜卫. 论现代美育学的理论架构 [J]. 文艺研究，1993（5）.

[92] 杜卫. 马克思主义关于人的全面发展学说与美育问题 [J]. 宝鸡师院学报（哲社版），1991（3）.

[93] 杜卫. 美育：审美现代性话语的创建——重读席勒《美育书简》[J]. 文艺研究，2001（6）.

[94] 杜卫. 感性教育：美育的现代性命题 [J]. 浙江学刊，1999（6）.

[95] 杜卫. 审美教育与创新教育 [J]. 教育研究，1999（9）.

[96] 杜卫. 个体审美发展研究述评 [J]. 哲学动态，2001（6）.

[97] 滕守尧. 大众文化不等于审美文化 [J]. 北京社会科学，1997（2）.

[98] 曾繁仁. 走到社会与学科前沿的中国美育 [J]. 文艺研究，2001（2）.

[99] 曾繁仁. 马克思主义人学理论与当代美育建设 [J]. 天津社会科学，2007（2）.

[100] 曾繁仁. 审美教育：一个关系到未来人类素质和生存质量的重大课题[J]. 山东大学学报，2002（6）.

[101] 曾繁仁. 论美育的现代意义 [J]. 山东大学学报（社科版），1999（3）.

[102] 曾繁仁. 论席勒美育理论的划时代意义 [J]. 文艺研究，2005（6）.

[103] 王汶成. 九十年代以来中国美育的发展走向与对策[J]. 山东大学学报（社科版），2000（1）.

[104] 冉祥华. 大众文化语境下中国美育的崇高使命 [J]. 求索，2008（10）.

[105] 蔡春，邱德雄. 论审美教育的感性规定性 [J]. 湖南师范大学教育科学学报，2002（4）.

[106] 陈望衡. 论苏霍姆林斯基的美育思想[J]. 华南师范大学学报，1986（3）.

[107] 陈海洋. 论当代大学生的审美教育 [J]. 重庆工学院学报，2005（3）：115-117.

[108] 宫诚. 浅析审美教育与素质教育的关系[J]. 合肥工业大学学报（社科版），2002（4）29-32.

[109] 陆环. 审美教育的当代意义及其运作[J]. 广州师范学院学报，1996（1）.

[120] 张培英. 经济与审美的互动及人的全面发展 [N]. 光明日报，2004-4-6.

[121] 姚文放. 当代审美文化与审美教育新概念[J]. 益阳师专学报，1998（1）.

[122] 刘成纪. 美育哲学基础的重建 [J]. 郑州大学学报（社科版），2008（6）.

[123] 李云刚. 论席勒美学与西方马克思主义美学的相似点 [J]. 东岳论丛，2007（01）：121-123.

[124] 樊美筠. 美育作为感性教育初探 [J]. 苏州大学学报（社科版），1998（3）.

[125] 梁红燕. 我国现代美育发展历程及其启示 [J]. 华北电力大学学报（社会科学版），2006（4）.

[126] 张燕. 大学美育教学模式和教材体系研究 [J]. 高等教育研究，2003（3）.

[127] 周燕. 审美与启蒙的双重变奏 [J]. 浙江师范大学学报，2004（6）.

[128] 李波. 审美情境与美感——美感的人类学分析 [J]. 复旦大学学报，2005（12）.

[129] 蒋孔阳. 美学研究中的理性和感性 [J]. 文艺研究，1999（3）.

[130] 许冬玲. 美育与和谐德育的构建 [J]. 现代企业文化，2008（12）：10-11.

[131] 冉祥华. 美育与创造性思维的发展 [J]. 河南教育学报（哲学社会科学版），2003（3）.

[132] 教育部. 全国普通高等学校公共艺术课程指导方案 [Z]，2006.

[133] 李茁. 审美文化功能与和谐社会的建构 [J]. 西安科技大学学报，2006.

[134] 张燕. 大学美育教学模式和教材体系研究 [J]. 高等教育研究，2003（3）：89-91.

[135] 戈晓毅. 论中国传统艺术在高校审美教育中的作用 [J]. 教育天地，2007（6）：120-121.

[136] 姜美珍. "抓住美丽"：思考大学生审美教育的缺乏 [N]. 光明日报，2005-08-03.

[137] 韩振峰. 把握好"绿水青山"与"金山银山"的辩证关系 [N]. 光明日报. 2020-6-25.

[138] 陈望衡. 中国美学精神简论 [J]. 文学与艺术研究. 2021（6）.

[139] 程岭. "以美立人"：美育"新境界说"的价值意蕴和实践路径 [J]. 教育理论与实践，2018（13）：3-6.